개정3판

금융상품의 이해와 운용

이경균 저

도서출판 **두남**

본서는 2004년 9월 발간 후 2005년에 첫 개정판을 발간하고, 그로부터 6년 만인 2011년에 개정2판을 발간한 데 이어, 3년 만에 다시 개정3판을 발간하게 되었다. 그것은 본서가 가진 내용상의 특성 때문이기는 하지만, 기본적으로는 우리의 금융환경이 날로 급변하고 있을 뿐만 아니라 특히 각종 금융제도의 변경과 더불어, 수시로 새롭고 다양한 금융상품들이 쏟아져 나오고 있기 때문이다.

최근들어 우리의 금융 여건은 정말 눈이 시릴 정도로 빠른 변화를 거듭하고 있다. 특히 가장 눈에 띄는 변화는 국제금융환경이 1990년대를 고비로 금융이 실물경제를 뒷받침하던 시대가 지나고, 금융이 실물경제를 지배하는 구조로 바뀌었다는 것이다. 그것은 미국, 일본, 유럽 등이 각기 자국의 경제를 살리기 위해 앞다투어 통화공급을 확대함으로써 세계 어디서나 돈이 풍성해졌기 때문이다. 덕분에 신흥 개발도상국가들(NICs)이 탄생했고, 브라질·러시아·인도·중국 같은 브릭스(BRICs)도 떠올랐다. 선진국들이 뿌린 성장통화 덕분에 이들 고속성장 국가들이 등장했다고 볼 수 있다.

그러나 돈을 찍어내 불황을 공략하는 방법이 완전히 성공한 것은 아니다. 미국과 유럽은 2008년의 금융위기로부터 6년이 지나도록 여태 불황탈출을 선언하지 못하고 있다. 일본도 경기가 회복되었다고는 하지만, 마지막 한 고비를 넘기지 못해 기업들이 본격적인 투자를 망설이고 있다. 우리나라도 이제 정부지출을 확대하고 금융에서도 물꼬를 틀 움직임을 보이고 있다. 하지만 그것이 장기적 성장으로 이어질 것이라고 낙관할 수는 없다. 돈이 풀린 뒤에는 부동산이든 주식이든 버블현상이 나타났다가 곧 붕괴되는 사이클이 반복되었을 뿐만 아니라, 각국이 비슷한 정책을 경쟁적으로 추진하는 바람에 정책효과도 반감되기 때문이다.

그 다음으로 중요한 변화는 미국과 중국 등 주요 2개국(G2)의 세계경제 주도권 다툼이 본격화되면서, 지난 7월 출범 70주년을 맞은 브레턴우즈 체제 중심의 국제금융 패러다임도 재편되고 있다는 점이다. 대외환경이 이처럼 도전적일 때에는 경제영토 확장과 해외투자 확대가 국가경쟁력의 버팀

목이다. 특히 브레턴우즈 체제가 붕괴되고 있는 이러한 국제금융환경 하에
서는 환율안정도 해외투자를 통한 외환수급 조절에서 찾을 수 있으며, 국내
금융산업도 글로벌화가 살길이다. 우리나라 은행의 수익성은 전 세계에서
바닥 수준이고, 자산규모나 총수익 대비 해외영업 비중은 10%에도 미치지
못하고 있다. 보험이나 증권 분야의 사정도 마찬가지다. 지배구조 개선, 사
업구조 조정 등 현안이 산적해 있지만 탈출구는 해외시장에서 찾아야 한다.
기업의 해외투자와 함께 증권 및 대체자산을 포함한 포트폴리오 투자가 외
환수급의 결정요인이 될 것이다. 특히 급속한 고령화에 따라 연금저축이 늘
어나면서 효율적인 자산운용의 중요성이 더욱 커지고 있다. 저성장 저금리
체제 하에서 수익성과 위험분산 효과를 높이기 위한 해외투자의 다변화는
선택이 아니라 필수사항이 되었다.

이러한 환경변화 속에서 우리나라의 은행산업은 앞으로 세계 유수의 금
융기관과의 경쟁이 불가피하고, 여기서 살아남아 21세기 전략산업으로 발돋
움하기 위해서는 기능정비가 불가피할 것으로 보인다. 은행산업의 기능정비
는 금융산업 전체의 효율성과 경쟁력 제고, 개별은행의 생존전략 측면에서
추진되어야 할 것이다. 앞으로 은행들이 특히 관심을 가져야 할 부분은 업
무영역의 전문화와 정부계 은행의 역할정립이다. 업무영역을 서둘러 차별화
하고 전문화함으로써 고유의 금융기법과 효율적인 리스크 관리를 통하여
수익기반을 확충해야 한다.

특히 우리의 금융산업은 국내적으로는 세계 최고수준의 국내 제조업 분
야에 비해 뒤처져 있고, 글로벌하게는 선진 금융산업에 비해 뒤떨어져 있다.
이렇게 된 데는 무엇보다 금융회사의 잘못이 가장 크지만 금융산업이 제 기
능을 발휘하지 못하도록 한 금융당국의 규제도 또 다른 원인이 되었을 것이
다. 이런 점에서 지난 7월 금융위원회가 내놓은 금융산업 규제개혁 방안은
나름 의미있는 작업이라 하겠다. 금융위는 실물지원기능 강화, 소비자 불편
해소, 금융회사의 새로운 기회창출, 영업 자율성 확대, 숨은 규제 상시 개선,
감독 및 검사관행 혁신 등 다양한 중간목표를 설정하고 각각의 세부 목표를
세웠다.

발표된 내용 중에서도 복합점포 활성화, 개인자산 종합관리계좌 도입, 해

외 진출시 겸업주의 적용 등은 특히 눈에 띈다. 국내외 금융의 새 흐름과 변화를 잘 잡아낸 것들이다. 2008년 금융위기 이후 글로벌 금융산업은 금융부채 조달 중심에서 금융자산 운용 중심으로 급격히 변모하고 있다. 다시 말해 소비자들의 금융소비·활용 형태가 금융회사에서 돈을 빌려 실물에 투자하는 방식보다 금융을 통해 자산을 축적·관리하고, 노후를 준비하는 방식으로 바뀌고 있는 것이다.

따라서 한 점포에서 은행과 증권 상품의 자문과 상담이 같이 이루어진다면(복합점포 활성화), 소비자들은 훨씬 더 편하게 자산을 관리할 수 있다. 종합자산관리계좌도 마찬가지다. 한 계좌에서 자신이 투자한 모든 금융상품을 집중·관리할 수 있는 만큼, 소비자 편익을 한층 높여줄 것이다. 국내 금융회사가 해외에 진출할 때, 해당국가가 겸업을 허용하면 이를 그대로 인정하는 겸업주의 적용도 이런 흐름을 반영한 것이다.

이러한 흐름에 발맞추어 국내 금융회사들도 자원을 효율적으로 분배하는 역할에 최선을 다해야 한다. 정교한 신용관리 시스템과 내부통제 및 리스크 관리 시스템을 구축하고, 자원이 합리적으로 배분될 수 있도록 함으로써 경제발전에 기여할 수 있어야 한다. 그러나 금융회사들은 피나는 노력으로 경쟁력을 키우기 보다는 이자와 수수료 수익 중심의 땅 짚고 헤엄치기식 영업으로 쉽게 돈을 벌고, 허술한 내부통제 시스템 때문에 수시로 대형금융사고가 터지는 우(愚)를 범하고 있다.

본서는 이러한 인식을 바탕으로 철저하게 금융실무에 기초하여 다양한 금융지식과 기법을 갖춘 전문인력 양성을 위한 기초교재로서 그 소임을 다하고자 하였다. 따라서 개정3판 역시 이러한 취지에 맞추어 새로 개발된 금융상품에 대한 소개와 더불어, 금융산업 전반에 걸쳐 그동안 바뀐 내용에 대하여도 최대한 수정 및 보완을 시도하였다.

본서의 총 8장 중 금융관련 기초이론을 다룬 제1장에서는 국제수지와 관련한 내용이 일부 수정되었으며, 제2장 금융시장과 금융기관 편에서는 금융시장의 구조 등에서 일부 내용이 수정 또는 삭제되었다. 그리고 업종별 금융상품의 개요를 다룬 제3장과, 은행권의 각종 상품을 다룬 제4~6장, 또한 주식 및 채권을 다룬 제7~8장의 경우도 많은 부분이 수정되거나 보완되었음을 밝혀둔다.

그러나 본서는 아직도 부족하고 미흡한 부분이 많다는 점을 자인(自認)하지 않을 수 없다. 앞으로도 끊임없이 수정과 보완을 계속해 나갈 것이다. 선배제위 및 독자들의 아낌없는 비평과 조언을 기다린다.

이번 개정3판이 나오기까지 많은 협조와 조언을 주신 모든 분들께 감사드린다. 특히 새로 개발된 금융상품과 내용상 수정된 부분에 대하여 아낌없는 조언과 함께, 수정을 도와준 대구은행의 김병조 지점장, 이우혁 팀장, 한국투자증권의 장순정 과장, 대은경제연구소의 부기덕 부소장, 김희락 부소장, 농협은행 송죽동지점의 김선미 팀장에게도 고마운 마음을 전한다.

끝으로 이번 개정3판 출간에 여러 가지 지원을 아끼지 않은 도서출판 두남의 전두표 사장님과 이승구 상무님, 그리고 잦은 수정에도 불구하고 성심성의를 다해준 편집실 이하나씨 등 관계자 여러분께도 깊은 감사를 드린다.

2014년 11월

저자

본서는 2004년 9월 발간 후 2005년에 개정판을 발간한데 이어 6년만에 다시 개정2판을 발간하게 되었다. 그것은 본서가 가진 내용상의 특성 때문이긴 하지만, 기본적으로는 2000년대 들어 우리의 금융여건이 날로 급변하고 있을 뿐만 아니라, 수시로 새롭고 다양한 금융상품들이 쏟아져 나오고 있기 때문이다.

최근들어 우리의 금융환경은 정말 눈이 시릴 정도로 빠른 변화를 거듭하고 있다. 특히 2007년 여름부터 시작된 글로벌 금융위기는 그동안 금융자율화와 규제완화를 추구해온 금융당국으로 하여금 기존의 금융규제체계에 대한 반성의 기회를 제공하였다. 그 결과 세계경제의 최고 논의기구로 등장한 G20은 지난해 11월 서울정상회의를 통하여 금융규제개혁을 핵심의제의 하나로 포함, 은행의 자본과 유동성 강화를 위한 바젤III(자본 및 유동성 규제 기준)을 내놓기에 이르렀다.

바젤III의 도입은 자본 및 유동성의 양적·질적 확충을 유도함으로써, 중장기적으로는 은행시스템의 안전성 제고에 기여할 것이다. 그러나 국내은행들이 이러한 새로운 금융규제 환경에 적응하기 위해서는 경영마인드의 일대 전환이 필요하다. 특히 은행산업을 둘러싼 금융환경은 여전히 어렵고, 변동성 또한 매우 클 것으로 예상된다. 즉 가계부채의 부실이 늘어날 것으로 전망되는 데다, 기업구조조정이 지연되고, 자본과 유동성 규제가 강화되면서, 수익환경은 한층 더 악화될 것으로 우려된다. 무엇보다 대형은행의 M&A를 계기로 국내은행권 판도가 4강체제로 바뀌면서, 선두권 다툼을 위한 은행간 경쟁도 더욱 치열해질 것으로 전망된다.

따라서 이러한 금융환경에 적응하기 위한 새로운 경영마인드는 은행 수익성이 더 이상 과도한 위험추구가 아니라, 경영효율성의 제고와 리스크관리의 강화에 의해 달성되어야 함을 인식하는 것에서 출발해야 한다. 특히 국내은행의 당면과제는 금리 및 환율의 위험관리 강화, 건전한 파생금융상품의 개발, 그리고 상업금융과 서민금융의 조화이다. 이러한 3대 과제를 수행하기 위해서는 무엇보다도 금융의 총체적 리더십이 요구된다.

또한 은행업에서 성공을 거두려면, 현재의 비지니스 범위를 재검토할 필요가 있다. 즉 핵심사업을 강화하는 한편, 그 이외의 사업에 대해서는 힘을 빼야 한다. 이를 위해 신사업을 통합하는 고차원의 전략이 요구된다. 특히 2012년 이후에는 은행의 경영환경이 많이 달라질 것이다. 테크놀로지에 의한 금융회사의 발전과, 새로운 서비스를 요구하는 고객의 등장, 논 뱅크와의 경쟁도 심화될 것이다. 결국 급변하는 미래의 금융환경에서 은행이 지속적인 수익을 창출하기 위한 키워드는 "고객 지향으로의 회귀", "보다 현실적인 리스크매니지먼트", "단순한 상품구조"라 할 것이다.

따라서 미래의 글로벌뱅크에 있어 가장 큰 과제는 "단순화"와 함께 "전문성"을 높이는 것이다. 전문분야에서 상당한 성과를 거둔 은행은 그 비즈니스를 특화하는 길을 택할 것이다. 일부 선진은행의 경우, 이미 이러한 전략을 채택하고 있다. 강점이었던 글로벌 코퍼레이트 뱅킹이나 글로벌 트랜젝션 뱅킹에 다시 역점을 두고 있다. 웰쓰매니지먼트나 프라이빗뱅킹에 주력하는 은행도 나올 것이다. 2012년까지는 대부분의 은행이 거점지역에서 리테일뱅킹이나 커머셜뱅킹서비스를 제공하게 될 것으로 보인다. 하지만 대형은행의 경우, 이미 적자가 발생하는 사업을 철수하고, 대신 핵심시장이나 핵심고객의 세분화에 집중하고 있다. 대부분의 유럽은행들은 이미 이러한 방향으로 선회하고 있는 것으로 분석된다.

본서는 이러한 인식을 바탕으로 철저하게 금융실무에 기초하여 다양한 금융지식과 기법을 갖춘 전문인력 양성을 위한 기초교재로서 그 소임을 다하고자 하였다. 따라서 개정2판 역시 이러한 취지에 맞추어 새로 개발된 금융상품에 대한 소개와 더불어, 금융산업 전반에 걸쳐 그동안 바뀐 내용에 대하여도 최대한 수정 및 보완을 시도하였다.

본서의 총 8장 중 금융관련 기초이론을 다룬 제1장에서는 통화와 통화정책과 관련한 내용이 일부 수정되었으며, 제2장 금융시장과 금융기관 편에서는 금융시장의 의의, 금융기관의 분류와 현황 등에서 많은 부분이 수정 또는 추가되었다. 그리고 업종별 금융상품 전반에 대한 개요를 다룬 제3장과, 은행권의 각종 상품을 다룬 제4~6장, 또한 주식 및 채권을 다룬 제7~8장의 경우도 많은 부분이 보완되거나 수정되었음을 밝혀둔다.

  그러나 본서는 아직도 부족하고 미흡한 부분이 많다. 앞으로도 끊임없이 수정과 보완을 계속해 나갈 것이다. 선배제위 및 독자들의 아낌없는 비평과 조언을 기다린다.

  이번 개정2판이 나오기까지 많은 협조와 조언을 주신 모든 분들께 감사드린다. 특히 새로 개발된 금융상품과 내용상 수정된 부분에 대하여 아낌없는 조언과 함께 수정을 도와준 대구은행의 이광영 지점장, 한국투자증권의 장순정 대리, 대은경제연구소의 부기덕 부소장, 김희락 부소장, 농협중앙회 송죽동지점의 김선미 PB팀장, 경기농림진흥재단의 박재용 주임과 이효정 주임, 김재연 주임에게도 고마운 마음을 전한다.

  끝으로 이번 개정2판 출간에 여러 가지 지원을 아끼지 않은 도서출판 두남의 전두표 사장님과 이승구 상무님, 그리고 잦은 수정에도 불구하고 성심성의를 다해준 편집실 이선희씨 등 관계자 여러분께도 깊은 감사를 드린다.

2011년 8월
저자

본서는 1년만에 전면적으로 개정되었다. 그것은 '금융상품의 이해와 운용'이라는 본서가 가진 내용상의 특성 때문에 당초 본서를 출판할 때부터 예견된 일이긴 하지만, 기본적으로는 급변하는 금융여건과 그에 따른 새롭고 다양한 금융상품의 개발이라는 환경변화를 무시할 수 없었기 때문이다.

작금의 금융환경은 정말 눈이 시릴 정도로 빠른 변화를 거듭하고 있다. IMF 이후 "은행은 망하지 않는다"는 신화가 소멸되면서, 금융산업의 구조조정이 지속적으로 이루어지고 있으며, 특히 금융시장 개방과 외자계 금융기관의 진출 확대로 은행산업은 자율경쟁체제, 투명경영, 주주중시 등 선진국형 가치를 추구하는 방향으로 변모되고 있다.

이러한 추세가 지속된다면 앞으로 금융개방과 정부의 규제완화 등으로 금융기관의 대형화, 겸업화(종합금융화)가 급진전될 전망이며, 금융지주회사의 설립, 외국자본의 진출, 은행·증권·보험사 간의 이종 금융기관 합병 등이 더욱 촉진되리라는 전망 또한 가능하다.

이러한 전망에 비추어 볼 때, 앞으로 은행경영 또한 다음과 같은 몇 가지 중요한 변화를 보일 것으로 예상할 수 있다. 우선 건전성의 확보 및 수익성 제고가 은행경영의 최우선 과제로 부각될 것이며, 앞으로 은행의 생존은 리스크 관리능력과 수익성에 따라 크게 좌우될 전망이다.

따라서 은행들은 선진 경영기법을 조기에 도입하고, 자신만의 특성과 강점을 상호 접목시키는 한편, 경영의 투명성 제고와 IR활동 등을 통해 직접금융화에 대비해야 할 것이다. 그래서 종국에는 은행의 내부역량과 경쟁력은 우수한 인적자원과, 정보 및 지식의 축적, 그리고 이의 활용능력에 영향을 받게 될 것으로 예상된다.

특히 디지털 시대의 도래로 경영 패러다임이 크게 바뀌면서, 인재가 곧 은행의 성장과 경쟁력을 결정짓는 핵심요소로 부각되고 있다. 과거 산업화 시대에는 짜여진 틀 내에서 관리만 잘 하면 높은 성과를 낼 수 있었다. 예컨대 외형을 키우고 표준화된 관리방식을 정착시키면 일정 수준의 이익을 창출할 수 있었다. 그러나 디지털 시대에는 창의적 인재가 새로운 비즈니스 모델을 만들고, 전례가 없는 문제에 해답을 제시하면서 은행을 이끌어 나가지 않으면 수익을 확보하기가 어렵게 되었다.

본서는 이러한 인식을 바탕으로 철저하게 금융실무에 기초하여 다양한 금융지식과 기법을 갖춘 전문인력 양성을 위한 기초교재로서 그 소임을 다하고자 하였다. 따라서 개정판 역시 이러한 취지에 맞추어 새로 개발된 금융상품에 대한 소개뿐만 아니라, 그동안 바뀐 내용에 대해서도 최대한 수정 및 보완을 시도하였다.

본서의 총 8장 중 금융관련 기초이론과 금융시장 및 금융기관에 대하여 다룬 제1~2장은 수정이 거의 없었으나, 업종별 금융상품 전반에 대한 개요를 다룬 제3장과, 은행권의 각종 상품들을 다룬 제4~6장, 그리고 주식 및 채권을 다룬 제7~8장의 경우는 많은 부분이 수정 및 추가되었다.

그러나 본서에는 아직도 미흡하고 부족한 부분이 많이 있다. 앞으로도 끊임없이 수정과 보완을 계속해 나갈 것이다. 선배제위 및 독자들의 아낌없는 비평과 조언을 기다린다.

이번 개정판이 나오기까지 많은 협조와 조언을 주신 모든 분들께 감사드린다. 특히 새로 개발된 금융상품과 내용상 수정된 부분에 대하여 아낌없는 조언과 함께 수정을 도와준 대구은행의 이광영 부부장, 안병구 금융상담역, 임규식 차장과 그 밖의 연수원 직원들, 동원증권의 장순정 대리에게도 고마운 마음을 전한다.

끝으로 이번 개정판 출간에 여러 가지 지원을 아끼지 않은 도서출판 두남의 전두표 사장님과 강연대 부장, 그리고 잦은 수정에도 불구하고 성심성의를 다해준 편집실 관계자 여러분께도 깊은 감사의 뜻을 전하고 싶다.

2005년 2월

저자

최근 몇 년 동안 국내외 금융환경은 너무도 빠른 변화를 거듭하고 있다. 대외적으로는 금융의 자유화와 통합화, 증권화, 디지털화, 겸업화가 대세를 이루고 있으며, 대내적으로는 금융기관간 합병과 전략적 제휴, 감량경영 등의 구조조정이 지속되고 있는 전환기적 모습을 보이고 있다.

중요한 것은 이러한 변화의 흐름 속에서는 경쟁환경 변화의 트랜드를 유리하게 활용하고, 변화에 능동적이고 적극적으로 대처하는 한편, 금융기법이 고도화되고 차별화된 경쟁력과 서비스를 갖춘 금융기관만이 경쟁에서 살아남을 수 있다는 사실이다.

따라서 우리 금융기관들도 이제는 국내는 물론 세계 유수의 금융기관들과 생존을 위한 치열한 경쟁에서 이겨나가지 않으면 안되게 되었고, 이를 위해서는 무엇보다도 고도의 금융지식과 기법을 갖춘 전문인력의 확보와 양성에 주력하지 않을 수 없게 되었다.

우리는 아직도 금융업의 핵심(core)은 돈(자금)이라고 생각하는 경향이 있다. 그러나 자금이 남아도는 작금의 금융산업은 이제 결코 '돈 장사'가 아니라, '사람 장사'라고 해야 옳은 말일 것이다. IMF 이전의 관치금융 속에서 우리 경제사회가 만성적인 자금부족 상태에 있을 때에는 금융업의 핵심이 돈(자금)이었을지 모르지만, 풍부한 자금에다 과다한 리스크에 노출되어 있는 지금은 금융산업이 결코 '돈 장사'가 아니라, 전문인력 양성과 인재 육성을 통한 '사람 장사'라는 것이다. 이를테면 돈보다는 고도의 금융지식과 기법을 갖춘 전문인력의 확보와 양성을 통하여 금융기관 스스로 리스크에 잘 대응(risk hedging & risk taking)해야 경쟁에서 이겨나갈 수 있다는 논리다.

본서는 이러한 인식을 바탕으로 철저하게 금융실무에 기초하여 다양한 금융지식과 기법을 갖춘 전문인력 양성을 위한 기초 교재로서 그 역할을 다하는데 초점을 맞추고자 하였다.

이를 위해 본서는 총 8장으로 구성되어 있으며, 제1장에서는 금융관련 기초이론을, 제2장에서는 금융시장과 금융기관에 대하여, 제3장에서는 업종별 금융상품의 전반적인 개요를 다루고 있다. 그리고 제4장에서는 은행권 금융상품의 운용설계를, 제5장에서는 은행권 신탁상품의 운용설계에 대하여, 제6장에서는 은행권 대출상품 활용과 대출설계 전반을 중점적으로 다루었으며, 제7장에서는 증권분석과 주식투자 설계, 마지막 제8장에서는 채권분석과 투자설계에 대하여 기술하고 있다.

따라서 본서는 각 대학 상경계열에 금융상품론, 금융실무 및 응용, 금융시장론, 금융기관 경영론, 금융시장 경영론, 재테크 실무 등의 이름으로 개설된 강좌의 교재 또는 부교재로 사용될 수 있도록 집필되었으며, 나아가서는 금융기관 종사자들의 실무지침서나 금융상담사(FA), 자산관리사(FP), 재무설계사(AFPK), 공인재무설계사(CFP) 등의 자격시험을 준비하는 수험서로도 적극 활용될 수 있을 것으로 기대된다.

그러나 본서에는 아주 미흡한 부분이 많이 있음을 느낀다. 아직 설익은 작은 과실임에도 불구하고 첫선을 보이는 까닭은 오랜 기간 금융기관 실무를 통하여 체득한 지식과 경험을 많은 분들에게 전하고 싶은 성급함이 절대적으로 앞섰기 때문이다. 특히 본서에서 보완되어야 할 부분과 내용상 잘못된 부분은 오로지 필자의 책임이며, 앞으로 끊임없이 수정·보완해 나갈 것이다. 선배제위 및 독자들의 아낌없는 비평과 조언을 기다린다.

본서가 나올 수 있기까지는 많은 사람들의 도움이 있었다. 우선 본서의 집필에는 한국금융연수원의 FP(2001~2004) 및 한국능률협회의 금융상품 운용설계(2001) 등을 많이 참고했음을 밝혀둔다. 그리고 본서의 발간과 관련하여 여러가지 조언과 함께 교정을 도와준 대구은행의 이광영 부부장, 안병구 금융상담역, 임규식 차장과 그 밖의 연수원 직원들, 동원증권의 장순정 대리에게 감사드리며, 아울러 가족들의 격려와 헌신적인 사랑에도 고마움을 전한다.

끝으로 시일이 촉박한 가운데서도 본서를 출판할 수 있도록 모든 노력과 지원을 아끼지 않은 도서출판 두남의 전두표 사장님과 강연대 차장, 그리고 복잡한 원고임에도 불구하고 수 차례 꼼꼼한 교정과 수정으로 성심성의를 다해 준 편집실 관계자 여러분께도 깊은 감사의 뜻을 전하고 싶다.

2004년 8월
팔공산을 바라보며 저자

차 례

Contents

제1장 금융관련 기초이론 / 23

제2장 금융시장과 금융기관 / 73

제3장 업종별 금융상품의 개요 / 107

제6장 은행권 대출상품 활용과 대출설계 / 247

제7장 증권분석과 주식투자설계 / 273

제8장 채권분석과 투자설계 / 325

제**1**장

금융관련 기초이론

금융관련 기초이론

제1절 ● 경제성장률*

1.1 국민소득

한 나라의 경제력이나 국민들의 생활수준을 종합적으로 파악할 수 있는 지표가 바로 국민소득이고 국민소득의 증가율이 경제성장률이다. 그렇다면 국민소득이란 과연 무엇을 의미하는가? 우선 '국민소득'이라고 해서 단순히 국민 각자의 개인소득을 합한 것은 아니다. 개인소득 가운데 국민소득에 포함되지 않는 부분이 있기 때문이다.

사실 이 문제는 의외로 복잡하다. 아무튼 국민소득이라고 하면 생각나는 단어가 바로 GNP이다. 주요 선진국과 마찬가지로 우리나라에서도 1994년부터 GDP라는 개념을 사용하고 있다. 그러나 그 의미는 비슷하므로 여기서는 GNP를 중심으로 설명해 보도록 하자.

GNP(Gross National Product), 즉 국민총생산은 한 나라의 모든 공장과 일터에서 일정기간 동안 얼마만큼의 재화와 서비스가 생산됨으로써 소득이 창출되었는가를 나타내는 개념이다. 따라서 국민총생산은 '일정기간 동안에

---

* 한국금융연구원, FP(금융상품)1, 2003, pp.9∼19 참조.

국민에 의하여 생산된 모든 최종생산물의 시장가치'이다.

먼저 '국민에 의하여'라는 말 속에는 GNP의 중요한 의미가 담겨져 있다. 이것은 어디까지나 그 나라의 국민 또는 국민소유의 생산요소에 의하여 생산된 가치만 이 GNP에 포함된다는 뜻이다. 따라서 한반도 내에서 생산되었다 하더라도 외국인 및 외국인 소유의 생산요소에 의하여 생산된 것은 GNP에 포함되지 않는다. 그 반면에 해외에서 생산된 것이라 할지라도 국민 소유의 생산요소에 의하여 생산되었다면 GNP에 당연히 포함된다.

이와 관련하여, 생산요소의 소유자가 누구이든 간에 국내에 있는 생산요소에 의해 생산된 것이라면 그 가치를 국민소득으로 인정하는 개념을 생각할 수 있는데, 이것이 바로 국내총생산(GDP: Gross Domestic Product)이다.

최종생산물과 시장가치

'최종생산물'이라는 의미는 GNP의 내용을 나타내고 있다. 다른 생산물을 생산하는데 쓰여진 원재료 내지는 반제품 등과 같은 중간생산물의 가치를 GNP에 포함시키지 않는다는 것을 뜻한다. 이렇게 최종 생산물만을 GNP에 포함시키는 것은 이중계산을 피하기 위해서이다.

간단한 예를 들어보자. 어느 국가에서 밀 10kg과 빵 10개를 생산하고 있다. 그런데 밀 10kg 가운데 일부인 6kg은 빵 10개를 만드는 원료 즉 중간생산물로 쓰이고, 나머지 4kg은 가정에서 최종소비재로 사용된다고 한다. 이 경우 이 나라의 GNP는 빵 10개와 밀 4kg이다. 만약 GNP를 빵 10개와 밀 10kg이라고 한다면 이중계산이 된다. 빵을 만드는데 쓰인 밀 6kg의 가치는 이미 빵의 가치 속에 녹아들어 있기 때문이다.

'시장가치'라는 표현에도 중요한 의미가 있다. 먼저 '시장가치'란 원칙적으로 시장에서 거래되는 생산물의 가치만이 GNP에 포함된다는 것을 나타낸다. 일례로 가정주부는 집안에서 가사를 돌보는 유용한 가치를 생산해 내지만, 이것이 시장에서 거래되지 않은 이유로 GNP에는 포함되지 않는다. 그러나 똑같은 가정주부가 다른 가정에 파출부로 나가서 일을 한다면 그 가치는 노동시장에서 일당으로 거래되기 때문에 GNP에 포함되는 것이다.

> 또 시장'가치'란 각 생산물이 시장에서 평가되는 화폐액을 말한다. 밀 4kg과 빵 10개를 직접 합산할 수는 없다. 이는 생산물의 종류와 그 물리적 단위가 다르기 때문이다. 그러나 밀 4kg과 빵 10개의 시장가치는 합산할 수 있다. 만약 밀 1kg의 가격이 500원이고 빵 1개의 가격이 1,000원이라고 한다면, 그것의 시장가치는 12,000원이 되는 것이다.

여기서 시장가치는 가정주부의 가사노동은 국민소득에 포함되지 않고, 파출부의 가사노동만이 국민소득에 포함되는 이유를 설명하고 있다. 그렇다면 주식투자나 부동산투기를 통해서 얻는 시세차익은 국민소득에 포함되는 것일까?

결론부터 말하면, 가격변동에 따른 시세차익은 국민소득에서 제외된다. 그 이유는 무엇일까? 한마디로 생산활동에 기인하는 소득이 아니기 때문에 국민소득에 포함되지 않는다. 시세차익 뿐만 아니라, 도박, 상속, 증여, 기부 등에 의해서 얻어지는 소득은, 단지 한 사람의 호주머니에서 다른 사람의 호주머니로 돈이 옮겨가는 '소득의 이전' 현상이지, 그 과정에서 어떤 새로운 가치가 '창출', 즉 생산되는 것이 아니기 때문에, 국민소득에서 제외되는 것이다.

1.2 경제학의 두 종류

우리는 앞에서 국민소득이 곧 생산이라는 사실을 살펴보았다. 그렇다면 생산 즉 국민소득을 어떻게 증가시킬 수 있을까? 이 질문에 대한 대답은 크게 두 가지이다. 이른바 오늘날 경제학이론의 양대 조류(潮流)이다. 하나는 개방과 정부개입의 축소, 그리고 시장을 강조하는 고전학파 계통의 흐름이고, 다른 하나는 보호와 정부개입, 그리고 정부의 적극적인 성장정책을 주장하는 케인즈학파 계통의 경제학이론이다.

먼저 고전학파 경제학자들은 무엇보다 신축적인 가격기구가 노동을 포함하는 모든 생산요소의 완전고용을 보장한다고 보았다. 예를 들면 노동시장에서 실업이 발생해도 노동자간 경쟁의 결과로 임금이 떨어지기만 한다면 실업은 자연스럽게 치유될 수 있다는 것이다. 그러나 우리는 여기서 다음과 같은 의문을 가질 수 있다. 설령 생산요소가 완전히 고용되어 재화와 서비스가 생산된다 하더라도 그것들이 생산물 시장에서 전부 팔리지 않는다면 완전고용은 실현될 수 없지 않느냐는 것이다.

이 대목에서 고전학파 경제학자들은 완전고용수준에서 생산되는 모든 재화와 서비스는 결국 다 팔리게 됨으로써 생산물 시장에서의 초과공급은 있을 수 없다고 본다. 이른바 '세이의 법칙'이다. 즉 생산물 시장에서는 항상 균형이 달성되며, 재화의 초과수요나 초과공급의 상태는 존재하지 않는다는 명제가 세이의 법칙이다. 흔히 '공급은 스스로의 수요를 창출한다'라는 말로 표현되기도 한다. 생산이 이루어지면 생산물의 가치만큼 요소소득이 창출되고, 이 소득은 다시 지출로 전환됨에 따라 생산물이 전부 수요될 수 있다는 의미이다.

이때 생산물의 가치만큼 요소소득이 창출되었다 하더라도 가계부문이 소득의 전부를 소비지출에 충당하지 않고, 그 일부를 저축한다면 어떻게 되겠는가? 저축은 분명 생산물 구입에 지출되지 않는 가계소득의 일부분이다. 따라서 저축이 이루어지면 그만큼 생산물이 팔리지 않게 되어 생산물시장에서 재고가 쌓일 수도 있다. 이 경우 세이의 법칙이 성립하기 위해서는 소비 이외의 다른 형태의 지출, 이를테면 기업의 투자지출 내지는 정부지출과 같은 새로운 형태의 수요가 창출되어져야 한다. 만약 정부지출을 고려하지 않는다면 기업의 투자지출이 저축만큼 창출되어야 세이의 법칙이 성립하는 것이다.

물론 투자지출이 항상 저축과 같다는 보장은 없다. 투자지출이 저축보다 많으면, 생산물 시장에서의 수요가 공급을 초과하게 되어 인플레이션이 발생할 수 있다. 반면 저축이 투자지출을 초과한다면, 생산물시장에서 초과공급이 발생하여 재고가 쌓이고 경기침체가 유발된다.

그러나 고전학파 경제학자들은 또 매번 '신의 손'의 위력을 믿는다. 즉 이자율이라는 '가격'이 저축과 투자를 항상 같게 해준다는 것이다. 일반적으로 이자율이 높을수록 저축은 늘어나고 투자는 줄어든다. 따라서 저축이 투자보다 많으면, 이자율이 떨어지기만 하면 된다. 이자율이 하락함에 따라 저축이 줄어들고 투자는 늘어나서, 다시 저축과 투자가 같게 되기 때문이다. 반대로 투자가 저축보다 많으면 균형회복을 위해 이자율은 당연히 오를 것이다.

이제 이들의 결론은 분명해졌다. 생산요소의 완전고용수준에서 결정되는 경제의 총생산, 즉 총공급은 그 자체가 그대로 국민소득이 된다. 모든 가격기능이 제대로 작동하는 한 공급만큼 수요는 항상 창출되기 때문이다. 따라서 만일 실업과 유효시설이 있을 경우에는 생산, 즉 공급증대를 통해 이를 자동적으로 제거할 수 있다는 것이다. 그러므로 경제촉진을 목표로 하는 정책은 생산증대에만 초점을 맞추면 되고, 그 밖에 생산된 상품의 수요를 포함한 모든 일은 저절로 해결된다는 주장이다. 그래서 고전학파 경제이론을 '공급주의 경제학'이라고도 부른다.

그러나 1920년대 말에서 1930년대에 걸쳐 지속된 세계적인 대공황(大恐慌)은 고전학파의 이론과 사고에 어두운 그림자를 던져 주었다. 대규모의 실업, 즉 노동시장의 과잉공급이 고전학파 경제학자들이 말하듯이 가격기구에 의해 저절로 해소되지 않고 장기적으로 지속되었던 것이다.

이때 케인즈는 1920년대 후반부터 고전학파의 주장이 현실과는 거리가 먼 이론이라는 것을 직시하였다. 그는 오랫동안 실업에 관한 새로운 이론을 모색한 끝에 1936년에 출간된 '고용, 이자 및 화폐에 관한 일반이론(The General Theory of Employment, Interest and Money)'에서 자본주의 경제는 고전학파가 생각하는 것처럼 항상 완전고용수준에 머무는 것이 아니며, 경제는 궁극적으로 인간이 관리해야 한다는 사실을 보여주었다. 이른바 '신(神)의 손'에서 '인간의 손'으로 경제의 관리권을 이양시킨 셈이다.

원래 고전학파 경제학에 의하면, 노동의 초과공급, 즉 실업이 발생하면 실질임금이 하락하고 초과공급이 사라지면서, 실질임금은 하락하고 결국은 실업이 해소되는 것으로 설명하고 있다. 그렇지만 대공황기에 본 현실은 대규모 실업이 지속되는 상황에서도 여전히 실질임금이 하락하지 않고 장기간 지속되게 되었다. 말하자면, 임금은 신축적이지 못하고 하방경직성이 있기 때문에, 이러한 상황하에서는 정부가 경제에 개입하여 인위적으로 총수요를 증가시키고 노동수요를 증가시킬 필요가 있다고 하였다.

이제 케인즈의 견해는 분명해졌다. 당초 생산물시장에서의 수요부족으로 국민소득이 줄어들고 실업이 발생했기 때문에, 새로운 수요만 창출된다면 국민소득의 흐름은 원래 상태로 회복될 수 있을 뿐만 아니라 더욱 커질 수도 있다. 따라서 문제는 수요측에 있다는 것이다. 물론 수요를 창출하는데 있어서는 가격의 경직성 때문에 '인간의 손'이 필요하다. 고전학파 경제학자들이 "생산된 것은 다 팔린다"라는 세이의 법칙을 신봉했던 데 반해, 케인즈학파는 오히려 "수요가 공급을 창출한다"고 본 것이다.

케인즈 이론은 1940년대부터 1960년대까지 거시경제학의 주류를 이루면서 세계적으로 유행하였다. 전후(戰後)에는 케인즈 이론이 아니면 경제학이 아니라고까지 일컬어지기도 했다. 그러나 1970년대에 들어 세계경제가 스태그플레이션에 빠지게 되면서, 전통적 고전학파 이론을 약간씩 수정한 '통화주의 학파'나 '합리적 기대주의 학파' 등이 차례로 등장하게 되었다. 이른바 경제학에 있어 반혁명 조류인 것이다. 이 반혁명 이론들은 대체로 케인즈의 분석방법을 수용하면서도, 케인즈의 경제관과 이론의 내용을 부인하고, 경제에 대한 정부의 간섭을 배제하는 보수주의 색채를 띠고 있다. 이들의 득세로 케인즈 이론이 어느 정도 빛이 바래긴 했지만, 아직도 케인즈 이론은 분명 현대 거시이론 체계에서 중심적인 위치를 차지하고 있다.

이 두 조류는 시대적 환경에 크게 영향을 받으며 부침(浮沈)을 반복해 온 것이 사실이다. 실업률이 높았던 시대에는 케인즈적 사고가 지배하였으며, 인플레이션이 크게 문제되자 고전학파의 경제관을 계승한 다양한 이론들이 득세하였다. 그러나 어느 때고 모든 경제학자들이 한가지 조류에만 쏠려 있었다고는 말할 수 없다. 고전학파 시대에도 멜더스(T. R. Malthus)나 마르크스(K. Marx) 등은 실업에 관한 고전학파의 경제관을 격렬하게 비판하였으며, 케인즈 시대에도 하이에크(F. A. Hayek)나 프리드만(M. Friedman) 같이 케인즈 이론에 입각한 정부의 적극적 경제개입을 비판한 경제학자가 있었다. 뿐만 아니라 오늘날 케인즈 경제학의 성과가 과거만 못하고, 비록 고전학파적 사고가 다시 각광을 받고 있다 하더라도, 케인즈가 남긴 영향력은 절대적이라 아니할 수 없다.

결국 오늘날에는 극단적인 고전학파적 사고나 케인즈적 사고는 존재하지 않으며, 우리들 모두의 머리 속에는 이들의 사고가 공존한다고 보는 것이 옳을 것이다.

1.3 통화와 경제성장

우리는 앞에서 성장의 동인(動因)과 관련한 두 가지 흐름에 대하여 살펴보았다. 하나는 공급측면, 예컨대 자본축적이나 노동공급과 같은 생산요소들의 역할에 초점을 맞춘 고전학파적 견해이고, 또 다른 하나는 수요측면을 강조하는 케인즈적 접근이다. 그러다 보니 이들은 경제성장에서의 '화폐의 역할'에 대하여도 서로 다른 입장을 보이고 있다.

케인즈학파의 경제학자들은 기본적으로 돈이 경제성장에 충분한 역할을 수행한다고 본다. 돈이 늘어나면 이자율이 하락하고, 이것은 다시 투자수요를 촉진시킴으로써 국민소득의 증대를 가져온다는 것이다. 따라서 케인즈학파가 보는 성장에 대한 통화의 영향, 즉 금융정책의 파급경로는 이자율을 통한 간접적인 경로이다. 이른바 '케인즈 효과'를 통한 것이다. 여기서 가장 핵심적인 연결고리는 무엇보다 통화량이 증가하는 경우 이자율이 하락한다는 사실이다.

경제학자들은 모든 경제현상을 기본적으로 수요공급의 원리로서 설명하려는 본능을 가지는 것 같다. 케인즈도 예외는 아니었다. '돈의 가격'인 이자율이 돈의 수요곡선과 공급곡선이 만나는 곳에서 결정된다고 보았다. 돈의 공급이 늘어나면 '유동성 함정'이라는 특수한 경우를 제외하고는 가격인 이자율은 하락한다는 것이다.

그러나 고전학파의 생각은 다르다. 그들은 돈이 풀릴 때 오히려 이자율은 오른다고 보았다. 이 문제는 나중에 다시 한번 금리부분에서 설명하겠다. 문제는 이 주장이 성립할 때 케인즈 효과는 완전히 단절된다는 것이다. 이자율을 낮추기 위해서 돈의 공급을 늘렸는데 그로 인해 이자율이 오른다면 더 이상 돈을 조절할 필요도 없게 된다. 차라리 통화 증가율을 적정수준에서 일정하게 유지하는 것이 가장 바람직한 통화정책이 된다. 결국 돈이 증가했을 때 금리가 어떻게 변화하느냐는 '성장에 대한 돈의 역할'을 논하는데 있어 매우 중요한 의미를 갖는다고 할 수 있다.

그렇다면 결론은 무엇인가? 여기서는 양쪽의 주장을 정리하는 선에서 결론을 내릴 수밖에 없을 것 같다. 우선 케인지안은 대체로 경기가 나빠지면 확장적인 정책을, 경기가 과열되면 긴축적인 정책을 시의적절하게 취해야 한다고 생각한다. 즉 정부는 경기변동에 대응하여 경기를 섬세하게 조정하는 안정화 정책, 이른바 재량적(裁量的) 경제운용이 바람직하다는 것이다. 특히 이들은 이자율을 적정수준에 유지하기 위하여 돈의 공급을 신축적으로 변화시켜야 한다고 본다. 이것은 돈의 확대공급이 이자율의 하락을 가져오고, 이자율의 하락은 결국 투자수요 및 국민소득의 증가를 초래한다고 믿기 때문이다.

그러나 고전학파 경제학자들은 이와 같은 재량적 정책운영이 의도한 대로 이행되지 않는다고 주장한다. 그것은 무엇보다 그때 그때의 경제상황과 경기동향을 정확하게 파악하는 것이 어렵기 때문이다. 나아가 설령 경제상황과 경기동향을 정확히 파악한다 하더라도 제때에 안정화 효과가 나타나도록 정책을 편다는 것은 여간 어려운 일이 아닐 것이다.

사실 각국의 경험을 봐도 경기가 나쁠 때 경기부양책을 쓰면 그 효과가 경기회복기에야 나타나 경기를 필요 이상으로 과열시키는 경우가 있다. 또 경기가 과열될 때 경기 진정책을 쓰면 그 효과가 경기후퇴기에 나타나 경제를 필요 이상으로 냉각시키기 쉽다. 이 경우에는 경제안정화정책 자체가 경제불안정의 요인이 되는 것이다. 따라서 정부는 경기변동에 개의치 않고 통화공급의 증가율을 일정하게 유지하는 준칙(準則)에 따라 일관성 있게 금융정책을 밀고 나가는 것이 오히려 경기변동에 따라 재량껏 경제에 개입하는 것보다 바람직하다는 것이 이들의 견해이다.

1.4 경제성장과 물가안정

흔히 경제성장과 물가안정은 두 마리 토끼와도 같아, 두 마리를 모두 쫓다 보면 결국 한 마리도 잡을 수 없다는 속담에 비유되곤 한다. 만약 이러한 비유가 맞다면, 경제성장과 물가안정의 문제는 이 두 가지 목표 가운데 물가안정을 우선할 것이냐, 또는 경제성장을 우선할 것이냐 하는 선택의 문제로 귀결된다. 그래서 통상 물가안정을 우선하는 사람을 안정론자라 하고, 경제성장을 선호하는 사람을 성장론자라고 부르기도 한다.

성장과 안정의 상충관계를 논할 때, 반드시 짚고 넘어가야 할 개념이 하나 있는데, 필립스곡선이 바로 그것이다. 영국의 경제학자인 필립스(A. W. Phillips)는 1861~1957년 기간동안 영국의 경제통계로부터 임금상승률과 실업률 사이에 뜻밖에도 매우 안정적인 부(負)의 상관관계가 있다는 사실을 발견하였다. 즉 임금상승률이 낮으면 실업률이 높고, 반대로 임금상승률이 높으면 실업률이 낮게 나타난 것이다.

한편 임금상승률은 물가상승률과 밀접한 관계를 가진다고 할 수 있는데, 예컨대 노동생산성 증가율을 초과하여 임금이 오르면 그 몫만큼 물가상승 압력으로 작용하게 된다. 따라서 필립스의 발견은 인플레이션과 실업률 사이의 이율배반적인 상충관계를 의미한다고도 볼 수 있다. 그래서 오늘날 물가상승률과 실업률의 일반적 관계까지도 최초 발견자의 이름을 따서 '필립스 곡선(Phillips curve)'이라고 부르는 것이다.

'최초의' 필립스곡선은 물가상승률과 실업률사이에 왜 반비례 관계가 성립하는지를 설명하고 있지는 않다. 다만 그러한 경험적 관계의 존재를 검증함으로써, 물가안정과 완전고용 달성을 통한 성장이라는 두 가지 정책목표 간의 모순성을 지적하고 있을 뿐이다. 즉 물가안정과 완전고용이라는 두 가지 정책목표를 동시에 달성할 수는 없으며, 그 중 어느 한가지를 희생해야 한다는 것을 시사함으로써, 정책입안자들에게 정책선택의 문제를 던져준 것이다. 이러한 관점에서 정책당국자가 실업문제를 중시하여 실업대책을 세웠다면, 그것은 이미 어느 정도의 인플레이션을 감수하겠다는 의지의 표명이라고도 할 수 있다.

그러나 미국의 저명한 경제학자인 갈브레이드(J. K. Galbraith)는 그의 저서 '불확실성의 시대'(The Age of Uncertainty)에서 "아담 스미스(Adam Smith)이후 2백년이 지나도록 경제학자들은 인플레이션을 저지하지도 못했고, 실업을 방지하지도 못했으며, 오히려 이제는 지금까지 해결하지 못한 이 두 가지 고통에 면역이 되어 버렸다"고 한탄함과 동시에, 경제학자의 무능을 자괴하고 있다. 경제학자들이 물가안정과 실업, 이 두 가지 중 어느 하나도 제대로 해결하지 못하고, 2백년 동안을 그럭저럭 지내왔다는 자책이다. 사실 최초의 필립스곡선이 암시하듯 인플레이션과 실업의 반비례 관계만 계속적으로 유지되었다면, 최소한 두 가지 문제 가운데 하나는 풀렸을 것이고, 따라서 이같은 비판은 나오지 않았을 것이다.

아무튼 1970년대에 들어와 경제이론은 무력했다. 인플레이션이 진정되지 않거나 점차 가속되는 가운데, 확대정책을 써도 실업률은 줄어들지 않고, 오히려 높은 수준을 유지하는 기이한 현상이 발생한 것이다. 소위 스태그플레이션(stagflation)이라는 새로운 현상이 나타났다. 여기서 스태그플레이션이란 경기침체(stagnation)와 인플레이션(inflation)의 합성어로서, 경기침체 하의 인플레이션을 의미한다.

높은 물가상승률과 높은 실업률이 공존하는 1970년대의 스태그플레이션 현상은 재량적 경제정책을 줄기차게 주장해온 케인즈학파 경제이론을 그 기저부터 흔들어 놓았다. 왜냐하면 1960년대까지만 하더라도 인플레이션이나 실업과 같은 경제문제는 재정정책이나 금융정책으로 대부분 해결할 수 있다고 보았으며, 경제라는 것은 정확하게 미조정할 수 있다고 믿었기 때문이다. 예컨대 경기침체 하에서 실업문제가 심각하면, 정부가 어느 정도의 물가상승을 감수하고라도 돈을 풀어서 총수요를 늘리면, 경기는 다시 살아난다고 믿었던 것이다.

이처럼 그 당시 거시경제학계를 지배해 온 케인즈경제학의 전통적인 총수요이론이 1970년대에 새롭게 등장한 스태그플레이션 현상을 설명하지 못하는 무력함에 대해 영국의 경제학자 로빈슨(J. Robinson) 여사는 '경제학의 제2의 위기'라고까지 표현하였다. 물론 '경제학의 제1의 위기'는 1930년대에 발생한 대공황을 지칭하고 있다.

스태그플레이션은 케인즈학파 경제학자들이 종래에 필립스곡선이 안정적이라고 믿어온 관념까지 수정하게 만들었다. 다시 말하면 필립스곡선이 더 이상 안정적이지 않고, 오른쪽으로 이동하는 현상으로 스태그플레이션을 이해한 것이다. 필립스곡선 자체가 오른쪽으로 이동한다면, 실업률과 물가상승률이 동시에 증가하는 현상도 설명할 수 있기 때문이다. 결국 '최초의' 필립스곡선처럼 안정적이 아니라 '새로운' 필립스곡선은 오른쪽이나 왼쪽으로 이동할 수 있다고 본 것이다.

우리는 여기서 다음과 같은 질문을 생각해 볼 수 있다. 왜 1970년대 이전까지는 오랫동안 안정적이던 필립스곡선이 갑자기 1970년대부터는 오른쪽으로 이동하게 되었는가? 사실 이 질문에 대한 대답은 그리 간단하지는 않다. 케인즈학파 경제학자들은 주로 임금인상과 석유 및 원자재 파동으로 인한 공급충격 때문이라고 강조한다. 반면에 고전학파 계통의 경제학자들은 재량적인 경제정책의 지속에 따른 예상 인플레이션의 상승을 원인으로 꼽는다. 결국 케인즈학파는 공급측 인플레이션을, 고전학파는 수요측 인플레이션을 스태그플레이션의 주요 원인으로 지적하고 있는 것이다.

물론 진단에 따라 그 처방도 달라진다. 제2의 위기가 공급충격에서 연유되었다고 믿는 케인즈학파 경제학자들은 생산성 향상을 통한 원가절감으로 총공급을 증가시키는 동시에, 확대재정 및 금융정책을 사용하면 스태그플레이션 현상을 해결할 수 있다고 보았다. 즉 케인즈학파는 종래의 재정정책 및 금융정책과 같은 총수요관리정책이 스태그플레이션의 치유를 위해서 여전히 필요하고, 또 유효하다고 주장하는 것이다.

반면에 고전학파 계통의 경제학자들은 재량적 경제정책의 추진에 신중을 기하지 않으면 안된다고 주장한다. 또한 장기적으로 나타나는 실업률이 사회적 비용의 측면에서 너무 높다고 판단되는 경우에는, 총수요와 관련된 정책보다는 실업률 자체를 낮추는 공급측면에서의 정책이 필요하다고 본다.

예컨대 구미(歐美) 선진국에서 실업률 증대의 원인으로 자주 거론되고 있는 것이 실업보험 등의 사회보장제도이다. 실업보험의 확대가 개인에게 실업의 비용을 낮추어 주기 때문에, 사람들은 예전에 비해 쉽게 직장을 버리게 되고, 나아가 다른 직장을 찾는 기간도 길어진다. 사회보장제도의 확대가 자발적 실업을 증가시키고 있다는 것이다. 이 경우 사회보장제도의 축소는 오히려 실업률을 낮출 수도 있다는 주장이다.

한편 지난 수년간 미국에서는 '신경제' 논쟁이 지속되고 있다. 그 내용은 최근 정보통신기술(ICT)의 발달이 생산성 증가를 가져와 고성장과 저물가를 동시에 달성하게 되었다는 것이다. 전통적인 필립스곡선에서는 고성장은 물가상승을 수반한다는 것인데, 신경제를 주장하는 사람들은 고성장하에서도 저물가를 유지할 수 있게 된 것은, 인터넷을 비롯한 정보통신기술의 발달로 생산성이 획기적으로 개선되고 있기 때문이라고 설명한다.

제2절 ○─● **통화와 통화정책**

2.1 통화의 정의*

1) 통화

우리는 매일 돈을 사용하면서 살고 있다. 노동의 대가로 임금을 받고 그 돈으로 시장에서 물건을 사고 세금을 내는 등 모든 경제활동이 돈을 사용함으로써 이루어진다. 그래서 나라경제에서 돈의 역할은 흔히 인체에 있어서 혈액의 역할에 비유되기도 한다. 혈액이 인체의 각 부분을 순환하면서 영양분을 골고루 보내 주듯이, 돈도 수많은 생산자와 소비자 사이에서 이루어지는 모든 경제거래를 매개하고 촉진하기 때문이다.

이처럼 경제내에 유통되는 돈을 통화(通貨)라고 부른다. 그런데 통화가 경제활동에서 중요한 기능을 수행한다 할지라도, 경제의 규모나 여건에 비해 시중에 너무 많이 풀려 있는 경우 그 가치가 떨어져 물가가 지속적으로 오르는 인플레이션이 발생하고, 반대로 지나치게 적은 경우에는 금리가 상승하고 생산자금이 부족하게 되어 경제활동이 위축되기도 한다.

따라서 한 나라의 경제가 안정적으로 발전하기 위해서는 통화의 양이 적정수준으로 유지되어야 하는데, 우리나라에서는 다른 나라와 마찬가지로 중앙은행인 한국은행이 그 기능을 수행하고 있으며, 이를 재는 척도가 통화지표이다.

이와 같은 통화지표를 편제하기 위해서는, 통화를 어떻게 정의할 것인가를 먼저 결정하여야 한다. 흔히 통화라고 하면 지폐나 동전 같은 현금만을 떠올리기 쉽다. 그러나 은행에 맡겨 놓은 예금도 필요한 경우 즉시 현금으로 인출할 수 있으므로, 경우에 따라서는 통화에 포함시킬 수 있다. 따라서 통화는 현금 이외에 현금과 비슷한 기능이나 성격을 지닌 금융상품을 포괄하는 개념으로 볼 수 있기 때문에, 이들 중 어디까지를 통화로 볼 것이냐에

---

* 한국은행, 알기쉬운 경제지표 해설(2010), 2010. 7. 15, pp.169~183 참조.

대하여 그동안 많은 연구가 진행되어 왔다. 뿐만 아니라 일단 정의된 통화
지표도 새로운 금융상품이 출현하거나, 금융제도가 바뀌게 되면 그 성격이
변하게 되므로, 이를 반영하기 위해 통화지표의 개편이나 새로운 통화지표
의 개발 등 경제내 통화량을 정확히 파악할 수 있는 통화지표 편제를 위한
노력도 지속적으로 이루어져 왔다.

2) 통화지표

우리나라의 통화지표는 1951년부터 한국은행에서 공식 편제하기 시작하
였으며, 2002년부터는 변경된 IMF의 통화금융통계매뉴얼(2000년) 기준*에
따라 MI(협의통화) 및 M2(광의통화) 지표를 편제하고 있다. 그리고 2006년 6
월부터는 동 매뉴얼에서 제시하고 있는 유동성지표인 L(광의유동성) 지표를
새로이 편제하여 공표하고 있다. 이들 지표의 내용을 구체적으로 살펴보면
다음과 같다.

첫째, 협의통화(M1)는 화폐의 지급결제수단으로서의 기능을 중시한 지표
로서, 민간이 보유하고 있는 현금에 예금취급기관의 결제성예금을 더한 것
으로 정의된다. 여기서 현금은 가장 유동성이 높은 금융자산으로서, 교환의
직접 매개수단으로 사용되는 지폐와 동전으로 구성된다. 그리고 결제성예금
은 예취급기관의 당좌예금·보통예금 등의 요구불예금과, 저축예금, 시장금
리부 수시입출식예금(Money Market Deposit Account ; MMDA) 등으로 구성
된다. 이러한 결제성예금은 비록 현금은 아니지만, 수표발행 등을 통해 지급
결제수단으로 사용되거나, 즉각적으로 현금과 교환될 수 있으며, 기능면에
서 현금과 거의 같기 때문에 협의통화(M1)에 포함되고 있다.

한편, 결제성예금에 저축예금 등 수시입출식 예금이 포함된 것은, 수시입

---

* 통화지표의 국제적 편제기준을 제시하고 있는 IMF는, 1980년대 이후 범세계적인 금
  융자유화 및 국제화의 진전에 따른 구조변화, 금융수단의 다기화, 금융거래 형태의
  변화 등을 반영, 기존의 「통화금융통계에 관한 지침」(1984년)을 개편한 통화금융통
  계매뉴얼을 발표(2000년)하면서, 화폐의 지급결제수단으로서의 기능을 중시한 협의
  통화(Narrow Money)와, 협의통화에다 이와 대체관계가 높은 예금취급기관의 통화성
  부채를 포함한 광의통화(Broad Money)라는 두가지 형태의 통화지표를 새롭게 구
  분·정의하였다.

출식 예금도 각종 자동이체서비스(ATS; Automatic Transfer Service) 및 결제 기능 등을 갖추고 있어, 요구불예금과 마찬가지로 입출금이 자유로운 금융 상품이기 때문이다. 이와 같이 협의통화(M1)는 유동성이 매우 높은 결제성 단기금융상품으로 구성되어 있어, 단기금융시장의 유동성 수준을 파악하는 데 적합한 지표이다.

둘째, 광의통화(M2)는 협의통화(M1)보다 넓은 의미의 통화지표로서, 협의 통화(M1)에 포함되는 현금과 결제성예금 뿐만 아니라, 예금취급기관의 정기 예금 · 정기적금 등의 기간물 정기예적금 및 부금, 거주자 외화예금과, 양도성 예금증서 · 환매조건부채권 · 표지어음 등의 시장형 금융상품, 금전신탁 · 수 익증권 등의 실적배당형 금융상품, 금융채, 발행어음, 신탁형 증권저축 등을 포함한다. 다만, 유동성이 낮은 만기 2년 이상의 장기금융상품은 제외한다.

이와 같이 광의통화(M2)에 기간물 정기예 · 적금 및 부금 등 단기 저축성 예금 뿐만 아니라, 시장형 금융상품, 실적배당형 금융상품 등을 포함하는 것 은, 이들 금융상품이 비록 거래적 수단보다는 자산을 증식하거나 미래의 지 출에 대비한 일정기간 동안의 저축수단으로 보유되지만, 약간의 이자소득만 포기한다면 언제든지 인출이 가능하여 결제성예금과 유동성 면에서 큰 차 이가 없다고 보기 때문이다. 또한 거주자외화예금도 국내에서의 지급결제수 단으로는 약간의 제약이 있지만, 언제든지 원화로 바뀌어 유통될 수 있기 때문에 광의통화(M2)에 포함하고 있다.

한편, 광의통화(M2)는 금융상품의 유동성을 기준으로 편제되기에 과거 금 융기관의 금융상품을 중심으로 편제되었던 총통화 지표(구M2)와는 달리, 금 융권간 자금이동에 따른 지표 왜곡 문제를 해소*하면서, 시중의 통화량을 잘 파악할 수 있게 해 주는 지표이다.

그리고 광의유동성(L)은 한 나라의 경제가 보유하고 있는 전체 유동성의 크기를 측정하기 위한 지표로서, 금융기관이 공급하고 있는 유동성만을 포

---

* 예를 들어, 예금은행의 예금이 예금은행에서 비은행금융기관으로 이동할 경우, 총통 화(구M2)기준 통화량은 줄어든 것으로 나타나지만, 새 통화지표만인 광의통화(M2) 의 통화량은 변동하지 않은 것으로 나타나, 금융기관간 자금이동이 통화량에 영향 을 미치지 않는다.

괄하고 있는 금융기관 유동성(Lf)에 비해, 금융자산이나 금융자산 발생부문의 포괄범위가 훨씬 더 넓은 지표이다. 이 광의유동성(L) 지표에는 종전 M3의 구성상품을 그대로 가져와 이름만 바꾼 금융기관유동성(Lf)에다, 기업 및 정부 등이 발행하는 기업어음, 회사채, 국공채 등의 유가증권이 추가된다.

참고로 Lf에는 광의통화(M2)에 ① 예금취급기관의 만기 2년 이상 정기예금적금 및 금융채, 그리고 유가증권 청약증거금, 만기 2년 이상 장기금전신탁 등과, ② 생명보험회사, 증권금융회사 등 기타 금융기관의 보험계약준비금, 환매조건부채권매도, 장단기 금융채, 고객예탁금 등이 포함되어 있다.

한편, 우리나라 통화신용정책의 중간목표로 사용되어 온 통화량의 중심지표는 수차에 걸쳐 변경되어 왔다. 1957년부터 1969년 상반기까지는 통화(舊M1), 1969년 하반기에는 본원통화(reserve money), 1970년부터 1977년까지는 국내신용(domestic credit)이 정책지표로 채택되었다. 그 후 1978년에는 다시 일시적으로 통화(舊M1)가 중심지표로 채택되었다가, 1979년부터 총통화(舊M2)가 통화관리의 중심지표로 채택되었다. 1980년대 후반에 들어서는 중심지표인 총통화(舊M2) 이외에 M2A, M2B 등이 보조지표로 활용되어 왔으며, 1997년부터는 MCT(총통화+CD+금전신탁)가 총통화(舊M2)와 함께 중심지표로 활용되었다.

그러다가 1997년 12월 외환위기 이후에는 IMF와의 협의에 의해 M3가 중심통화지표로 활용되었다. 동 지표는 1998년 한국은행이 도입한 물가안정목표제 하에서도 중간목표로 활용되다가, 2001년부터 2002년까지는 M3의 감시범위(monitoring range)가 따로 설정·공표되면서, 감시지표로 활용된 바 있다. 그러나 2003년부터는 금리중시 통화정책의 운용체제가 정착됨에 따라, M1(협의통화), M2(광의통화) 등 각종 통화지표는 모두 정책운용의 정보변수로 활용되고 있다.

2.2 통화의 공급*

1) 본원통화

통화의 공급은 중앙은행이 유일한 화폐발행권을 가진 은행으로서 독점적으로 공급하는 본원통화와, 이를 근거로 한 예금취급기관의 신용창조에 의하여 이루어진다.

우선 본원통화는 중앙은행 창구를 통해 공급된 돈의 총량이다. 이렇게 공급된 화폐는 일부를 민간이 보유하고, 나머지는 금융기관으로 다시 유입된다. 금융기관에 유입된 화폐 중 일부는 다시 중앙은행에 예치되고, 나머지는 금융기관 시재금으로 보유된다. 이때 화폐발행액이란 민간이 보유한 화폐와, 금융기관이 보유하고 있는 시재금의 합을 말하며, 결국 중앙은행 창구를 통해서 나간 화폐 가운데, 계속 중앙은행 밖에 머무는 돈이 화폐발행액인 셈이다. 즉 중앙은행 예치금은 다시 중앙은행으로 되돌아가기 때문에, 화폐발행액에서 제외된다. 결국 중앙은행이 공급한 화폐발행액과, 중앙은행 예치금의 합계가 본원통화(reserve base, high power money)인 셈이다.

이같은 본원통화의 공급경로는 정부, 민간, 해외, 기타부문으로 나누어진다. 우선 정부부문부터 살펴보면, 정부도 일반인과 마찬가지로 금융기관에 정부예금계좌를 개설하고, 세금을 거두어들이거나 세출을 집행하는 과정에서 금융기관을 이용한다. 세금을 거두어들이면 시중자금이 한국은행 금고로 들어오게 되어 유통되는 돈은 줄어들고, 공무원 봉급이나 정부공사대금을 지불하게 되면 돈이 한국은행에 설치된 정부예금계좌에서 민간에게 지급되어 통화가 늘어난다. 정부의 세입보다 세출이 많을 경우, 정부는 은행으로부터 돈을 빌려 민간에게 공급할 수밖에 없으므로, 시중에 유통되는 통화량은 정부부문을 통해서 늘어나게 된다.

민간부문을 통한 통화공급은, 금융기관이 기업과 민간에 대출을 해주거나 민간이 발행한 유가증권을 매입하여 주는 형태로 이루어진다. 민간부문에 대한 통화의 공급을 민간신용이라고도 하는데, 시중에 자금이 과다하면 은

---

* 한국금융연수원, FP-1, 2003, pp.20~27 참조.

행대출이 늘지 않도록 정책적 조치를 취하고, 시중 자금사정이 어려울 때는 은행대출에 대한 제한을 완화하는 등 민간신용을 통화신용정책의 주요 집행대상으로 활용하고 있다. 한편 재정정책과 통화신용정책이 분리되어 있지 못한 개도국의 경우, 민간신용과 정부부문에 대한 통화공급을 말하는 정부신용을 합하여 국내신용(Domestic Credit ; DC)이라고 하는데, 이는 통화관리를 위한 지표의 하나로 이용되기도 한다.

해외부문의 경우, 수출이 증가하거나 각종 차관 등 외자도입으로 외화의 국내 유입량이 늘어나면, 국내에서는 외화를 직접 사용할 수 없기 때문에, 은행에서 원화로 바꾸어야 하므로 그만큼 통화가 시중에 풀려 나간다. 반대로 수입이 늘거나 외국에 대한 외채상환 등으로 외화를 해외에 지급하게 되면, 기업 등에서는 은행에 원화를 주고 필요한 만큼의 외화를 바꿔야 하기 때문에, 원화가 은행창구를 통해 환수된 만큼 통화량은 줄어들게 된다. 결국 해외부문을 통한 통화공급은 국제수지가 흑자이면 늘어나고, 적자일 경우에는 줄어들게 된다.

기타부문을 통한 통화의 공급은, 앞에서 설명한 세가지 부문에 해당되지 않는 나머지 부문으로, 금융기관의 고정자산의 취득이나 매각, 자본금 변동 등에 의해 이루어진다. 예를 들어 개별은행이 증자를 하면, 시중자금이 은행으로 들어와 통화환수가 일어나고, 고정자산을 취득하면 이 부문을 통해 통화가 공급되는 결과를 초래한다.

2) 예금통화

중앙은행이 정부나 금융기관에 대한 대출을 행하거나 외환을 매입함으로서 1차적으로 현금을 공급하면, 그 일부가 금융기관의 예금으로 나타나면서 예금통화를 창출하게 된다. 금융기관은 예금 중에서 일정비율의 지급준비금을 예치하고, 나머지는 기업이나 개인에게 대출을 하게 되는데, 대출된 돈이 다시 예금으로, 그리고 다시 대출로 이어지는 과정을 반복하면서, 예금통화를 창조하게 되는 것이다. 즉 중앙은행으로부터의 본원통화의 공급은, 예금은행의 대출과, 대출금의 재예금, 재대출, 재예금의 순환과정 속에서, 총예금액을 증가시키는데, 이를 신용창조라 한다.

여기서 은행의 자금운용이 대출에 의해서만 이루어지고, 대출된 돈이 전부 재예금 된다는 가정하에서, 신용창조의 과정을 간단히 살펴보면, 다음과 같다. 즉 본원통화 100만원이 금융기관에 예입되고, 법정지급준비율 20%만 보유된다면, 예금 100만원은 대출 80만원과 지급준비금 20만원으로 운용된다. 대출된 80만원이 다시 은행으로 예입되면, 지급준비금 16만원을 제외한 나머지 64만원은 다시 대출해 줄 수 있다. 이 대출금 64만원이 또 다시 은행으로 예입되면, 여기서 지급준비금 12만 8천원을 제외하고 51만 2천원이 다시 대출된다. 이러한 과정을 거쳐 신용이 창조되는 것이다. 이때 전체적인 예금통화의 창조규모는 지급준비율이 낮을수록, 그리고 최초의 본원통화의 공급이 많을수록 증가한다는 사실을 알 수 있다.

2.3 통화의 조절*

통화신용정책의 기본체계는 최종목표, 중간목표, 정책수단 등의 세 가지로 나눌 수 있으며, 일반적으로 통화신용정책 수립절차는 정책의 최종목표를 설정하고, 이에 알맞은 중간목표를 결정한 다음, 중간목표에 영향을 미치는 정책수단을 강구하는 순서를 따른다.

먼저 통화신용정책의 최종목표는 경제성장, 물가안정, 국제수지균형 등을 들 수 있고, 중간목표로는 최종목표를 달성하기 위해 통화당국이 직접적으로 영향을 미칠 수 있는 경제변수, 즉 통화량 또는 금리 등이 있다. 주요 선진국들은 이러한 중간목표로 통화총량지표를 주로 채택하고 있는데, 대부분 협의의 통화지표보다는 광의의 통화지표를 중시하는 경향이 있다.

우리나라의 경우, 1997년 12월 외환위기 이전까지는 금리보다 통화량을 중간목표로 채택하여 왔다. 그러나 최근 금융환경이 급변함에 따라, 통화신용정책의 중간목표로서 통화량보다는 금리를 더욱 중시하는 방향으로 바뀌는 추세이다.

통화관리수단은 크게 직접규제방식과 간접규제방식으로 구분된다. 우리

---

* 한국금융연수원, FP-1, 2003, pp.20~27 참조.

나라의 경우에는 전통적으로 1965년의 금리현실화 직후와 1970년대 초반의 경기침체기를 제외하고는, 전반적으로 직접규제방식에 의한 통화관리가 추진되어 왔다.

그러나 1980년대 들어 우리나라의 경제운용방식이 과거의 정부주도형에서 점차 민간주도형으로 바뀌어감에 따라, 금융면에서의 자율화도 꾸준히 추진되었다. 이러한 추세에 맞추어 통화관리 방식도 1982년 초부터는 종래의 국내신용관리와 같은 직접규제방식으로부터, 중앙은행의 본원통화 관리에 중점을 두는 간접규제방식으로 전환되었다.

한국은행의 경우, 1998년 4월 1일 개정 한은법이 발효되기 전까지는 통화정책의 목표가 국민경제의 건전한 발전, 화폐가치 안정, 은행제도의 안정 등으로 다기화되어 있었으나, 지금은 물가안정목표(인플레이션 타켓팅)로 일원화되어 있다. 이는 중앙은행으로 하여금 물가안정에 전념하도록 제도화한 것이다. 구체적으로 2.5%선의 물가상승률을 달성한다는 중기목표를 동시에 설정하고 있다. 그리하여 중앙은행은 물가상승률을 예측하고, 이에 따라 현재의 통화정책 방향을 정하고 있다.

예컨대 향후의 물가상승률이 목표치를 상회할 것으로 예상되면 미리 콜금리를 상승시키고, 하회할 것으로 예상되면 미리 콜금리를 하락시키게 된다. 이러한 통화정책 방식은 종전에 통화정책의 최종목표이던 물가안정을 구체적인 숫자로 명시함으로써, 직접 달성하는 것을 목표로 하고 있다는 점에서 종전과 큰 차이가 있다. 즉 통화량을 물가안정을 달성하기 위한 중간목표로 삼은 과거와는 달리, 물가목표가 바로 중간목표이자 최종목표가 되는 것이다. 이외에도 중앙은행은 자금의 최종대부자로서, 금융시장의 안정과 이를 위한 제한적인 은행감독권도 가지고 있다.

1) 직접규제방식

통화에 대한 직접규제방식이란 은행을 통해 흘러나가는 자금의 각 공급경로별 한도를 정하고, 그 한도 내에서 자금이 공급되도록 하는 등 시중에 풀려나가는 자금의 양을 직접 규제함으로써, 통화량을 조절하는 방식이다.

여기서 말하는 공급경로란 앞에서 살펴보았듯이 정부부문, 민간부문, 해외부문, 그리고 기타부문을 의미한다.

지금까지 우리나라에서 운용되어 온 직접규제에 의한 통화관리방식을 보면, 정부부문이나 해외부문에서 시중으로 돈이 많이 풀려 나가는 경우, 민간부문의 통화공급을 억제하여 이를 중화시키는 방식이 주로 이용되었다. 즉 은행별로 민간신용의 한도를 설정하여 주로 은행이 민간에 제공하는 대출에 대한 직접규제가 실시된 것이다.

2) 간접규제방식

간접규제방식이란 은행을 통해 풀려나가는 자금의 공급경로를 직접 규제하는 것이 아니라, 중앙은행인 한국은행 창구를 통해 풀려나가는 일차적인 통화공급만을 조절함으로써, 궁극적으로 시중 통화량을 적정수준으로 유도하려는 통화관리방식이다. 즉 재할인정책, 지급준비율 정책, 공개시장조작 등을 통해 본원통화 또는 금융기관 지급준비총액을 조절함으로써, 통화신용정책의 중간목표인 통화총량을 적정수준으로 유지하는 방식이다.

간접규제의 이론적 근거는 중앙은행의 통화성 부채인 본원통화와 통화총량 사이에 일정한 승수관계, 즉 일정량의 본원통화가 중앙은행 창구를 통해 공급되면 시중에는 그 몇 배(승수배)에 해당하는 통화량이 창출되는 안정적인 관계가 있음을 전제로 한 것이다. 따라서 통화승수가 안정적이라면, 중앙은행은 본원통화만을 조절하는 것으로도 총 통화량을 목표수준으로 유도할 수가 있다는 것이다.

(1) 재할인정책

재할인제도는 원래 예금은행이 지급준비용 현금이 부족하여 은행 공황과 같은 비상사태가 발생할 것에 대비하기 위한 장치로 만들어졌으나, 1950년 이후 통화정책 수단의 하나로 이용되기 시작했다. 재할인이란 예금은행이 고객으로부터 할인된 어음을 중앙은행에 담보로 맡기고 다시 한번 할인해가는 제도이다.

예를 들어 할인율이 연 20%이고 재할인율이 연 15%인 경우, 은행이 기업으로부터 100만원 상당의 어음을 받을 때 20%의 이자 20만원을 공제한 후 80만원을 기업에 대출해 준다. 이때 예금은행이 1차 할인된 어음을 중앙은행에 가져가서 대출신청을 할 경우, 중앙은행은 이 어음을 다시 할인하여 I5만원 이자를 공제한 후 85만원을 예금은행에 대출해 주는 것이다.

재할인정책이란 재할인을 통해서 중앙은행이 금융기관에 빌려주는 자금의 금리를 높이거나 낮추어 금융기관이 중앙은행으로부터 차입하는 자금규모를 조절함으로써 통화량을 조절하는 정책이다. 즉 시중에 자금이 필요 이상으로 풀려 있다고 판단되면 중앙은행은 재할인 금리를 높여 금융기관의 중앙은행 차입규모를 줄이도록 유도함으로써 금융기관이 시중에 공급할 수 있는 자금규모를 줄이고, 그 반대의 경우에는 재할인 금리를 낮추어 유동성을 늘린다.

선진국에서는 예금은행이 법정지급준비금을 충당할 자금이 부족하면, 보유하고 있는 어음을 중앙은행에 담보로 제공하고, 자금을 융통받아서 지급준비금으로 활용한다. 이때 중앙은행은 예금은행에 공여하는 자금의 총량만 규제할 뿐, 예금은행이 재할인을 통하여 조달한 자금을 어떻게 운용할 것인지, 누구에게 대출할 것인지는 규제하지 않는다.

그러나 우리나라의 경우는 예금은행이 한국은행으로부터 정책적으로 선별 지원하고자 하는 산업 또는 기업의 어음으로 제한함으로써, 특정 산업이나 기업에만 자금이 공여되도록 규제하고 있다.

(2) 지급준비율제도

법정지급준비율 제도는 원래 예금주의 예금인출을 보장하기 위하여 도입되었으나, 1940년대 이후에는 예금은행의 예금창조능력을 규제하는 통화정책수단으로 이용되기 시작하였다. 중앙은행은 시중에 자금이 너무 많이 풀렸다고 판단되면, 금융기관의 지급준비율을 높여 신용창조능력을 줄임으로써 통화량을 줄이고, 그 반대의 경우에는 지급준비율을 낮추어 통화량을 늘리게 된다.

이와같은 지급준비율제도는 정책의 집행효과가 즉시 나타난다는 것이 장점인데, 이는 지급준비율을 인상하는 즉시 대출할 수 있는 여유자금을 직접적으로 감소시키기 때문이다.

그러나 이 제도는 각 개별은행의 여유자금 유무를 고려하지 않고, 강제적으로 모든 예금은행에 무차별적으로 적용되고 있다는 것이 단점으로 지적되고 있다. 또한 이 제도는 은행들로 하여금 영업에 사용할 수 있는 자금을 제한하는 역할을 하기 때문에, 은행산업에 대한 일종의 세금과 같아 은행의 경쟁력을 저하시키는 역기능도 갖고 있다. 따라서 이를 없애야 한다는 주장도 있으며 일부 국가에서는 이미 지급준비제도를 폐지한 나라도 있다.

(3) 공개시장조작

공개시장조작은 중앙은행이 증권시장에서 기관투자가나 민간을 대상으로 국공채 등 유가증권을 매입하거나 매각함으로써 통화량을 늘리거나 줄이고, 나아가 유가증권의 수익률에 영향을 주어 시장금리를 변동시킴으로써 유동성을 조절하는 정책수단이다.

이 제도의 장점으로는 공개시장조작위원회에서 매일 수시로 국공채를 매매할 수 있고, 그 매매량도 임의로 조정할 수 있기 때문에 신축적인 정책운용이 가능하다는 점을 들 수 있다. 또한 재할인정책의 경우 그 효과가 시장에서의 예금은행과 기업의 태도 여하에 크게 좌우되나, 공개시장조작의 경우는 그들과 상관없이 직접적이고 확실한 정책효과를 기대할 수 있다는 것이다.

그러나 공개시장조작이 가능하기 위해서는, 증권시장의 발달이 선결되어야 한다는 점이 이 제도의 단점으로 지적되고 있다. 우리나라에서는 그동안 공개시장조작을 할만한 국공채의 유통시장이 발달하지 못했기 때문에, 순수한 의미에서의 공개시장조작은 시행되지 못했다. 즉 정부가 발행한 국공채만으로는 그 규모가 상대적으로 작아서, 중앙은행이 매입 또는 매출조작을 할 경우, 국공채 가격만 폭등하거나 폭락할 뿐이지, 통화량의 증감에는 별로 영향을 미치지 못했던 것이다.

그러다가 1980년 후반 국제수지 흑자로 국외부문을 통한 통화의 공급이 확대되면서 이를 흡수하기 위한 재정증권, 외국환평형기금채권 및 통화안정증권 등의 발행규모가 확대되었다. 그리고 1990년대 후반에는 외환위기를 수습하는 과정에서 국채가 대량으로 발행됨에 따라 공개시장조작의 양적인 여건이 어느 정도 개선되었으며, 이들 유가증권에 대한 경쟁입찰방식의 도입, 발행기간의 다양화 등으로 질적인 여건도 점차 나아지고 있다.

<table>
<tr><td>제**3**절</td><td>물가*</td></tr>
</table>

3.1 물가의 정의

오늘날 경제사회는 '화폐경제사회'이다. 즉 돈은 인체에 있어서 혈액과 같은 것이며, 우리는 일상생활을 영위하기 위해 상품이나 서비스를 구입하면 그 대가로 항상 가격만큼의 돈을 지급한다. 이때 전체적인 가격동향을 파악하기 위해서는 우리들의 생활에 필요한 상품이나 서비스의 가격을 모아서 평균한 가격개념이 필요하게 되는데 이것이 바로 '물가'이다.

기준이 되는 시점의 물가수준을 100으로 놓고 물가의 움직임을 나타내는 지수, 즉 '물가지수'에는 한국은행이 작성하는 도매물가지수와 수출입물가지수, 그리고 통계청에서 작성하는 소비자물가지수 등이 있으며, 이밖에도 포괄적인 의미의 물가지수로서 GNP 디플레이터(deflator)가 있다.

3.2 인플레이션의 원인

인플레이션은 물가수준이 지속적으로 상승하는 현상이다. 구체적으로는 물가지수가 증가하는 것을 의미한다. 그렇다면 인플레이션의 원인, 과연 그 범인은 누구일까? 물론 범인은 하나가 아니고 다수이다. 통화증발, 무리한 임금인상, 그리고 환율인상 등 일일이 열거할 수 없을 정도로 범인은 수없이 많다.

그러나 복잡하게 생각하지 않아도 된다. 수많은 범인들을 수요와 공급이라는 큰 틀 속에서 정리할 수 있기 때문이다. 이를테면 자본주의 사회에서 개별상품의 가격이 수요와 공급에 의해서 결정되고, 모든 개별상품 가격들의 평균치 개념을 물가라고 한다면, 물가 역시 기본적으로 경제 전체의 수요와 공급에 의해서 결정되는 것으로 보아야 할 것이다.

개별시장에서 어느 상품에 대한 수요가 늘어나면 그 가격은 올라간다. 마

---

* 한국금융연수원, FP-1, 2003, pp.28~33 참조.

찬가지로 국민경제의 잠재적 생산능력보다 더 많은 총수요가 발생할 때 물가는 상승할 수밖에 없다. 이것이 바로 수요견인 인플레이션(demand-pull inflation)이다. 여기서 말하는 총수요란 한마디로 국민경제 전체에서 수요되는 생산량이다. 다시 말해 총수요는 국민경제를 구성하고 있는 가계, 기업, 정부, 그리고 해외라는 각 개별 경제주체들에 의해서 의도되고 계획되는 수요로서, 가계의 소비지출, 기업의 투자지출, 정부의 정부지출, 그리고 다른 나라 국민이 우리 상품을 수요하는 형태인 수출 등을 합한 것이다.

한편 비용상승으로 인한 총공급의 감소, 즉 생산량의 부족으로 발생하는 인플레이션이 비용상승 인플레이션(cost-push inflation)이다. 그 전형적인 예가 생산성 증가를 수반하지 않은 채 무리한 임금인상 요구에 따른 비용상승으로 인플레이션이 발생하는 경우이다. 그러면 이 부문을 좀더 구체적으로 살펴보도록 하자.

매년 노사간 임금협상이 시작될 무렵에는 기업이나 정부측 모두 노동자 계층의 '제몫 찾기' 요구의 정당성은 인정하면서도 임금인상을 최대한 자제해 줄 것을 적극적으로 호소하고 있다. 이는 무리한 임금인상, 특히 노동생산성 증가를 넘어선 임금인상이 공급측 인플레이션을 일으키는 중요한 요인이기 때문이다. 왜 그럴까?

이윤 극대화를 추구하는 기업은 대체로 노동자 한 사람을 더 고용할 때, 기업이 얻을 수 있는 추가적 수입과 기업이 지불해야 하는 추가적 비용을 비교한다. 물론 추가적 비용은 노동자에게 지급되는 임금이다. 이때 만약 추가적 수입이 임금보다 많다면 기업은 기꺼이 노동자 한 명을 더 고용할 것이다. 여기서 추가적 수입은 노동생산성을 나타내는 노동의 한계생산물에 생산물의 시장가격을 곱한 값이다.

예컨대 어느 기업이 노동자 한사람을 일당 10,000원을 주고 고용했다고 하자. 그런데 이 노동자는 시장에서 2,000원에 팔리는 옷 6벌을 추가로 만들 수 있다고 가정할 경우, 노동의 한계생산물은 옷 6벌이므로 기업의 추가적 수입은 6벌 × 2,000원 = 12,000원이 됨으로써 임금 10,000원보다 크게 된다. 따라서 이 기업은 노동자 한사람을 더 고용하여 2,000원의 이윤을 추가적으로 얻을 수 있게 된다. 결국 추가적 수입과 추가적 비용이 같아질 때까지 노동자를 계속적으로 고용하면 이윤극대화를 실현할 수 있는 것이다.

만약 이 근로자가 생산성의 증가 없이, 다시 말하면 여전히 하루에 옷 6벌을 만드는 상황에서 임금 15,000원을 요구한다면 어떤 결과가 발생할까? 대답은 뻔하다. 옷값이 2,000원에 고정되어 있는 이상, 기업은 당연히 노동자를 더 이상 쓰지 않을 것이다. 물론 옷 생산도 줄어든다. 그러나 옷값을 2,500원 이상으로 인상할 수만 있다면, 임금이 올랐어도 기업은 이 노동자를 계속 고용할 수 있다. 이제 결론은 분명해진다. 생산성의 증가 없이 임금만 오를 경우, 고용과 생산을 종전처럼 유지하려고 한다면, 임금 인상분을 전적으로 생산물 가격에 전가시키지 않을 수 없게 되는 것이다.

이렇게 노동생산성 향상을 넘어선 과도한 임금인상이 물가상승을 낳고, 물가상승은 다시 노동조합의 무리한 임금인상을 불러오는 과정이 되풀이된다면 어떤 결과가 초래될까? 한마디로 성장은 멈추고 물가만 걷잡을 수 없이 오르게 된다. 이것이 남미의 '잃어버린 세월'이다. 이를 흔히 경제학에서는 '임금-물가 상승의 악순환'이라고도 한다. 그렇다고 노동조합의 과도한 임금 인상만으로 '임금-물가의 악순환'이 발생한다고 말할 수는 없다. 근본적으로 통화공급의 증가가 뒷받침되어야 '임금-물가의 악순환'이 일어나기 때문에, 거기에는 반드시 정부의 책임도 있게 마련이다.

앞에서 기술한 바와 같이, 임금이 상승하면 임금 인상분이 생산물 가격에 즉시 반영되지 않는 한 고용은 줄고 실업자는 늘어난다. 또한 국민들의 실질소득이 감소하고 실업이 늘어나면, 총수요는 줄어들기 마련이다. 이렇게 총수요가 감소하는 한 설령 임금인상이 이루어졌다 하더라도 물가는 오르지 않을 것이다.

그런데 이때 정부가 경기침체를 극복한다는 명목으로 돈의 공급을 늘리게 되면, 물가는 본격적으로 오르기 시작한다. 경기침체를 극복하기 위해 통화공급을 증가시키는 것을 수용적 금융정책(accommodative monetary policy)이라고 하는데, 이러한 수용적 금융정책이 수반되기 때문에 '임금-물가 상승의 악순환'이 일어나는 것이다.

인플레이션 요인을 이처럼 수요측과 공급측으로 분류한다고 하더라도, 실제에 있어서는 양자가 상호 독립적인 것이 아니고, 상호 보완적으로 동시에 나타날 수도 있다. 이렇게 수요견인 인플레이션과 비용상승 인플레이션이 혼합되어 일어나는 현상을 경제학에서는 말 그대로 혼합형 인플레이션(mixed inflation)이라고 한다.

3.3 통화와 물가

'돈만 있으면 귀신도 부릴 수 있다'거나 '돈 없는 천지에는 영웅도 적다'라는 속담이 있다. 돈의 엄청난 힘을 말해주고 있는 것이다. 이렇게 전지전능한 돈을 금이나 은으로 만든다면 몰라도, 그까짓 종이로 만드는데 더 발행한다고 해서 비용이 얼마나 들겠는가? 극단적으로 1천원 짜리 지폐를 인쇄할 때 동그라미 한 개만 더 붙이면 거뜬하게 1만원 짜리가 되지 않는가 말이다. 이렇게 해서 국민들에게 골고루 나눠주면 모두가 좋아할텐데 정부는 왜 그렇게 하지 않는 것일까?

그러나 어느 정부도 국민들의 인심을 얻고자 함부로 돈을 찍지는 않는다. 돈 그 자체로서는 우리를 부자로 만들 수도 없고 행복하게 해줄 수도 없기 때문이다. 문제는 돈의 구매력, 다시 말하면 그 돈으로 살 수 있는 재화와 서비스의 크기인 것이다. 만약 살 수 있는 물건이 한정되어 있는데, 돈만 많아진다면 달라지는 것은 물가이다.

그렇다면 한 나라에서 돈을 어느 정도나 공급해야 가장 바람직할까? 이것은 어느 누구도 자신있게 대답하기 어려운 질문이다. 다만 많은 나라에서 오랫동안 축적한 경험과 지식을 토대로 나름대로의 원칙과 일정기간의 통화목표를 책정하여 돈을 공급하고 있다. 이러한 원칙 중에서 가장 보편화되어 있는 방식이 1972년 EC 각료이사회가 회원국에 권유한 바 있는 이른바 'EC방식'이다. 물론 이제는 'EU방식'이라고 불러야 옳을 것이다.

이 방식은 피셔(Fisher)의 교환방정식(MV=PT)에 이론적 근거를 두고, 목표하는 경제성장률과 예상 물가상승률, 통화 유통속도의 변화 등 예상되는 여러 가지 경제여건을 고려하여 통화공급목표를 결정하는 것이다.* 다시

---

* 통화공급목표($\dot{M}$)=예상경제성장률($\dot{Y}$)+예상물가상승률($\dot{P}$)−예상통화유통속도상승률($\dot{V}$)이 된다. 예를 들어 우리 나라는 2002년중 통화공급목표의 감시범위를 M3을 기

말하면 통화증가율과 유통속도 변화율의 합이 목표경제성장률과 물가상승률의 합과 같도록 통화공급을 결정하는 것이 EU방식인 것이다.

우리나라에서도 대체로 EU방식을 원용하여 왔으며, 경제규모의 확대, 산업구조의 고도화, 그리고 신용기반의 확충 등으로 통화의 유통속도가 떨어질 것으로 보고, 그만큼 조정해 주는 방식을 채택해 왔다.

이때 만약 유통속도가 일정하고 고전학파 계통의 경제학자들이 주장하는 것처럼 통화량의 변화가 성장에 영향을 미치지 않는다면, 물가상승률은 통화증가율에 정확히 비례하게 되고, "인플레이션은 언제나 어디에서나 화폐적인 현상이다"라는 프리드만 교수의 말이 맞게 된다.

"인플레이션은 언제나 어디에서나 화폐적인 현상이다"라는 말은, 동서고금의 사례를 살펴볼 때 어느 정도는 진리인 것 같다. 신대륙 발견 이후 잉카제국 등을 정복하여 탈취한 대량의 귀금속이, 유럽대륙으로 흘러 들어와 전례없던 물가상승을 일으키고, 그 여파로 스페인 등이 몰락한 사실만 봐도 이 말의 의미를 잘 알 수 있을 것이다. 중세 이후에 흄(D. Hume)이나 로크(J. Locke)와 같은 많은 사상가들조차 물가상승의 원인을 밝히고자 노력하였는데, 결국에는 그 원인이 돈의 과잉공급이라는 것을 알게 되었다.

그러나 유통속도가 안정적이라는 가정은 틀릴 수도 있다. 사실 많은 나라의 경우를 보면, 유통속도가 일정하지 않다는 사실을 쉽게 알 수 있다. 미국, 일본, 영국, 독일 등 주요 선진국들의 유통속도는, 1980년대 이전에 완만한 상승세를 보이다가 그 이후 급속히 하락하고 있으며, 우리나라도 예외는 아니다.

이처럼 유통속도가 불안정하기에 1980년대 들어 그만큼 실질소득 및 물가와 통화와의 관계가 불분명해졌다. 만약 유통속도가 안정적이었다면, 정책당국은 돈의 조절을 통해 효과적으로 명목소득을 바람직한 수준으로 조절했을 것이다. 이러한 관점에서 본다면, 유통속도가 장기적으로 어떻게 움직이며, 어떤 요인에 의해 결정되는가 하는 것은, 통화정책을 수립하는 데 있어서 매우 중요한 문제라고 할 수 있다.

준으로 8~12% 범위내에서 공급하는 것으로 정했는데, 이는 예상경제성장률 4%, 물가안정목표 3±1%, 예상통화유통속도 상승률 −4% 등을 감안한 것이다. 그러나 우리는 2003년부터 금리중시 통화정책의 운용체제가 정착됨에 따라 M1(협의통화), M2(광의통화) 등 각종 통화지표는 모두 정책운용의 정보변수로만 활용되고 있다.

제4절 금리*

4.1 금리의 기능

이자란 과연 무엇일까? 아직까지 명확한 대답은 없다. 단지 '절약에 대한 보수'라든가 '자본에 대한 보수'라는 정도의 개념 정리가 이루어지고 있을 뿐이다. 하지만 그 개념이 어떻든 간에 이자를 일단 '돈을 빌리거나 빌려주는 경우의 사용료'라고 생각하면 큰 무리는 없을 것 같다. 이 경우에 이자율은 돈 전체의 수요와 공급에 의해서 결정되는 일종의 '돈의 가격'이 되는 셈이다.

일반시장에서 물건을 사고 팔 때 가격이 존재하듯이, 돈을 빌려주고 받는 금융시장에서도 일종의 가격이 형성되기 마련인데 이것이 바로 금리라는 것이다. 따라서 금리도 일반상품 가격과 마찬가지로 돈을 빌려줄 사람이 상대적으로 많으면 떨어지고 반대로 적으면 올라간다.

그러나 금리는 일반상품들의 가격과는 달리 국민경제에 미치는 영향이 크기 때문에 대부분의 나라에서는 금리가 시장에 의해서만 결정되도록 방임하지 않고 정부나 중앙은행이 직접 규제하거나 시장개입 등을 통하여 간접적으로 조정하고 있다. 우리나라에서도 그동안 금융기관의 여수신금리 등 각종 금리를 정부와 한국은행이 상당부분 직접 규제하여 왔으나, 90년대 들어 단계적으로 금리자유화 조치를 시행하고 있다. 그러면서도 여전히 정부당국은 금리의 움직임에 대해서 민감하게 반응한다. 왜 그럴까?

다른 가격이 그렇듯이 무엇보다도 이자율이 돈의 흐름에 있어 신호등 역할을 하기 때문이다. 돈은 이자율이 낮은 곳에서 높은 곳으로 흐른다. 따라서 이자율이 높다는 것은 돈을 부르는 파란불의 신호이다. 돈이 부족하다는 신호등이 켜져 있음에도 불구하고, 제때에 대처하지 못한다면 신용경색이 생기고 실물시장도 위축된다.

또한 금리는 통화량과 함께 금융정책의 최종목표를 달성하기 위하여 정책당국이 직접적으로 조절할 수 있는 정책지표가 되기도 한다. 물론 통화량

* 한국금융연수원, FP-1, 2003, pp.34~42 참조.

과 금리 중 어느 변수를 정책지표로 선택하느냐는 그때 그때의 경제상황에 따라 달라진다. 이론적인 이야기지만, 대체로 돈의 수요가 안정적일 때는 통화량이, 돈의 수요가 불안정할 때는 금리가 적합한 것으로 인식되고 있다.

역사적으로 보면, 선진국에서는 1960년대 전반까지 케인즈학파의 영향으로 시장금리의 안정을 중시하는 정책을 취하였다. 그러나 1960년대 후반부터 고전학파 계통의 경제학자들은, 돈의 증가에 따른 금리하락의 가능성에 대해 회의적인 견해를 가지면서, 통화량을 정책지표로 삼아야 한다고 주장하였다.

한편 통화당국이 금리를 변동시키는 방법은 나라마다 금융경제 여건에 따라 다양한 모습을 보인다. 금융시장이 잘 발달한 선진국의 경우에는 중앙은행의 공정할인율과 공개시장조작을 중심으로 하는 간접규제방식에 의존하는 반면, 자본축적의 정도가 낮고 금융시장이 충분히 발달하지 못한 개발도상국의 경우에는 통화당국이 금융기관의 예금 및 대출금리를 직접 규제하는 방식을 주로 사용하고 있다.

4.2 금리의 종류

1) 순수이자율과 시장이자율

순수이자율(pure interest rate)은 저축자의 시간선호와 차입자의 차입금에 의한 자본재의 한계생산성을 반영하는 이자율을 의미하며 자연이자율이라고도 부른다. 한편 시장이자율(market interest rate)은 실제 금융시장에서 자금의 수요와 공급에 의하여 결정되는 이자율로 순수이자율에 위험프리미엄이 포함된 것이다.

여기서 위험프리미엄이란 원금과 이자를 받지 못할 위험, 물가상승으로 인한 대여자금의 구매력이 하락할 위험 등에 대한 보상을 의미한다. 따라서 시장이자율은 금융시장의 종류, 자금의 용도, 대차기간, 위험요소, 차입자의 신용도 등에 따라 다를 수 있다.

2) 표면이자율과 실효이자율

표면이자율은 겉으로 나타난 이자율로 채권의 경우 채권에 표시된 이자율, 은행예금의 경우 약관에 표시된 이자율 등이 표면이자율이다. 그리고 실효이자율은 실제로 지급받게 되는 이자율로서, 표면이자율이 동일한 예금일지라도 복리, 단리 등의 이자 계산방법이나 과세여부 등에 따라 실효이자율은 서로 달라진다. 대출의 경우에 있어서도 역시 이자 계산방법, 대출금 회수방법, 대출과 연계된 예금의 유무 등에 따라 실효이자율은 달라진다.

3) 명목이자율과 실질이자율

물가상승을 고려하느냐의 여부에 따라 명목이자율과 실질이자율로 구분할 수 있다. 명목이자율은 외부로 표현되는 숫자상의 이자율이며, 실질이자율이란 명목이자율에서 물가상승률을 차감한 이자율을 의미한다. 예를 들어 2011년중 1년 만기 정기예금의 명목이자율이 4.3%이었고, 소비자 물가상승률이 연 4%이었을 경우 2011년의 실질이자율은 0.3%가 되는 셈이다.

4) 선물이자율과 현물이자율

선물이자율은 현재 시점에서 요구되는 미래기간에 대한 이자율을 말한다. 즉 일정기간 후의 자금이전을 전제로 현재 시점에서 요구되는 미래의 이자율인 셈이다. 이러한 선물이자율은 미래시점에서 실제로 형성되는 미래의 현물이자율과 항상 일치하는 것은 아니다. 그 이유는 선물이자율에 미래의 이자율에 대한 투자자들의 예상뿐만 아니라, 미래의 불확실성에 따른 위험까지도 고려하고 있기 때문이다. 현물이자율은 현재 시점에서 적용되고 있는 이자율로서, 현재 시점에서 자금을 빌리거나 빌려주는 경우 적용된다.

4.3 금리결정이론

1) 고전학파의 저축투자설

고전학파는 기본적으로 통화를 실물경제에 아무런 영향을 주지 못하는 것으로 간주하였다. 이른바 통화의 베일(veil)관이다. 따라서 이자율 역시 화폐시장이 아닌 실물시장에서 결정된다고 보았다. 즉 이들은 저축과 투자수요를 일치시키는 가격으로서의 이자를 자연이자율이라고 부르고, 이 이자율 수준에서 생산물시장의 균형이 달성된다고 보았다.

먼저 자금을 공급하는 저축곡선은 이자율의 정(正)의 함수이며, 저축자의 소비에 대한 주관적인 시간선호도, 즉 미래의 소비보다 현재 소비를 선호하는 정도의 크기에 따라 결정된다고 보았다. 이 경우 이자율은 현재 소비를 미래소비로 연기한 데 대한 보상이라고 할 수 있다.

그리고 투자는 자금을 투입하여 얻으리라고 기대하는 수익, 즉 자금의 한계생산력과 자금 비용인 이자율이 일치하는 수준에서 결정되므로, 투자곡선은 이자율과 역(逆)의 관계에 있다고 보았다. 결국 고전학파는 이렇게 결정된 저축곡선과 투자곡선이 만나는 점, 즉 저축과 투자가 일치하는 점에서 자연이자율(순수이자율)이 결정된다고 본 것이다.

2) 유동성 선호설(liquidity preference theory)

고전학파의 이자율 결정이론에 의하면, 이자율은 저축과 투자를 균형시키는 매개역할을 수행한다. 그러나 케인즈는 저축과 투자를 일치시키는 것은 이자율이 아니라 소득이라고 주장하면서, 균형이자율이 저축과 투자에 의해 결정되는 것이 아니라, "통화에 대한 수요와 공급에 의해 결정"된다고 설명하고 있다.

케인즈는 화폐를 보유하고자 하는 동기를 거래적 동기, 예비적 동기, 투기적 동기로 구분하였다. 거래적 동기에 의한 화폐수요는 재화와 용역을 구입하는데 필요한 수요로서 소득이 높을수록 그 수요도 크다. 예비적 동기에 의한 화폐수요는 불확실한 장래의 지출에 대비하기 위한 화폐잔고 수요로 케인즈는 이 역시 소득의 함수로 보았다. 투기적 동기에 의한 화폐수요는 케인즈가 특히 중시한 것으로 이자율 변동에 따른 자본이득의 획득을 목적으로 보유하는 화폐잔고 수요이다.

여기서 케인즈는 설명을 단순화하기 위해 선택 가능한 자산을 화폐와 채권으로 국한하여 투기적 동기에 의한 화폐수요와 이자율의 관계를 설명하였다. 만약 사람들이 앞으로 이자율이 하락할 것이라고 예상하면, 채권의 가격상승에 따른 자본이득(매매차익)을 기대하여 채권 보유를 늘리고, 투기적 화폐보유 수요를 감소시킬 것이다. 반대로 이자율이 상승할 것이라고 예상하면, 자본손실(매매손실)을 방지하기 위해 채권 보유를 줄이고, 투기적 화폐보유 수요를 증대시킬 것이다.

이제 정부가 통화공급을 늘린다고 가정해 보자. 화폐시장의 균형을 위해서는 통화공급이 늘어난 만큼 화폐수요도 증가해야 하는데, 그러기 위해서는 이자율이 떨어져야 하는 것이다. 이자율이 떨어져야 투기적 동기에 의한 화폐수요가 증가하기 때문이다. 결국 이렇게 해서 투기적 동기에 의한 화폐수요가 이자율과의 역함수로 표시된다는 것이다.

4.4 물가와 금리

우리는 앞에서 통화공급이 늘어날 때 금리가 떨어진다는 사실을 살펴보았다. 특히 케인즈 경제이론에서는 더욱 그러하다. 그러나 돈이 증가할 때 금리가 어떻게 움직이느냐는 문제는 그렇게 간단치만은 않다. 내노라 하는 경제전문가들조차 종종 돈이 너무 많이 풀려서 금리가 올랐다고 주장하니 국민들로서는 어리둥절할 뿐이다.

그렇다면 무엇이 진실일까? 돈의 증가가 금리에 어떤 영향을 미치는지에 관한 이론적인 연구는 대체로 통화량이 늘어난 이후 금리가 어떤 경로를 따라 점차 변동하는가에 그 초점이 모아지고 있다. 이 분야에 관한 대표적인 학자라고 할 수 있는 깁슨(W. Gibson)은 돈이 증가할 때 금리는 단기적으로 하락하다가 다시 상승하기 시작하여 일정기간이 지나면 오히려 당초 수준을 상회한다는 사실을 발견하였다.

이같은 연구결과는 당시 경제학계에 상당한 충격을 주었다. 케인즈학파 경제학이 전성기를 이루던 1960년대까지만 해도 돈이 증가하면, 물가는 어느 정도 오르지만, 금리는 장기간 하락하는 것으로 인식되었기 때문이다. 즉 이 경우 고물가와 저금리는 동시에 나타나는 것으로 본 것이다. 그러나 깁슨의 분석은 이같은 보편적 인식과는 다르게 고물가와 고금리, 혹은 저물가와 저금리가 동시에 발생할 수 있다는 사실을 보여주고 있다. 이론적으로 충분히 설명되지 않는 이같은 발견을 '깁슨의 역설'(Gibson's paradox)이라고 한다.

깁슨의 역설을 뒷받침하는 가장 대표적인 논리가 '피셔 가설'이다. 미국의 경제학자 피셔(I. Fisher)는 명목이자율이 실질이자율에다 예상물가상승률을 합한 것과 같다고 보았다. 더 나아가 그는 실질이자율이 자본의 한계생산물 수준에서 거의 불변이기 때문에, 예상물가상승률이 오른 만큼 같은 크기로 명목이자율이 오른다고 주장하였다.

한마디로 물가가 오르면 이자율도 같이 오른다는 이야기이다. 깁슨의 역설을 믿는 사람들에게는 정말 반가운 소리가 아닐 수 없다. 그러나 이러한 주장은 '이론'이라는 말보다는 '가설'이라는 단어로 표현되는 데서 알 수 있듯이, 아직도 많은 논쟁이 따르고 있는 게 사실이다.

물론 "통화공급의 증가 → 예상물가상승률의 상승 → 이자율의 상승"이라는 피셔의 설명을 구태여 빌리지 않아도, 고물가와 고금리, 혹은 저물가와 저금리가 동반되는 현상에 대해서는 직관적인 설명도 가능할 수 있다. 이를테면 인플레이션이 계속되리라고 예상되는 상황하에서는, 사람들은 현금뿐만 아니라 화폐금액으로 표시된 금융자산의 가치까지도 실물자산에 비하여 많이 떨어질 것이라고 예측한다.

이러한 경우 금융자산을 보유함으로써 생기는 수익률이 물가상승으로 인한 자산가치의 감소를 충분히 보상해 주지 못한다면, 사람들은 금융자산을 모두 처분하여 실물자산을 보유하려고 할 것이다. 따라서 금융자산의 가격은 떨어지고, 반대로 그것의 수익률인 시장금리는 상승하게 된다. 결국 고물가가 고금리를 부른 셈이다.

만약 "돈의 증가에 따라 이자율은 일시적으로 하락하지만 장기적으로는 상승한다"는 깁슨의 '가설'이 깁슨의 '이론'이 되고, 직관적인 설명까지 현실과 부합한다면, 돈의 공급을 늘리는 것은 분명 장기적으로 금리안정에 부담이 될 수 있다. 아울러 통화량의 증가가 금리하락을 통해 경제를 활성화시킬 수 있다고 하는 케인즈학파의 금융정책도 한계에 봉착함은 물론이다.

또한 통화량 증가로 인하여 금리가 오히려 상승한다면, 금리변동이 정책당국자에게 잘못된 신호를 줄 수도 있다. 이를테면 정부가 통화량을 늘릴 경우 금리가 오르는데, 이같은 금리 상승만을 보고 시중의 자금사정이 어렵다고 판단하여 통화량을 추가로 늘린다면, 금리는 더욱 오를 수 밖에 없기 때문이다.

제5절 ● 환율과 국제수지*

5.1 환율의 개념

일상생활 속에서 흔히 접하면서도 혼동이 되기 쉬운 경제개념 중의 하나가 환율이 아닌가 싶다. 더욱이 신문이나 TV를 보다 보면 그나마 알고 있던 환율에 대한 기본적인 상식조차도 모호해지는 경우가 있다.

예컨대 경기가 호황일 때, 한쪽에서는 지금의 과열성장이 수입증가를 통해 국제수지의 악화를 초래하고, 따라서 조만간 국제수지균형을 위해 원화가치의 하락이 발생할 것이라고 주장한다. 그러나 다른 한편에서는 과열성장이 그에 상응하는 금리상승을 유발하여 원화가치의 상승이 예상된다고 말하고 있으니, 경제이론에 상당히 밝은 사람들에게도 혼란스러울 수밖에 없다.

그러면 왜 똑같은 상황에 대해 이처럼 전혀 다른 설명과 예측이 나오는 것일까? 이는 경제상황에 대한 인식의 차이도 있겠지만, 상당한 경우 설명자가 의존하고 있는 환율결정에 관한 이론적 모형이 상이하기 때문이다. 환율결정이론은 그야말로 백가쟁명(百家爭鳴)이다.

대표적인 환율결정이론만 보더라도 구매력평가설과 같은 전통적인 접근법에다, 통화론적 접근법, 포트폴리오 접근법, 심지어는 환율의 움직임이 술취한 사람의 걸음걸이처럼 어느 방향으로 튈지 종잡을 수 없다는 점을 빗댄 랜덤워크(random walk) 모형까지 등장하고 있다. 최근에는 카오스(chaos) 이론이 환율예측에 새로운 지평을 열었다는 평가마저 나오고 있다.

따라서 경제변수들과 환율과의 연관성을 이해하기 위해서는 이같은 다양한 모형들에 대한 충분한 지식을 가져야 할 것이다. 그러나 여기서는 전문적인 지식을 요하는 환율결정이론에 대한 구체적인 설명을 하지는 않겠다. 단지 환율은 외환의 가격이고, 따라서 환율이 외환의 수요와 공급에 의해서 결정된다는 사실만 강조하겠다. 이때 외환의 수요 공급과 연관성을 가지는 변수는 다음에 살펴보는 것처럼 국제수지, 물가, 금리, GNP, 그리고 정부개

---

* 한국금융연수원, FP-1, 2003, pp.43~50 참조.

입 등 여러 가지이다.

환율이 외환의 가격이기 때문에 환율을 표시할 때도 일반상품의 가격처럼 표시한다. 즉 '배추 한 다발의 가격이 얼마이다'라고 표시하는 것처럼 현재 미국 돈 1달러를 살 때, 우리 돈 1,000원을 지불한다면 달러화에 대한 원화의 환율을 1,000으로 표시한다. 반대로 미국 입장에서는 우리나라 돈 1원이 1/1,000달러의 가치가 있다고 보기 때문에, 원화에 대한 달러화의 환율을 1/1,000으로 표시하는 것이다.

대부분의 국가에서는 환율을 이처럼 자국 돈으로 평가한 외국돈의 가격으로 표시하지만, 유독 영국 등 몇몇 나라만이 외국돈으로 평가한 자국 돈의 가격으로 환율을 표시하고 있다. 이것은 마치 '돈 만원으로 배추 몇 다발을 살 수 있다'라는 표현인 셈이다.

그렇다면 환율이 움직일 때 우리는 그것을 어떻게 부르는가? 예컨대 대미(對美) 환율이 1,000원에서 1,100원으로 변하는 경우는 분명 외국돈의 가격, 즉 환율이 오르는 경우이다. 배추가격이 1,000원에서 1,100원으로 변하는 경우 배추가격이 인상되었다고 말하듯이, 이때는 환율이 인상되었다고 하면 된다. 이렇게 환율인상이 발생하는 경우에는 1달러를 구입하기 위해 100원이 더 필요하게 되므로, 원화 가치는 그 만큼 떨어지는 것(depreciation)을 의미한다. 즉 원화가 평가절하(devaluation)된 것이다.

반대로 환율이 1,100원에서 1,000원으로 변하는 경우에는 환율이 인하되었다고 하며, 원화가치는 상승(appreciation)하게 된다. 즉 달러화의 가치는 하락하고, 원화의 가치는 상승하게 된 것이다(Won appreciation). 반대로 환율이 1,000원에서 1,100원으로 오르면 달러화의 가치는 상승하고 원화의 가치는 하락하게 된 것이다(Won depreciation).

5.2 환율의 결정

외환의 수요와 공급에 영향을 주는 요인들은 무엇일까? 기본적으로 외국돈에 대한 수요는 외국으로부터 재화나 서비스를 수입하거나, 외국의 금융자산을 취득하고자 하는 경우에 일어나며, 공급은 재화 및 서비스의 수출이나 이전거래 등에 의하여 외환수입이 생기거나, 우리의 금융자산을 사기 위해 외국돈이 들어오는 경우에 발생한다. 이러한 수요와 공급에 영향을 미치는 대표적인 변수가 바로 물가이고 금리이다.

우선 우리나라의 물가가 장기적으로 외국보다 많이 오르게 되는 경우를 가정해 보자. 이때는 우리 상품의 가격이 외국보다 비싸기 때문에 수출경쟁력이 약화되고, 이에 따라 수출은 줄어드는 반면, 수입 수요는 늘어나게 될 것이다. 이렇게 되면 외환의 수요는 많아지고, 상대적으로 우리 돈의 가치는 더욱 떨어지게 된다.

환율은 이자율 변동에도 매우 민감하게 반응한다. 만일 우리나라의 이자율이 상승하면, 우리 돈으로 표시된 은행예금, 채권 등 금융자산의 예상수익률도 높아지게 된다. 이때 우리나라의 금융자산에 대한 예상수익률은 높아지는데 반해, 외국에서의 금융자산에 대한 예상수익률은 변함이 없다고 가정하면, 세계적인 투자가들은 우리나라 돈으로 표시된 금융자산을 더욱 선호하게 될 것이다. 그렇게 되면 투자가들은 우리 금융자산을 사기 위해 경쟁적으로 외국돈을 들여오게 될 것이고, 그 결과 환율은 그만큼 더 떨어지게 될 것이다.

지금까지 외환의 수요와 공급에 따라 환율이 결정된다고 하였다. 그러나 모든 나라에서 똑같은 시스템으로 환율이 결정되는 것은 아니다. 외환의 수급과 상관없이 정부가 일방적으로 환율을 결정할 수도 있다. 결국 그 나라가 어떤 환율제도를 채택하느냐에 따라 환율결정의 방법이 달라진다. 환율제도는 크게 고정환율제도와 변동환율제도로 구분된다. 고정환율제도는 말 그대로 정부가 환율을 일정범위 내로 고정시키는 것이고, 변동환율제도는 외환의 수급에 따라 환율이 변동되는 제도이다.

그렇다면 우리나라는 환율을 어떻게 결정하여 왔을까? 우리나라는 정부 수립 이후 고정환율제도를 채택하여 오다가, 1964년 5월에 단일변동환율제도로 바꾸었으나, 1970년대 말까지는 사실상 환율이 고정되어 있었다. 그러다가 1980년 1월 대미달러 환율을 484원에서 580원으로 인상, 현실화함과 동시에 같은 해 2월부터는 SDR바스켓과 주요 교역상대국통화 바스켓을 결합한 복수통화바스켓방식에 의해 환율의 유동화를 실시하였다.

이를테면, SDR 바스켓에 의해 산출된 원화의 미국(美國) 달러화에 대한 환율과 우리나라와 교역량이 많은 몇 개 국가의 통화로 구성되어 있는 독자 바스켓을 이용하여 산출된 원화의 대미(對美) 달러환율을 결합한 다음, 이 환율을 기준으로 한국은행 총재가 국제수지상황, 내외 금리차, 내외 물가 상승차, 외환시장 전망 등의 정책조정변수를 감안하여, 매일매일 한국은행 집중기준율을 결정 고시하였다.

그러나 이러한 복수통화바스켓방식에 의한 환율의 결정은, 시장실세의 반영장치라는 정책조정변수 때문에 환율이 정책당국에 의해 의도적으로 조작되고 있다는 의혹을 받아, 미국 등으로부터 원화절상 압력을 받기도 하였다. 또한 이 방식 하에서는 미국과 일본의 비중이 절대적으로 높기 때문에, 양국통화에 지나치게 영향을 받는 불합리성을 지니고 있었다.

이같은 문제점을 해결하기 위하여, 정부는 1990년 3월에 시장평균환율제도(market average exchange rate system)을 도입하였다. 이는 전일의 평균환율을 다음날의 기준환율로 삼고, 이를 기준으로 상하 일정한 범위내에서만 움직이도록 한 것인데, 환율변동폭을 처음에는 ±0.4%로 하다가 점차 확대하여 ±10.0%로 하였다. 그러다가 외환위기를 맞은 1997년 12월에는 자유변동환율제도를 도입하여 환율이 시장의 수요와 공급에 의하여 자유로이 결정될 수 있도록 하였다.

5.3 환율과 경제

환율은 매일매일 변하면서 경제에도 상당한 영향을 미친다. 우선 환율이 떨어져 원화가치가 절상되면, 채산성 유지를 위하여 달러화로 표시한 수출상품의 가격을 올리게 되므로, 가격경쟁력이 떨어져 외국으로부터의 수출주문량이 줄어들게 된다. 만약 수출업자가 경쟁력 유지를 위해 수출가격을 올리지 않는다고 하더라도, 원화의 절상폭이 클 경우에는 수출기업의 채산성이 악화되어 수출업자는 궁극적으로 수출을 줄일 수밖에 없게 되는 것이다.

그리하여 수출이 줄어들면, 우리나라의 경제성장이 둔화되고, 실업자가 늘어나게 되어 고용사정이 어렵게 된다. 반면에 상품수입에 있어서는 환율

하락분 만큼 수입상품 가격이 싸지게 되므로, 수입품의 소비가 늘게 되어 수입이 증가하는 것이 일반적이며 이에 따라 경상수지는 악화될 것이다.

물론 원화절상의 효과가 부정적인 것만은 아니다. 환율이 내려가면 수입 상품의 가격이 하락할 뿐만 아니라, 외국으로부터 원료를 수입하여 생산하는 상품의 경우 제조 원가를 하락시키게 되므로, 결과적으로 국내물가가 내려가는 긍정적인 측면도 있다.

실제로 우리나라의 경우, 제조업부문은 원유, 철강재, 비철금속 등 수입원자재의 투입 비율이 크기 때문에, 환율이 물가에 미치는 영향은 매우 크다고 할 수 있다. 또한 우리나라는 많은 자본을 외국으로부터 빌려오고 있는데, 환율이 내려가면 외국 빚을 지고 있는 기업에게는 그만큼 원금상환부담이 줄어들고, 이는 결국 원가를 절감시켜 일반소비자에게 싼 가격으로 물건을 제공할 수 있게 되는 것이다.

반면에 환율이 올라 원화가치가 하락하면, 우리나라 수출업체의 채산성이 좋아져 수출은 잘되지만, 수입상품가격이 상대적으로 비싸져 수입은 줄어드는 것이 일반적이며, 이에 따라 경상수지의 개선을 기대할 수 있다.

하지만 원자재 및 부품의 해외의존도가 높은 우리나라의 경우, 비싸진 가격으로도 수입할 수밖에 없다면, 수입감소 효과는 크지 않을 수도 있다. 또한 환율상승으로 수입원자재 가격이 상승함에 따라 국내물가가 올라가게 되며, 외국 빚을 지고 있는 기업들의 원금상환부담이 가중되는 부정적인 효과도 발생하게 된다. 이와 같이 환율변동은 경제 여러 분야에 이해가 상반되는 다양한 영향을 미치게 된다.

5.4 국제수지의 개념

우리는 자기가 필요로 하는 물건을 대부분 직접 만들어 쓰지 않고 남이 만든 것을 구입하여 사용한다. 국가간에 있어서도 마찬가지이다. 자기 나라에서 만든 물건을 외국에 팔아 외국돈 즉 외화를 벌어들이기도 하고, 다시 이 돈을 가지고 국내에 필요한 물건들을 외국으로부터 사들이기도 한다. 이 때 대부분의 가정에서는 소득과 지출을 통한 돈의 흐름을 가계부에 작성하는데, 한 나라의 경우도 마찬가지로 국가간 돈의 흐름을 국제수지표(balance of payments)에 작성한다.

따라서 국제수지표를 통해서 일정 기간동안 자기 나라 거주자와 외국 비거주자 사이의 거래내용, 즉 한 나라가 외국에 재화나 서비스를 팔아서 얼마만한 돈을 벌어들였고, 외국으로부터 재화나 서비스를 사들이기 위해서 얼마만큼의 돈을 썼는가, 그리고 그 결과 얼마의 돈이 부족하거나 남았으며, 만일 부족했다면 그 부족한 돈을 어떻게 조달하였고, 돈이 남았다면 남은 돈을 어떻게 운용하였는가를 알 수 있는 것이다.

이와 같은 국제수지표에는 외국과의 거래를 그 특성에 따라 경상계정과 자본계정으로 나누어 기록한다. 이때 경상거래의 결과 수입된 돈과 지급한 돈과의 차이를 경상수지라고 하며, 자본거래의 결과로 나타난 수지 차이를 자본수지라고 한다. 그런데 일반적으로 국제수지라 할 때는 경상수지를 의미하는데 이것은 경상수지가 가장 중요한 거래내용을 담고 있기 때문이다. 그러면 경상수지와 자본수지에 대해서 좀 더 구체적으로 살펴보도록 하자.

1) 경상수지

경상수지는 상품수출입의 차이를 나타내는 상품수지, 운임, 보험료, 여행경비, 특허권 사용료 등 용역거래의 결과로 나타난 수지 차이인 서비스 수지, 투자소득 및 근로자에 대한 임금의 차이를 나타내는 본원소득수지, 그리고 민간인 송금, 정부 간의 원조 등 거주자와 비거주자 간에 무상으로 이루어진 거래 결과의 차이인 이전소득수지 등 네가지 부문으로 구성된다.

상품수지는 우리나라의 상품수출과 상품수입의 차이를 나타내는데, 국제수지표상의 수출입이 관세청에서 발표하는 수출입 숫자와 일치하지는 않는다. 그것은 관세청에서는 상품이 우리나라의 관세선을 통관하면 수출입으로 계상하는 통관기준으로 통계를 작성하는 데 비해 국제수지표에서는 상품의 소유권이 이전돼야 수출입으로 계상하는 소유권이전(change of ownership) 기준에 의해 통계를 작성하기 때문이다.

2) 자본수지

경상수지가 상품이나 서비스 거래를 대상으로 하는 데 비해, 자본수지는 정부와 민간이 해외로부터 차입 등의 방식으로 외화를 도입하거나 이와는 반대로 해외에 신용공여 등의 방식으로 외화를 유출함으로써 발생하는 외화의 유출입 차(差)를 나타낸다. 자본수지는 크게 자본이전과 비생산·비금융자산 등 두 가지로 구분된다.

자본이전은 자산 소유권의 무상이전, 채권자에 의한 채무변제 등을 기록하며, 비생산·비금융자산은 마케팅 자산과 기타 양도 가능한 무형자산의 취득과 처분 등을 기록한다.

또한 국제수지표에는 경상수지와 자본수지 외에도 대차대조표적 성격의 금융계정(Financial Account)과 오차 및 누락도 표기된다.

여기서 금융계정은 다시 직접투자와 증권투자, 파생금융상품, 준비자산, 기타투자로 구분하여 표기된다.

직접투자는 외국에 있는 기업에 대한 경영참여 등과 같이 영속적인 이익을 취득하기 위하여 행하는 대외투자를 말한다. 따라서 직접투자는 투자가와 투자기업의 관계를 발생시키는 최초거래 뿐만 아니라, 양자간 및 계열기업간의 자금차입, 대출 등 후속거래도 당연히 포함한다.

증권투자는 거주자와 비거주자 간에 일어나는, 즉 외국과의 주식 및 채권 거래를 나타낸다. 그런데 동일한 주식투자라 하더라도 기업의 경영참여를 통한 영속적인 이익추구를 목적으로 하였을 때는 직접투자로 계상하며, 이와는 달리 단지 투자자본의 가치 증가 또는 이윤획득만을 목적으로 한 경우는 증권투자로 기록한다.

그리고 파생금융상품에는 파생금융상품 거래로 실현된 수익 및 옵션 프리미엄의 지급과 수취 등이 기록되고, 준비자산에는 통화당국이 외환시장 안정을 위해 언제든 사용 가능하며, 통제가 가능한 외환표시 대외자산을 기록한다.

기타투자는 직접투자와 증권투자, 파생금융상품, 준비자산 등에 포함되지 않는 외국과의 모든 금융거래를 기록한다. 여기에는 대출 및 차입, 상품을 외상으로 수출하거나 수입할 때 발생하는 무역관련 신용, 현금 및 예금 등의 금융거래가 기록된다. 기타자본수지는 특허권, 상표권 등을 사고 파는 거래와, 해외이주자가 외국에 이주할 때 가지고 가는 해외이주비 등을 기록한다.

자본수지가 플러스라는 것은 자본거래 결과 발생한 자금의 유입이 유출보다 많다는 것을 의미한다. 따라서 차관 등 외국 빚을 들여온 금액이 갚은 금액보다 많거나 우리가 가지고 있던 대외채권의 회수금액이 공여금액을 상회함으로써, 들어온 돈이 나간 돈보다 많게 되면 자본수지는 플러스가 되고, 반대의 경우는 마이너스가 된다.

5.5 국제수지와 경제

국제수지의 동향 역시 경제에 다양한 영향을 미친다. 상품수지를 포함한 경상수지가 흑자를 나타내면, 외국에 판매한 재화와 서비스가 사들인 것보다 많으므로, 생산이 늘어 전체적으로는 그만큼 국민소득이 증가하고 고용이 확대된다. 국제수지 적자국이 흑자국에게 자기 나라로 실업을 수출한다고 비난하는 이유도 바로 여기에 있다.

한편 경상수지가 흑자를 보이면, 벌어들인 외화로 외국으로부터 들여온 빚을 상환할 수 있게 되어 외채가 줄어들 뿐만 아니라, 나아가서는 주요 원자재의 안정적 공급을 확보하거나 무역마찰을 피하기 위하여 해외에 직접투자를 늘려 나갈 수 있는 여지가 생긴다.

아울러 국내공급 부족 등으로 물가상승 압력이 있을 경우에도 수입을 별 제한 없이 늘려갈 수 있게 되어 물가를 보다 쉽게 안정시킬 수 있을 뿐만 아니라, 국내경기가 좋지 않아 경기부양책을 쓰고자 할 경우에도 수입증가를 크게 염려하지 않아도 되므로 부양책을 쓰기가 용이해지는 등 경제정책 수단의 선택 폭이 넓어져 경제를 보다 건실하게 운영할 수 있게 된다.

이와는 반대로 경상수지가 적자를 나타내면 소득은 줄어들고 실업이 늘어남과 동시에 외국 빚이 자꾸 늘어나 원금상환과 이자부담이 커짐으로써 나중에는 빚을 얻기조차 힘들어지는 상황을 맞게 된다.

그러나 경상수지 흑자가 반드시 좋다고만 할 수도 없는데, 이는 경상수지

의 흑자가 국내 통화량을 증가시켜 통화관리를 어렵게 할 뿐만 아니라, 통
상면에서는 우리가 흑자를 크게 내고 있는 교역상대국으로 하여금 우리나
라의 수출품에 대해서 수입규제를 유발시키는 등 무역마찰을 초래하기 때
문이다.

 그렇지만 해외 의존도가 큰 우리 경제의 현실에서는 국민소득을 증대시
키고 국내고용을 높이기 위해서, 또한 아직도 많은 외채를 상환하기 위해서
도 앞으로 적정한 수준의 경상수지 흑자가 유지될 수 있도록 하는 것이 바
람직할 것이다.

제6절 ● 경기분석과 예측*

6.1 경기의 개념

한 나라의 경제주체들은 총체적인 국민경제활동의 수준을 파악하기 위하여 항상 경기동향에 관심을 갖기 마련이다. 정부는 정부대로 국민경제의 안정적 성장을 위하여 국내외의 경기동향을 사전에 파악한 다음 적절한 정책을 추진해야 하며, 기업 역시 경제 또는 해당 산업의 경기동향을 미리 예측할 수 있어야 적절한 사업계획을 수립할 수 있다. 국민들도 경기의 움직임을 제대로 알아야만 합리적인 경제행위를 수행할 수 있을 것이다.

그렇다면 경기란 무엇인가? 다양한 정의가 제시될 수 있으나, 한마디로 생산, 고용, 물가 등 여러 변수가 어우러져 종합적으로 결정되는 경제의 총체적인 활동수준을 의미한다고 할 수 있다. 이러한 경기는 장기적인 관점에서 보면, 경제의 장기 성장추세를 중심으로 끊임없이 확장(expansion)과 수축(contraction)을 반복하면서 변동하는데, 이를 경기순환(business cycle)이라고 한다. 그리고 이러한 확장과 수축의 경기 국면에서, 저점에서 다음 저점까지 또는 정점에서 다음 정점까지의 기간을 순환주기(cycle)라 하고, 순환의 강도를 의미하는 정점과 저점간의 높이를 순환진폭(amplitude)이라 한다.

한편 경기의 순환과정을 보면, 대체로 몇 가지 중요한 특징이 발견된다. 우선 단순히 확장과 수축이 교차하면서 반복적으로 나타나는 것이 아니라, 각 순환과정의 주기와 진폭이 서로 다르게 나타나고, 한 주기 내에서도 확장기와 수축기의 길이가 다르게 나타나는 것이 일반적인 현상이다. 또한 경기순환은 다양한 경제활동의 순환적 변동을 집약한 것이기 때문에, 특정 통계자료에만 의존하여 경기의 흐름을 판단할 경우, 나무만 보고 숲을 보지 못하는 우(愚)를 범할 수도 있다.

나아가 개별 경제활동은 동시에 동일한 방향으로 파급되는 것이 아니라, 그 영향이 상당한 시차를 두고 다음 단계로 이어진다. 예를 들어 장래의 경

---

* 한국금융연수원, FP-1, 2003, pp.5~8 참조.

기를 미리 예고해 주는 수주활동이 활발해질 경우, 이의 효과가 일시에 여러 부문에 파급되는 것이 아니라, 상당한 기간이 경과한 후에 "생산→ 고용→소득→ 소비"의 순서로 영향을 미치게 되며, 이러한 경기의 파급경로는 산업이나 지역에 따라 각각 다르게 나타날 수 있다. 또한 경기가 확장에서 수축 또는 수축에서 확장국면으로 일단 반전되기 시작하면, 경제활동은 일정한 방향으로 누적적인 확대현상을 보이게 된다.

이같은 특징을 가지는 경기변동은, 1회의 순환에 소요되는 주기의 장단에 따라 장기순환, 중기순환, 단기순환 등으로 구분된다. 장기파동은 50~60년을 주기로 기술혁신이나 새로운 자원의 개발 등에 의해 나타나는 장기적인 성격의 순환을 말하는데, 발견자의 이름을 따서 콘드라티에프(Kondratiev) 순환이라고도 한다. 중기파동은 10년 전후를 주기로 설비투자의 내용년수와 관련해서 나타나는 순환을 말하며, 주글라(Juglar) 순환이라고도 부른다. 단기파동이란 2~6년을 주기로 통화공급이나 금리의 변동, 물가변동, 재고변동 등에 따라 나타나는 단기적 성격의 변동으로서, 키친(Kitchen)순환이라고도 한다.

이론적으로는 이러한 구분이 가능하지만, 현실적으로는 하나의 중기순환에 몇 개의 단기순환이 혼재되는 등 여러 가지 성격의 경기순환이 복합적으로 나타나므로, 일정기간 동안 관찰된 경기의 순환적 흐름을 몇 개의 파동으로 정확히 구분하기는 매우 어려운 것이 현실이다.

6.2 경기의 예측

그렇다면 현재의 경기상황을 어떻게 판단하고 예측할 수 있을까? 다양한 방법들이 있을 수 있다. 종합경기지표에 의한 방법, 설문조사에 의한 방법, 계량경제모형에 의한 방법, 개별경제지표에 의한 방법 등이 바로 그것이다.

우선 종합경기지표에 의한 방법은, 경제 각 부문의 동향을 잘 반영해주는 개별 경제지표들을 선정, 이를 통계적으로 가공·종합한 경기지표(business indicator)를 산출하고, 이를 토대로 전반적인 경기의 움직임을 분석하는 방법을 말하는데, 예컨대 경기종합지수(CI), 경기동향지수(DI), 경기예고지수

(WI) 등이 대표적인 종합경기지표이다.

여기서 특히 경기동향지수는 경기확산지수라고도 하는데, 경제의 특정부문에서 발생한 경기동향요인이 여타 부문으로 점차 확산·파급되어 가는 과정을 파악하기 위해, 경기변동의 진폭이나 속도는 측정하지 않고, 변화 방향만을 종합하여 지수화한 것으로서, 경기국면의 판단 및 예측과 경기 전환점을 식별하기 위한 경기지표이다.

한편 이러한 경기동향지수는 선행, 동행 및 후행지수 등 3개 군(群)으로 구분되어 작성되는데, 각 군의 총구성 지표수에서 차지하는 증가지표수와 보합지표수를 파악하여 다음과 같이 계산된다.

$$경기동향지수 = \frac{증가지표수 + (보합지표수 \times 0.5)}{구성지표수} \times 100$$

위의 공식에 의해 작성된 경기동향지수가 50을 초과하면, 경기는 확장국면에, 50 미만이면 수축국면에 있음을 나타내며, 50이면 경기가 전환점에 있는 것으로 간주된다.

한편 설문조사에 의한 방법이란, 기업가나 소비자와 같은 경제주체들의 경기에 대한 판단, 전망 및 계획 등이 국민경제에 중대한 영향을 미친다는 경험적인 사실에 바탕을 두고, 타 경제주체들을 대상으로 한 설문조사 결과에 의거, 전반적인 경기동향을 파악하는 방법이다. 이 방법은 비교적 손쉽게 경기의 움직임을 판단할 수 있으나, 결과치의 해석이 개인의 주관에 좌우될 가능성이 크고, 구체적인 경기전환점의 파악이 어렵다는 단점을 가지고 있다.

설문조사에 의한 방법 가운데 대표적인 것이 기업실사지수(BSI)이다. 기업실사지수는 경기동향 등에 대한 기업가의 판단, 전망 및 이에 대비한 계획 등을 설문지를 통하여 조사·분석함으로써, 전반적인 경기동향을 파악하고자 하는 경기예측수단의 하나이다. 여기에는 기업활동의 수준 및 변화방향만을 조사하는 판단조사와, 매출 등 영업결과의 실제금액을 조사하는 계수조사 등 두 가지 형태가 있다.

참고로 판단조사에 의한 지수는 전체 응답업체 중에서 긍정적인 응답(증가 또는 호전) 업체 비중과 부정적인 응답(감소 또는 악화)업체 비중의 차이를 기초로 하여 다음과 같이 계산된다.

$$기업경기실사지수 = \frac{긍정적\ 응답업체수 - 부정적\ 응답업체수}{전체\ 응답업체수} \times 100 + 100$$

기업경기실사지수는 0~200의 값을 가지며, 지수가 100이상인 경우, 경기를 긍정적으로 보는 업체수가 부정적으로 보는 업체 수에 비해 많다는 것을 의미하고, 100이하의 경우는 그 반대를 나타낸다.

계량경제모형에 의한 방법은, 한 나라의 전체적인 경제흐름을 설명할 수 있도록 각 부문별 경제변수들간의 연관관계를 구조방정식체계로 모형화하고, 이를 이용하여 경제정책의 효과를 체계적으로 분석하거나 경기를 예측하는 방법이다. 이 방법은 합리적인 경제이론에 바탕을 두면서 거시경제변수들의 움직임을 구체적으로 측정할 수 있다는 장점이 있으나, 경제 여건이나 구조가 바뀌면 계량모형으로 추정한 결과의 설명력이 떨어질 가능성이 크다는 한계를 지니고 있다.

마지막으로 개별경제지표에 의한 방법이란, 성장률, 물가, 금리, 환율 등 경기의 움직임을 잘 반영하는 개별 경제변수들의 움직임을 살펴봄으로써, 경기의 변화를 판단하는 경기분석기법이다. 물론 이 방법으로는 경기의 전체 움직임을 포괄적으로 파악하기 어려울 뿐만 아니라, 분석시 개인의 주관에 치우치기 쉽다는 한계가 있다. 그러나 실제 금융기관 현장에서 고객상담을 할 때나 개인적으로 현실경기를 분석하는 데 있어서는, 가장 효과적이고 손쉬운 방법이라고 할 수 있다.

제**2**장

금융시장과 금융기관

금융시장과 금융기관

제**1**절 ● 금융시장의 의의

1.1 금융시장의 개념*

　일반적으로 자금을 차입하기를 원하는 사람들과 자금을 대여해 주기를 원하는 사람들이 개별적으로 서로 원하는 금융거래를 한다는 것은 어렵다. 그 이유는 금액이나 이자, 위험, 만기 등의 조건이 서로 달라 차입자와 대여자 모두가 원하는 만족스러운 조건에 이르기가 쉽지 않기 때문이다.

　예를 들어 기업이 차입하고자 하는 금액은 시설투자를 하기 위한 것이므로 개인이 대여하려는 금액에 비해 엄청나게 클 수가 있다. 금융시장이 없다면 기업은 많은 사람들로부터 자금을 차입해야 한다. 또한 기업가는 가능한 한 장기로 차입하고자 할 것이고 개인은 유동성의 확보를 위해 되도록 단기로 대여해 주려 할 것이다.

　그리고 기업은 단기로 차입하면 만기 때마다 다시 차입해야 하는 번거로움이 있고 또 다시 차입할 수 있으리라는 보장도 없다. 또 개인은 차입하려는 기업이 원리금을 갚을 능력이 있는지, 이자율이 그 시점에서 받을 수 있

---

* 김철교・백용호, 금융증권시장론, 형설출판사, 2001, pp.7∼8 참조.

는 최상의 이자율인지 알기 어렵고, 기업은 돈을 빌려줄 사람이 어디 있는지, 최상의 조건으로 빌려주려는 것인지 알 수가 없다.

이러한 여러 가지 제한을 제거하면서 자금의 차입자나 대여자 모두에게 원하는 금융거래를 용이하게 하여 주는 것이 금융시장이다. 이와 같은 역할은 금융시장의 주역인 금융기관들의 중개기능에 의하여 이루어진다.

즉 금융기관은 자금의 공급자(저축자)와 수요자(차입자)의 중간에서 중개행위를 통해 자금의 저축과 차입을 분리시킴으로써, 자금의 대여를 원하는 사람과 차입을 원하는 사람들이 제시하는 서로 다른 자금의 규모나 만기일 등의 조건이 일치되도록 조정하여 원하는 금융거래를 성립시키는 것이다.

또한 금융시장은 이러한 자금의 공급자와 수요자간에 거래의 형성을 통하여 경쟁적으로 이자율이 결정되게 함으로써, 자금에 대한 공정한 가격을 형성시키는 역할을 한다.

1.2 금융시장의 분류*

금융시장은 자금의 이전경로를 기준으로 직접금융시장과 간접금융시장, 자금의 유통형태가 계약형태인가 증권형태인가에 따라 신용시장과 증권시장, 자금의 유통기간이 장기냐 단기냐에 따라 단기금융시장과 장기자본시장, 거래통화가 자국통화인가 외화인가에 따라 방화(邦貨)시장과 외환시장, 거래당사자의 거주성에 따라 국내금융시장과 국제금융시장으로 나눌 수 있다.

직접금융시장의 경로에서는 주식과 사채 등의 청구권이 기업 등 적자지출단위에 의해 발행되고, 브로커 및 딜러를 통해 가계 등 흑자단위에게 매각된다. 이처럼 적자단위가 발행한 청구권을 본원증권, 또는 직접증권(primary security)이라고 하며, 이들 증권은 흑자단위에게 이전되는 과정에서 그 형태를 바꾸지 않는다. 직접금융시장에서 활동하는 브로커와 딜러는 단지 이 증권들의 매매를 중개하나 자기계산으로 증권매매에 참여하는 역할을 하는데, 그 대표적인 것이 증권회사이다.

간접금융시장의 경로에서는 적자지출단위가 발행한 청구권(예를 들면 기

---

* 김철교 · 백용호(2001), pp.8~9 참조.

업이 발행한 어음 등)의 일부는 직접금융시장에서 흑자단위에게 매각되기보다는 은행과 같은 금융중개기관에게 매각된다. 금융중개기관은 이러한 청구권을 금융투자의 형태로서 보유하고, 이에 필요한 자금은 금융중개기관 자신에 대한 청구권인 간접증권(예를 들면, 가계의 예금통장)을 발행하여 흑자단위에게 매각한다. 이처럼 은행과 같은 금융중개기관을 통해 자금흐름이 발생하는 시장을 간접금융시장 혹은 중개시장이라고 부른다.

신용시장은 은행처럼 자금공급자와 차입자 사이의 계약에 의해 자금의 대차가 발생하는 시장이며, 증권시장이란 주식이나 채권 등 유가증권 발행을 통하여 자금의 대차가 발생하는 시장을 말한다.

단기금융시장이란 만기가 1년 이내인 단기금융자산이 거래되는 시장을 말하며, 장기자본시장은 만기가 1년 이상인 금융자산이 거래되는 시장을 말한다.

방화(邦貨)시장이란 거래되는 통화가 자국통화인 경우를 말하며, 외환시장이란 거래가 외국통화로 이루어지는 시장을 말한다.

국내금융시장은 금융거래의 당사자가 모두 거주자인 경우이며, 국제금융시장이란 금융거래의 당사자 중 어느 일방이나 또는 쌍방이 모두 비거주자인 경우를 말한다.

1.3 금융시장의 기능[*]

금융시장(financial market)이란 자금공급자와 자금수요자간에 금융거래가 조직적으로 이루어지는 장소를 말한다. 여기서 장소라 함은 재화시장처럼 특정한 지역이나 건물 등의 구체적 공간뿐 아니라 자금의 수요와 공급이 유기적으로 이루어지는 추상적인 공간을 포함한다.

금융거래가 이루어지기 위해서는 이를 매개하는 수단이 필요한데 이러한 금융수단(financial instruments)을 금융자산 또는 금융상품이라고 한다. 금융자산은 현재 또는 미래의 현금흐름에 대한 청구권을 나타내는 증서로서 예금증서, 어음, 채권 등이 그 예이다.

---

[*] 한국은행, 우리나라의 금융시장, 2009.12.19, pp.3~5 참조.

한편, 금융거래는 자금공급자로부터 자금수요자로 자금이 이동하는 형태에 따라 직접금융거래와 간접금융거래로 나눈다. 직접금융거래는 자금수요자가 자기명의로 발행한 증권을 자금공급자에게 교부하고 자금을 직접 조달하는 거래이며, 간접금융거래는 은행 등과 같은 금융중개기관(financial intermediaries)을 통하여 자금공급자에게서 자금수요자로 자금이 이전되는 거래이다. 직접금융거래수단으로는 주식, 채권 등이 대표적이며 간접금융거래수단에는 예금, 대출 등이 있다.

아래 그림은 직·간접금융시장을 통해 자금공급부문에서 자금수요부문으로 자금이 이전되는 모습을 보여주고 있다. 이처럼 금융시장은 국민경제내 자금공급부문과 자금수요부문을 직·간접적으로 연결시켜 줌으로써, 국민경제의 생산성 향상과 후생 증진에 기여하게 된다.

〈금융시장과 자금흐름〉

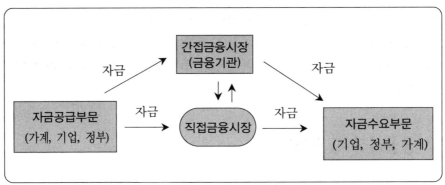

국민경제 전체적으로 보면, 가계부문은 소득이 지출보다 많아 흑자주체가 되는 반면, 기업부문은 소득을 상회하는 투자활동을 하므로 적자주체가 된다. 금융시장은 가계부문에 여유자금을 운용할 수 있는 수단(금융자산)을 제공하고, 흡수한 자금을 투자수익성이 높은 기업을 중심으로 기업부문에 이전시킴으로써, 국민경제의 생산력을 향상시킨다. 이를 금융시장의 자원배분 기능이라고 한다. 또한 금융시장은 소비주체인 가계부문에 적절한 자산운용 및 차입기회를 제공하여 가계가 자신의 시간선호(time preference)에 맞게 소비시기를 선택할 수 있게 함으로써, 소비자 효용을 증진시키는 기능을 한다.

금융시장은 이외에도 다음과 같은 중요한 기능을 수행한다. 우선 위험분산(risk sharing) 기능을 들 수 있다. 금융시장은 다양한 금융상품을 제공함으로써, 투자자가 분산투자를 통해 투자위험을 줄일 수 있도록 한다. 또한 파생금융상품과 같은 위험 헤지 수단을 제공하여 투자자가 투자 위험을 위험선호도(risk preference)가 높은 다른 시장참가자에게 전가할 수 있도록 해 준다. 이 결과 투자자의 시장참여가 확대되면서 금융시장의 자금중개규모가 확대된다.

다음으로 금융시장은 금융자산을 보유한 투자자에게 높은 유동성(liquidity)을 제공한다. 유동성은 금융자산의 환금성을 말한다. 투자자는 환금성이 떨어지는 금융자산을 매입할 경우에는 동 자산을 현금으로 전환하는 데 따른 손실을 예상하여 일정한 보상, 즉 유동성 프리미엄(liquidity premium)을 요구하게 된다. 금융시장이 발달하면 금융자산의 환금성이 높아지고 유동성 프리미엄이 낮아짐으로써, 자금수요자의 차입비용이 줄어들게 된다.

또한 금융시장을 운용하기 위해 차입자의 채무상환능력 등에 관한 정보를 직접 취득하려 한다면, 비용과 시간이 많이 들 뿐 아니라 때로는 불가능할 수도 있다. 그러나 금융시장이 존재할 경우, 차입자의 신용에 관한 정보가 차입자가 발행한 주식의 가격이나 회사채의 금리 등에 반영되어 유통되므로, 투자자가 투자정보를 취득하는 데 따른 비용과 시간이 크게 절감될 수 있다.

따라서 금융시장의 정보생산 기능이 활발하면, 투자자의 의사결정이 촉진될 뿐만 아니라, 차입자도 정당한 평가를 통해 소요자금을 원활히 조달할 수 있게 된다. 금융시장이 발달할수록 금융자산 가격에 반영되는 정보의 범위가 확대되고 정보의 전파속도도 빨라지는 것이 일반적이다.*

---

* 효율적 시장가설(efficient market theorem)에 따르면, 효율적 시장이란 모든 정보가 금융자산 가격에 충분히 반영되는 시장을 말하며, 반영되는 정보의 범위에 따라 약형(weak form), 준강형(semi-strong form), 강형(strong form) 시장가설로 구분된다. 약형의 효율적 시장가설에 따르면, 현재의 금융자산 가격은 이용가능한 모든 과거 정보를, 준강형에 따르면 모든 공개된 정보를, 강형에 따르면 비공개 정보를 포함한 모든 정보를 충분히 반영한다고 주장한다.

마지막으로 시장규율(market discipline) 기능이 있다. 시장규율이란 차입자의 건전성을 제고하기 위해 시장참가자가 당해 차입자가 발행한 주식 또는 채권 가격 등의 시장신호(market signal)를 활용하여 감시기능을 수행하는 것을 말한다.

예를 들면, 어떤 기업이 신규 사업을 영위하기 위해 인수·합병 계획을 발표했는데, 시장참가자들이 그러한 계획이 당해 기업의 재무건전성을 악화시킬 것으로 본다면, 금융시장에서 거래되는 동 기업의 주식이나 회사채 가격이 즉각 하락하게 된다. 즉, 시장참가자들이 인수·합병 계획에 대한 부정적인 시각을 가격에 반영한 것이다. 이렇게 되면 그 기업의 자금조달 비용이 높아져 인수·합병을 통한 무리한 사업 확장에 제동이 걸릴 수가 있는 것이다.

1.4 금융시장의 구조*

우리나라의 금융시장은 크게 전통적 금융시장과 외환시장, 파생금융상품시장으로 나누어 볼 수 있는데, 전통적 금융시장은 거래되는 금융상품의 만기를 기준으로 다시 자금시장과 자본시장으로 구분하는 것이 일반적이다. 이러한 분류 외에도 금융시장을 거래규칙에 따라 거래소시장과 장외시장으로, 금융상품의 신규발행 여부에 따라 발행시장과 유통시장으로 구분하기도 한다.

1) 자금시장과 자본시장

자금시장(money market)은 만기 1년 이내에 금융상품이 거래되는 시장을, 자본시장(capital market)은 만기 1년 이상의 채권 또는 만기가 없는 주식 등이 거래되는 시장을 의미한다.

자금시장은 단기금융시장이라고도 하는데 시장참가자들이 일시적인 자금수급의 불균형을 조정하기 위해 활용한다. 콜시장, 한국은행 환매조건부증권매매시장, 환매조건부매매시장, 양도성예금증서시장, 기업어음시장 등이 자금시장에 해당된다. 한편 자본시장은 장기금융시장이라고도 하며 주로 기

---

* 한국은행, 우리나라의 금융시장, 2009. 12. 19, pp.6~11 참조.

업, 금융기관, 정부 등이 장기자금을 조달하는 시장이다. 주식시장과 국채, 회사채, 금융채 등이 거래되는 채권시장 그리고 통화안정증권시장 등이 여기에 속한다.

〈우리나라 금융시장의 구조〉

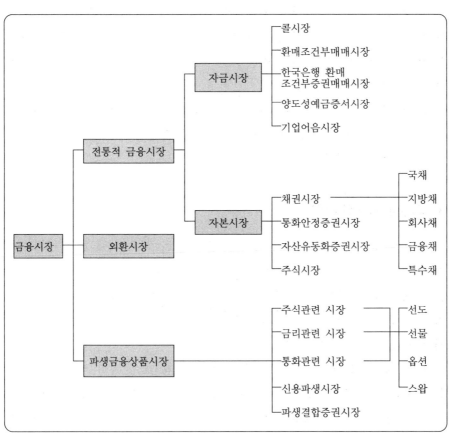

자금시장에서 거래되는 단기금융상품은 만기가 짧아 금리변동에 따른 자본손실위험이 작은 반면에, 자본시장의 대표상품인 채권은 금리변동에 따른 가격변동 위험이 크다. 주식의 경우에는 기업자산에 대한 청구권이 일반채권보다 후순위일 뿐만 아니라 가격변동폭이 커서 투자위험이 더욱 크다.

따라서 장기금융상품은 주로 미래의 자금지출에 대한 불확실성이 낮은 금융기관이나 연기금, 개인들이 장기적인 관점에서 투자하는 경우가 많으며, 투자에 따른 위험을 회피하기 위해서 선물, 옵션, 스왑 등 파생금융상품에 대한 투자를 병행하기도 한다.

2) 외환시장

외환시장은 서로 다른 종류의 통화가 거래되는 시장이다. 외환시장은 거래당사자에 따라, 외국환은행간 외환매매가 이루어지는 은행간시장(inter-bank market)과, 은행과 비은행 고객간에 외환매매가 이루어지는 대고객시장(customer market)으로 구분할 수 있다.

은행간시장은 금융기관, 외국환중개기관, 한국은행 등이 참여하여 대량으로 외환거래가 이루어지는 도매시장의 성격을 가진다. 일반적으로 외환시장이라 할 때는 은행간시장을 뜻한다.

3) 파생금융상품시장

파생금융상품시장은 전통 금융상품 및 외환의 가격변동위험과 신용위험 등 위험을 관리하기 위해 고안된 파생금융상품이 거래되는 시장이다. 파생금융상품시장은 외환파생상품을 중심으로 발전되어 왔으나, 1990년대 중반 이후 주가지수 선물 및 옵션, 채권선물 등이 도입되면서 거래수단이 다양화되고 거래규모도 크게 확대되고 있다.

파생금융상품은 각종 금융거래에 따르는 위험(risk)을 낮은 비용으로 헤지(hedge)하는데 활용되고, 추가적인 수익을 얻을 수 있는 기회도 제공하고 있으나, 레버리지 효과(leverage effect)가 매우 커서, 그 이면에는 대규모의 손실 가능성도 내재해 있다.

4) 거래소시장과 장외시장

이상과 같은 구분과 달리 금융시장을 거래규칙에 따라 나누기도 한다. 이 기준에 따르면 표준화된 거래규칙에 의거 거래주문을 거래소에서 집중 · 처리하는 거래소시장과 그렇지 않은 장외시장이 있다.

거래소시장은 시장참가자간의 거래관계가 다면적이고 거래소에 집중된 매수매도 주문의 상호작용에 의해 가격이 결정(order-driven)된다는 점에서 거래정보가 투명하다는 것이 특징이다. 우리나라의 거래소시장으로는 한국거래소가 있으며 은행, 증권회사, 선물회사 등이 회원으로 가입하여 주식, 채권, 선물 및 옵션상품 등을 거래하고 있다.

장외시장의 경우에는 거래상대방이 직접 거래주문을 주고 받는 직접거래시장과, 거래주문을 중개하는 딜러·브로커*(middleman) 등이 있는 점두시장(over the counter market ; OTC)으로 다시 나눌 수 있다.

직접거래시장은 매매당사자간의 개별적인 접촉에 의해 거래가 이루어지므로, 동일 시간에 동일 상품의 가격이 다르게 결정될 수도 있다. 그리고 점두시장의 경우는 시장참가자에 따라 딜러간시장과 대고객시장으로 세분된다. 이들 시장에서는 인터딜러 브로커(inter-dealer broker ; DB)와 딜러·브로커간, 딜러·브로커와 고객간 쌍방거래로 이루어진다.

거래가격은 딜러·브로커가 고시한 매수매도호가를 거래상대방이 승낙하여 결정(quote-driven)되기 때문에, 거래정보의 투명성이나 거래상대방의 익명성이 거래소시장에 비해 상대적으로 낮다. 우리나라의 경우, 채권은 대부분 장외시장에서 거래되고 있으며, 콜, 양도성예금증서, 기업어음 등 단기금융상품은 물론, 외환과 외환파생상품, 금리 및 통화 스왑 등 파생금융상품도 대부분 장외시장에서 거래된다.

5) 발행시장과 유통시장

금융시장을 금융상품의 신규발행 여부를 기준으로 발행시장(primary market)과 유통시장(secondary market) 등으로 구분할 수도 있다. 증권의 발행은 그 방식에 따라 직접발행과 간접발행으로 나누는데, 간접발행의 경우에는 인수기관(underwriting institution)이 중심적인 역할을 수행한다.

인수기관은 해당 증권의 발행사무를 대행함은 물론, 증권의 전부 또는 일

---

* 딜러는 공시한 매수매도호가로 자기계산과 책임하에 금융상품을 매매하는 자기매매기관으로 매수매도호가 스프레드(bid-ask spread)를 수익기반으로 하며, 브로커는 매매사무를 단순 대행하고 그 대가로 수수료를 수취하는 위탁매매기관을 의미한다.

부 인수를 통해 발행위험을 부담하는 한편 발행된 증권의 유통시장을 조성 (market-making)한다. 우리나라에서는 회사채 또는 주식을 공모방식으로 발행할 때 주로 증권회사가 인수기능을 수행하고 있다. 정부가 국고채를 발행할 때에는 국채전문딜러(primary dealer ; PD)가 경쟁입찰에 독점적으로 참여하고, 매수매도호가 공시(bid-ask quotation) 등을 통해 시장조성 활동을 담당하고 있다.

유통시장은 투자자가 보유중인 회사채나 주식을 현금화할 수 있게 함으로써, 당해 금융상품의 유동성을 높여준다. 아울러 자금 수요자의 자금조달비용에도 영향을 준다. 투자자들은 발행시장과 유통시장의 가격을 비교하여 가격이 낮은 상품을 매입하게 되므로, 유통시장의 가격이 높으면 발행시장의 가격도 높아져, 증권 발행자는 낮은 비용으로 소요자금을 조달할 수 있게 된다.

6) 금융시장간 연계성

시장참가자의 다양한 수요에 부응하기 위해 금융상품이 복잡·다기화되면서 금융시장간 연계성이 점차 높아지게 되었다. 이러한 변화의 중심에는 파생금융상품이 자리하고 있다. 파생금융상품은 기초자산의 현금흐름을 바탕으로 하고 있으나, 몇 가지 조건을 결합하여 다양한 현금흐름을 합성해 낼 수 있다는 특징을 갖고 있다.

이러한 특징을 반영하여 파생금융상품은 여타 금융상품과 결합하여 거래되는 경우가 빈번하다. 예를 들면 채권시장과 스왑시장을 연계하여 무위험 차익을 획득하는 방식이 있는데, 2007년 이후 외국인의 국내채권투자가 급증할 때 주로 이러한 투자기법이 활용되었다. 해외에서는 부동산 모기지 상품의 유동화를 통해 부동산시장과 채권시장, 파생금융시장간의 연계성이 크게 높아졌다.

금융시장간 연계로 인해 금융시장의 거래가 확대되면서 유동성이 개선되는 긍정적인 효과도 있으나, 한 시장에서 발생한 위험이 쉽게 다른 시장으로 전이되는 시스템리스크의 가능성도 동시에 높아지게 되었다. 특히 파생금융상품은 레버리지 효과가 매우 커 적절한 위험관리가 없을 경우에는 큰 부작용이 발생할 가능성이 높다.

실제로 2007~2008년 미국 발 서브프라임 모기지 사태가 국제금융시장 불안과 전세계적인 실물경제 위축으로 확산된 경험이 있으며, 우리나라에서도 2007년 11월중 통화스왑시장 불안이 금리스왑시장과 채권시장으로 급속히 파급된 사례가 있다.

제2절 ● 간접금융시장*

2.1 간접금융시장의 개념

직접금융은 자금의 최종 수요자와 공급자가 직접 자금을 거래하는 것을 말하고, 간접금융은 중개기관을 사이에 두고 자금의 수요와 공급이 이루어지는 것을 말한다.

개인이 대출의 형태로 금융중개기관을 거치지 않고 직접 기업에 자금을 제공하였다면 이는 직접금융이며, 기업이 대출의 형태가 아닌 양도성이 있는 증권을 발행하여 이를 은행 등 금융중개기관이 보유하는 경우에는 비록 증권에 의해 자금이 조달되었다 할지라도 간접금융이라 할 수 있다.

금융중개기관(financial intermediary)이란 증권의 형태를 바꾸지 않고, 단순히 거래를 알선하거나 매매중개 역할만을 하는 브로커나 딜러가 아니라, 자금의 공급자와 수요자 사이에서 당사자로서 신용대위(credit substitution)기능을 담당하는 기관을 말한다.

따라서 자금의 최종수요자가 부도를 내었을 경우 신용위험을 부담하는 당사자를 보면 직접금융의 경우 직접증권 소지자이지만, 간접금융의 경우에는 금융중개기관이 된다.

이러한 직접금융이 일어나는 직접금융시장, 즉 자본시장은 증권회사, 증권거래소, 증권금융회사 등으로 구성된다. 한편 간접금융시장은 일반은행, 특수은행, 상호신용금고, 신용협동조합, 새마을금고, 종합금융회사, 개발금융기관, 상호금융, 보험회사 등으로 구성되어 있다.

2.2 간접금융시장의 기능

간접금융시장에서는 금융중개기관들이 투자자들에게 보다 유동성이 높고 위험이 낮으며 거래비용이 낮은 금융수단을 제공함으로써, 직접금융방식을

---

* 김철교 · 백용호(2001), pp.10~22 참조.

통해 투자할 때 보다 상대적으로 유리한 결과를 가져올 수 있다. 금융중개기관을 통한 자금의 대차에서 얻을 수 있는 이득은 다음과 같다.

첫째, 규모의 경제를 실현하게 한다. 금융중개기관에 의한 간접금융은 당사자간의 직접거래를 전제로 하는 직접금융에 비해 상대적으로 거래비용 등의 절감이 가능함으로써, 자금 제공자에게는 보다 높은 실질수익을 보장하고, 자금 수요자에게는 보다 저렴한 자본조달비용으로 자금을 이용할 기회를 제공한다.

예를 들면 은행은 거래규모가 크기 때문에 전문가를 고용하여 투자하는 기업의 수익성과 신용을 효과적으로 분석 평가할 수 있다. 따라서 간접적으로 투자하게 되는 예금주들이 구태여 대상기업에 대한 수익성 및 신용조사를 하지 않아도 된다. 이것은 직접금융방식을 통할 때 부담해야 하는 신용조사비용, 수수료 등 거래비용을 경감시켜 준다는 것을 의미한다.

둘째, 지급결제수단을 제공한다. 금융기관은 다양한 지급결제수단을 제공하여 금융기관과 고객간, 금융기관간, 고객과 고객간 대차관계를 금융거래에 의해 종결시킴으로써 경제활동을 촉진시킨다. 금융기관이 제공하는 대표적인 지급결제수단은 수표, 어음, 신용카드, 계좌이체 등이 있다.

최근에는 정보통신기술의 발달에 힘입어 이러한 지급결제수단에 있어 혁신적인 변화가 일어나고 있다. 그 중 가장 두드러진 것은 장거리간 자금이체를 신속히 해주고 많은 양의 정보를 적은 비용으로 저장·분석할 수 있는 전자자금이체 시스템과, 일정량의 화폐가치를 디지털 형태로 저장하여 사용하는 전자화폐 및 IC(Integrated Circuit)카드 등을 들 수 있다.

셋째, 금액변환 및 만기변환 등 이른바 변환기능(transmutation)을 가능하게 한다. 금액변환기능이란 대여자의 대여희망금액과 차입자의 차입희망금액이 서로 다르더라도 금융기관이 개입하여 양자의 희망을 모두 충족시켜 주는 기능을 말한다.

그리고 만기변환기능이란 대여자는 유동성과 위험성을 고려하여 가급적 만기가 짧은 대여기간을 원하는 반면, 수요자는 안정적으로 자금을 사용하기 위해 가급적 만기가 긴 대여기간을 원하므로, 금융기관이 개입하여 양자를 모두 충족시켜 주는 기능을 말한다.

넷째, 위험저감기능을 한다. 금융중개기관을 통해 조달된 자금은 다양한 기업의 증권에 투자되거나 수많은 기업에 대출되기 때문에, 투자의 다변화 즉 분산투자를 통하여 궁극적으로 투자자들의 위험부담을 감소시켜 준다.

또한 직접대차의 경우, 대여자는 차입자의 채무불이행에 따른 부도위험을 부담해야 하지만, 금융중개기관은 방대한 정보망과 전문적 신용조사분석을 통해 상대적으로 적은 정보수집 및 감시비용으로 부도위험을 줄일 수 있다.

제3절 ● 직접금융시장*

3.1 단기금융시장과 자본시장

직접금융시장은 거래되는 증권의 만기를 기준으로 단기금융시장(money market)과 자본시장(capital market)으로 구분된다. 단기금융시장은 만기가 1년 이내인 단기금융자산이 거래되는 시장으로 유동성이 매우 높고 부도위험이 상대적으로 낮다.

단기금융시장에는 콜(call)시장과 기업어음시장이 있는데, 콜시장은 초단기 금융시장으로 주로 금융기관 상호간에 일시적인 유휴자금이 거래되는 금융시장이며, 기업어음시장은 기업이 단기자금을 조달할 목적으로 상거래와 관계없이 발행한 융통어음이 할인·매입·매출되는 시장이다.

자본시장에서는 기업의 시설자금이나 장기 운전자금 조달을 목적으로 발행되는 주식 및 채권 등의 증권이 거래되며, 단기금융시장에 비해 부도 위험과 시장위험이 높기 때문에, 상대적으로 수익도 높은 것이 일반적이다.

여기서 시장위험이란 경기 및 인플레 등 여러 가지 요인 때문에 시장상황이 변화하여 증권의 시장가격 내지는 투자수익률이 변동하는 위험을 말한다. 자본시장에서 거래되는 증권으로는 보통주, 우선주, 회사채, 국공채, 장기금융채 등이 있다.

3.2 발행시장과 유통시장

발행시장(primary market)은 새로 발행되는 주식이나 채권 등 증권이 발행자(기업, 국가, 지방단체 등)로부터 증권회사와 같은 주선 및 인수기관을 통하여 최초의 투자자에게 매도되는 추상적 시장을 말한다.

유통시장(secondary market)은 이미 발행된 증권이 단지 소유주만 바뀌면서 거래되는 시장이다. 발행시장이 자본의 증권화를 담당하는 제1차적 시장

---

* 김철교·백용호(2001), pp.12~14 참조.

이라면, 유통시장은 증권의 자본화를 촉진시키는 제2차적 시장이라고 볼 수 있다.

3.3 거래소시장과 장외시장

유통시장은 거래소시장과 장외시장으로 나눌 수 있는데, 거래소시장은 한국거래소 등과 같이 조직된 장내시장을 말하며, 거래소의 회원인 브로커와 딜러가 직접 만나 거래를 행한다. 브로커와 딜러는 전국적인 조직망을 가지고 고객으로부터 주문을 받아 거래를 한다. 우리나라의 경우 거래소 회원은 증권회사이며, 증권회사가 브로커업무와 딜러업무를 함께 하고 있다.

증권의 유통거래 가운데 거래소시장 외에서 행해지는 것을 총칭하여 장외거래라고 하며, 그것이 발생하는 장소를 장외시장이라고 한다. 장외거래 가운데 증권회사가 개입하는 거래를 점두거래라고 하며, 그 시장을 점두시장(Over the Counter market ; OTC)이라고 한다.

한편 한국거래소는 기존의 증권거래소, 선물거래소, 코스닥위원회, 코스닥증권시장 등 4개 기관이 통합되어 2005년 1월 27일 설립되었는데, 여기서는 코스피시장, 코스닥시장, 코넥스시장 및 파생상품시장의 개설·운영과 관련한 업무를 취급하고 있다.

따라서 코스피, 코스닥, 코넥스 시스템은 거래소시장으로 분류되고, 금융투자협회가 관리하는 비상장주식거래 시스템인 K-OTC(Korea-Over the Counter)는 장외시장으로 분류된다.

여기서 이들의 개념을 각각 구분해 보면 다음과 같다. 먼저, 코스피란 국내 종합주가지수(Korea Composite Stock Price Index ; KOSPI)를 말한다. 즉 증권거래소에 상장된 주식가격의 변동을 기준시점과 비교시점을 비교하여 작성한 지표로, 상장된 주식가격을 종합적으로 표시한 수치이다. 따라서 코스피는 시장 전체의 주가 움직임을 대표하는 지수라고도 할 수 있으며, 이를 통해 투자성, 수익률 비교, 경제상황 등을 예측할 수 있다.

우리나라의 코스피는 1964년 1월 4일을 기준으로 미국의 다우존스식 주가평균을 지수화한 평균지수를 산출하여 발표했으나, 한국경제가 발전해 감에 따라 1972년 1월 4일부터는 채용종목을 더 늘렸고, 기준시점을 변경한 한국종합주가지수를 발표하였다.

한편 코스닥(KOSDAQ)은 미국의 나스닥을 본떠서 만든 벤처기업 증권시장을 말한다. 즉 코스닥은 자금조달이 어려운 중소기업을 위해 만들어진 것이다. 이미 성장하여 안정화 단계인 코스피 기업보다는 성장잠재력이 많은 코스닥 기업에 투자하는 것이 수익률이 높다는 장점이 있는 반면, 위험요소도 그만큼 크기 때문에, 투자결정시 주의를 요한다.

코스닥은 2001년 코스닥위원회가 설치된 이후 체계화되었는데, 코스닥은 코스피와 함께 우리나라에서 가장 큰 규모의 주식을 거래하는 시장이다. 코스피시장은 주로 검증되고 매출규모가 큰 대기업들이 많고, 코스닥시장은 비교적 규모가 작은 중소기업들이 주식을 매매하는 시장이다.

마지막으로 2013년 7월에 개설된 코넥스(KONEX ; Korea New Exchange)는 코스닥보다 상장조건을 완화한 시장으로서, 코스닥보다 한 단계 낮은 증권시장이라고 할 수 있다. 특히 자금조달이 정말 어려운 벤처기업이 코스닥의 상장조건을 만족하지 못하는 경우, 코넥스에 등록할 수 있다.

코넥스(KONEX) 시장은 자본시장을 통한 초기 중소기업 지원을 강화하여 창조경제 생태계 기반을 조성하기 위해 새로이 개설된 중소기업전용 신시장이다.

즉 중소기업의 자금조달이 은행대출에 편중된 데다, 중소기업 지원을 위한 코스닥시장은 투자자 보호를 위한 계속적인 상장요건 강화로 초기 중소기업의 진입이 곤란한 시장이 되었고, 장외시장인 프리보드 시장은 계속된 거래부진으로 인해 그 시장기능이 위축되어, 초기 중소기업에 최적화된 증권시장의 필요성이 제기됨에 따라, 2013년 7월 1일 개설되었다.

코넥스의 진입요건은 자기자본 5억원, 매출 10억원, 순이익 3억원 중 한 가지만 만족하면 되고, 또한 64개 항목을 공시하는 코스닥과 달리, 29개 항목만 공시하면 된다. 그리고 코넥스시장의 특징은 자본금이 적은 개인 투자자는 참여할 수 없으며, 벤처캐피탈과 3억원 이상의 개인만 참여할 수 있다.

거래소 시장에서 개설·운영되고 있는 코스피, 코스닥, 코넥스와 달리, 장외시장에서 운영되는 K-OTC(Korea-Over the Counter)는 금융투자협회가 관리하는 비상장주식 거래 시스템이다.

K-OTC 시장은 비상장주식의 매매거래를 위하여 한국금융투자협회가 '자본시장과 금융투자업에 관한 법률'에 따라 개설·운영하는 제도화·조직화된 장외시장을 말한다.

한국금융투자협회는 비상장 중소·벤처기업의 직접금융 활성화를 위해 2005년 7월부터 프리보드(Free Board)를 운영하여 왔으나, 주식거래 대상기업이 소수의 중소기업 위주로 한정됨에 따라 시장의 역할이 크게 저하되었고, 2013년 7월 중소기업 전용 주식시장인 코넥스 시장이 개설되면서 그 역할이 모호해졌다.

이에 중소기업을 포함한 모든 비상장법인의 주식을 투명하고 원활하게 거래할 수 있는 실질적인 장을 마련하고자 2014년 8월 25일 K-OTC 시장을 출범하게 되었다.

앞으로 한국금융투자협회는 유망 중소벤처기업의 성장을 지원하는 코넥스와 달리, K-OTC를 비상장 주식으로 편리하고 투명하게 거래되는 실질적인 장외시장으로 운영하는데 초점을 맞출 계획이다.

3.4 직접금융시장의 기능

직접금융시장은 첫째, 발행시장에서 본원증권(또는 직접증권)의 인수업무(underwriting)를 담당함으로써, 증권의 발행을 촉진하고 자금이용의 효율성을 제고시킨다.

여기서 직접증권 또는 본원증권(primary security)이란 자금의 수요자가 직접 발행한 금융증권을 말하며, 자본시장에서 거래되는 직접증권에는 채권과 주식이 있다. 그리고 인수업무란 자금의 수요자가 자금을 이용하기 위해 발행하는 직접증권을 금융기관이 자기책임 하에 매입하여 다른 금융기관이나 자금의 공급자에게 매출하는 행위를 말한다.

둘째, 유통시장에서 자기매매와 위탁매매를 통해 이미 발행된 증권들의 유통을 촉진하는 역할을 한다. 유통시장이 잘 발달되어야 증권의 유동성이 높아지고 자본시장의 자금이전기능이 촉진될 수 있다.

여기서 자기매매란 금융기관이 자신의 계산하에 증권을 사고 파는 경우를 말하고, 위탁매매란 증권을 사려는 사람과 팔려는 사람을 연결시켜 주는 대행자 역할을 말한다. 증권회사가 자기매매, 즉 자기자금으로 증권을 매매하는 경우에는 이득과 손실을 입을 수 있으나, 위탁매매의 경우에는 단순히 투자자들의 증권매매를 연결시켜주고 수수료만을 받음으로써, 증권회사는 증권의 등락에 따른 손익을 입지 않는다.

셋째, 증권관련 정보를 수집하고 분석하여 투자자들에게 제공함으로써 증권투자를 활성화시킨다. 투자자 즉 자금의 제공자가 개별적으로 증권관련 자료와 정보를 수집하고 분석한다면, 양질의 정보를 수집하기가 어려울 뿐만 아니라, 전문적인 분석기법 등을 갖추기가 쉽지 않아 많은 비용이 소요될 것이다.

제4절 ● 금융기관의 분류 및 현황*

4.1 금융기관의 분류

우리나라의 금융기관은 크게 은행, 비은행 예금취급기관, 보험회사, 금융투자회사, 기타 금융기관, 금융보조기관 등으로 분류할 수 있다.

여기서 은행은 일반은행과 특수은행으로 구분할 수 있으며, 일반은행으로는 시중은행, 지방은행, 외국은행 국내지점 등이 있으며, 특수은행에는 한국산업은행, 한국수출입은행, 중소기업은행, 농업협동조합중앙회, 수산업협동조합중앙회 등이 영업중이다.

그리고 비은행 예금취급기관으로는 종합금융회사, 상호저축은행, 신용협동기구가 있고, 이중 신용협동기구에는 신용협동조합, 새마을금고, 상호금융 등이 있다.

한편 보험회사에는 생명보험회사, 손해보험회사, 우체국보험, 공제기관, 수출보험공사 등이 있으며, 이중 손해보험회사에는 손해보험회사 외에도 재보험회사, 보증보험회사 등이 영업중이다.

또한 금융투자회사에는 증권회사, 자산운용회사, 선물회사, 증권금융회사, 투자자문회사 등이 있다.

즉 금융투자회사는 은행과 보험을 제외한 모든 금융 업무를 영위할 수 있는 금융기관을 말한다. 2009년부터 시행된 자본시장법에 따라 과거 증권사, 종금사, 선물회사, 자산운용사, 신탁회사가 모두 합쳐진 것이다.

따라서 금융투자회사는 자본시장법에서 규정한 투자매매업, 투자중개업, 집합투자업, 투자일임업, 투자자문업, 신탁업 등을 영위할 수 있다. 현재로선 금융투자회사와 증권사는 같은 것으로 보면 된다.

이밖에 기타 금융기관으로는 여신전문금융회사, 모험자본금융회사, 신탁회사 등이 있으며, 이중 여신전문금융회사에 리스회사, 신용카드회사, 할부

---

* 김철교·백용호(2001), pp.16∼47 및 한국은행, 금융시스템리뷰, 2007. 1. 31, pp.152∼153 참조.

금융회사, 신기술사업금융회사 등이 있고, 모험자본금융회사에는 중소기업
창업투자회사와 기업구조조정전문회사 등이 영업중이다.

 그리고 금융보조기관에는 금융감독원, 예금보험공사, 금융결제원, 신용보
증기관, 신용평가회사, 한국자산관리공사, 한국주택금융공사, 한국증권선물
거래소, 자금중개회사 등이 있다.

〈우리나라의 금융기관(2006년 12월말 현재)〉

주) : 1) 농협공제, 새마을공제, 수협공제, 신협공제
    2) 은행신탁 기준(이외에 2006년말 현재 증권신탁 9개, 부동산신탁 7개가 존재)

4.2 한국은행

일반적으로 영국의 영란은행을 중앙은행의 효시로 보고 있다. 우리나라의 중앙은행은 1909년에 설립된 구(舊)한국은행으로부터 시작되었는데, 한일합병 이후 1911년에 조선은행으로 개편되었다.

1950년 한국은행법의 제정으로 새로이 창립된 한국은행의 설립목적은 국민경제발전을 위한 통화가치의 안정, 건전한 은행제도와 그 기능향상을 통한 경제발전과 국가자원의 효율적인 이용 도모, 정상적인 국제무역거래를 위한 외환준비금의 관리 등이었다.

외환업무는 그후 1962년 한국은행법의 개정으로 삭제되었으며 1968년 설립된 한국외환은행에 인계되었다.

1) 한국은행의 특성

금융통화위원회는 한국은행의 최고의결기구로서 한국은행법과 은행법에 명시된 통화정책의 수립과 집행을 의결하는 기관이며 통화신용의 운용관리에 대한 최고의사결정기관이다.

금융통화위원회는 한국은행법 및 은행법의 규정된 범위 내에서 재할인정책, 지급준비율정책, 공개시장조작정책 등 통화신용정책에 관한 정책을 수립하는 동시에, 이를 감독함은 물론, 금융기관의 여수신 최고금리를 결정하고, 금융기관의 자금운용을 제한하는 등 금융기관의 업무에 대한 직접적인 통제권한도 가지고 있다. 금융통화위원회 의장은 한국은행을 대표하여 한국은행 총재가 겸하도록 되어 있다.

한편 우리나라 통화당국인 한국은행은 무자본 특수법인으로 순익은 법정적립금을 적립한 후 일반세입으로 전입한다. 한국은행의 수익은 발권에 따른 대정부 및 예금은행에 대한 대출이자가 주요한 원천이고, 이밖에 외화예금과 외화채권형태로 보유하고 있는 외환보유고로부터 발생하는 이자수익 등이 있다.

2) 한국은행의 기능

(1) 발권은행

한국은행은 법화의 발권력을 독점하고 있는 유일한 발권은행이다. 중앙은행이 발행한 현금의 일부는 민간의 손을 거쳐 시중에 유통되며, 일부는 예금은행에 예치되어 예치된 금액의 몇 배에 해당하는 예금통화의 기초가 된다.

중앙은행에서 발행하는 화폐는 지폐와 주화의 형태를 갖는데 이같은 화폐는 보유하고 있는 사람이 소유권을 갖는 것이 아니고 사용권을 가질 따름이다. 즉 화폐는 국민 전체가 소유하는 공동자산으로 각 개인은 일시적으로 이를 보관하며, 그 사용권만을 가질 뿐이므로 소유권이 없는 사람이 화폐를 손상하거나 훼손하는 것은 위법행위가 된다.

(2) 통화정책의 수립·집행

통화량이 지나치게 많아 과잉투자 및 과소비 유발, 물가 및 임금상승, 수입급증에 따른 경상수지 악화를 초래하거나, 통화량이 지나치게 적어 투자 및 소비위축, 실업증가를 야기하는 일이 없도록 통화공급을 적정수준으로 관리한다. 이때 재할인정책, 지급준비율정책, 공개시장조작정책 등을 활용한다.

(3) 자금공급의 최후보루

중앙은행은 예금은행이 필요한 자금을 재할인을 통해 대여해 줄 수 있다. 이같이 비상시 자금공급의 최종대부자(lender of last resort)의 역할을 수행하기 때문에, 예금은행은 비상시의 예금인출에 대비한 거액의 지급준비금을 보유할 필요가 없어 자금을 보다 효율적으로 이용할 수 있다. 중앙은행을 은행의 은행이라고 하는 연유도 여기에 있다.

(4) 정부계정의 대행

중앙은행에는 정부예금계좌가 개설되어 있어 국고의 출납업무를 대행한다. 즉 모든 세입·세출은 정부예금계좌로부터 입금 및 인출된다. 한국은행의 본·지점은 도청소재지나 기타 주요 도시에만 소재하고 있기 때문에, 전국을 상대로 해야 하는 국고금의 출납 업무를 원활히 수행하기 위하여 한국은행은 예금은행의 본·지점망을 국고금 취급기관으로 위촉하고 있다.

각 시중은행 본·지점의 국고대리점은 국고금의 수납과 지출을, 국고수납대리점은 국고금의 수납만을 위촉받은 대리점이다. 각 국고대리점에서 수납한 정부세입은 한국은행 본점의 정부예금계좌로 매일 집중되고, 정부재정지출 또한 한국은행의 정부예금계좌로부터 인출되어 지급된다. 또한 중앙은행은 세입·세출뿐만 아니라 정부에 대한 당좌대출, 국채의 인수, 이자지급, 만기가 된 국채의 상환업무도 대행한다.

(5) 통합금융감독기구에 대한 금융기관 검사요구

한국은행도 금융감독원에 대하여 금융기관에 대한 검사 및 공동검사를 요구할 수 있으며, 검사결과에 따라 금융기관에 대한 필요한 시정조치를 요청할 수 있다.

한편 금융감독위원회는 1998년 4월 1일 감독기구 통합에 따라 설립된 합의제 행정기관으로 재정경제부, 한국은행, 예금보험공사와 상호협력관계를 유지하고 있다. 9인의 위원(상임: 3인, 추천위원: 3인, 당연직: 3인)으로 구성되며, 금융기관 감독규정 제정, 경영관련 인·허가, 검사와 제재관련 주요사항을 처리하고, 증권 및 선물시장을 감독하고 감시하는 기능을 갖고 있다.

(6) 외환정책 관련업무의 수행

외환정책은 재정경제부 소관이지만, 한국은행이 보유외환 운용과 외환정책의 실무집행을 담당하는 일선창구로서의 역할을 수행하면서, 정부의 외환정책에 조언하는 기능을 수행하고 있다.

3) 중앙은행의 독립성

대부분의 국가들이 금본위제도가 무너지고 관리통화제도가 대두되면서 통화가치 안정이 중요과제로 등장하자 중앙은행을 설립하였다. 이때 통화신용정책에 관한 권한과 책임을 정부가 가질 것인가 중앙은행이 가질 것인가 하는 문제가 대두되었다.

정부가 소유해야 한다는 주장은, 국민경제에 중대한 영향을 미치는 경제정책에 관한 책임과 권한은 궁극적으로 국민으로부터의 수임기관인 정부가 맡는 것이 당연하다는 시각에서 출발한다. 주로 정치적으로 정부가 경제정책의 최종 책임을 지는 중앙집권적 국가, 또는 경제성장을 우선 과제로 삼고 있는 후진국 또는 개도국에서 이같은 입장을 지지하고 있다. 일본, 영국 등이 여기에 해당된다.

중앙은행이 소유해야 한다는 주장, 즉 중앙은행의 독립 주장은 대략 이렇다. 화폐의 최종 소비자인 정부나 의회는 많은 이해집단으로부터 압력을 받아 팽창주의적 성향을 가지며, 조세확대 등 국민에게 부담을 줄 수 있는 통화중립적 정책보다는 중앙은행의 발권력을 이용하거나 대중앙은행 차입 등에 의존하는 경우가 많아 인플레이션을 유발할 가능성이 높다.

따라서 이해집단 및 집권기관과 관계가 없고, 금융전문지식이 축적된 중앙은행이 경제안정을 위해 통화정책을 독립적으로 수립·집행할 수 있어야 한다는 논리이다. 독일, 미국 등이 대표적인 예이다.

우리나라의 경우, 설립당시는 독립성이 매우 강하였으나, 5.16 이후 정부주도의 경제개발을 금융면에서 뒷받침하는 과정에서 약화되었다. 형식적으로는 한국은행 내에 설치된 금융통화위원회가 통화신용정책을 수립하는 권한을 가지고 있었으나, 실질적으로는 정부가 그 권한을 행사하여 한국은행은 주로 금융정책을 집행하기 위한 창구의 역할을 했다고 볼 수 있다.

4.3 은행(일반·특수은행)

예금은행과 비은행금융기관을 구분하는 전통적 기준은 요구불예금을 보유함으로써 예금통화창출 기능을 행할 수 있느냐의 여부에 있다. 미국을 비롯한 선진국에서는 최근 비은행금융기관도 수표발행이 가능한 요구불예금을 보유하는 것은 물론, 은행과 비은행의 업무영역이 서로 확장됨에 따라 양자간의 구분이 모호해지고 있다.

그러나 예금은행은 주로 단기자금을 조달하여 비교적 단기금융을 취급하고 있는 반면, 대부분의 비은행금융기관은 그 자금원의 만기가 길거나 보다 안정적이므로 취급자산의 만기 역시 비교적 장기라는 점에서, 업무성격상 기본적인 차이가 있다.

1) 일반은행

일반은행(commercial bank)이란 은행법에 의해 설립된 민간상업금융기관을 말하며, 전국을 영업구역으로 하고 있는 시중은행과 영업구역이 제한되어 있는 지방은행 및 외국은행 국내지점으로 구성되어 있다.

2006년 12월 현재 7개 시중은행, 6개 지방은행, 그리고 36개 외국은행이 있으며, 이들은 방대한 점포망과 조직을 갖추고, 가계와 기업 등으로부터 예금 등의 형태로 획득한 자금을 재원으로 기업 등 자금수요자에게 단기대출을 공여하는 상업금융업무를 주업무로 수행하고 있다.

또한 설비자금공급 등을 위한 장기금융업무, 내국환 및 외국환 등 환업무, 지급보증업무, 유가증권 투자업무 등의 업무도 함께 수행한다. 이 밖에 국고대리업무, 보호예수 등 은행업에 관련된 부수업무와 신탁업무·신용카드업무 및 환매조건부 국공채매출업무 등의 업무를 겸업하고 있다.

2) 특수은행

특수은행은 일반은행이 재원의 채산성 또는 전문성 등의 제약으로 필요한 자금을 충분히 공급하지 못하는 국민경제의 특수부문에 대한 자금공급을 담당하기 위하여 특별법에 의해 설립되었다.

이같은 특수은행에는 중소기업 전담기관인 중소기업은행과 농어민에 대한 자금지원을 주기능으로 하고 있는 농업협동조합중앙회 및 수산업협동조합중앙회 등이 있다. 한편 종전에 특수은행이었던 국민은행 및 주택은행은 1995년과 1997년에 각각 일반은행으로 전환되었다.

그리고 종전에 개발기관으로 분류되었던 한국산업은행과 한국수출입은행은 지금은 특수은행으로 분류되고 있다. 개발기관은 장기대부자금을 공급하는 것을 주업무로 하며, 주로 장기거액의 자금이 소요되는 특정부문을 중점 지원하기 위해 설립되었는데, 소요자금은 대부분 정부출연 및 채권발행, 해외차입 등으로 조달된다.

한국산업은행은 1953년 공포된 한국산업은행법에 의해 1954년 전액정부 출자로 설립되었으며, 전력, 조선, 철강 등 중요사업부문에 시설자금 및 기술개발자금을 공여하고 이들 사업체에 대한 운영자금지원과 외국환업무를 취급한다. 또한 공사채인수 및 원리금지급보증업무, 주식투자 등의 업무도 수행한다.

소요자금은 주로 정부차입금, 산업금융채권발행, 해외로부터의 차입, 한국은행으로부터의 일시차입, 자본금과 적립금 등으로 조달된다. 한국산업은행에 대하여는 원칙적으로 한국은행법과 은행법의 적용을 배제하고 있으며, 자금운용면에서의 융자방법과 이율 및 기한 등에 대해서 재경부장관의 승인을 받도록 되어 있다.

한편 한국수출입은행은 1969년 제정된 한국수출입은행법에 의해 1976년 정부, 한국은행, 한국외환은행, 수출업자단체, 국제금융기구 출자로 설립되었다.

주요 업무는 선박, 기계, 철도차량 등 자본재의 중장기 연불수출, 해외투자 및 해외자원개발을 위한 대출, 지급보증, 외국환업무를 수행하며, 국내수출업자에 대한 수출보험업무를 취급하고 있다. 재원으로 자본금 및 적립금, 국내외차입, 채권발행과 보유 연불어음의 매각 등에 의존하고 있다.

4.4 비은행 예금취급기관

비은행 예금취급기관으로는 종합금융회사, 상호저축은행, 신용협동기구가 있고, 이중 신용협동기구에는 신용협동조합, 새마을금고, 상호금융 등이 있다.

이들은 자금의 대부분을 저축성예금의 형태로 조달하여 이를 특정 목적과 관련된 대출업무를 취급하는 기관으로서, 종합금융회사, 상호저축은행, 신용협동기구, 우체국예금 등이 포함된다. 이들 금융기관의 예금은 그 대부분이 금리 또는 배당수익을 목적으로 한 장기성 예금이거나 조합금융 등 대출을 위한 목적부 저축성예금이다.

1) 종합금융회사

종합금융회사는 1975년 기업에 대한 외자지원과 중장기자금 공급을 원활히 하기 위해 머천트 뱅크(merchant bank) 형태의 종합금융회사를 육성하기 위한 종합금융회사에 관한 법률에 의해 설립되었다.

특히 종합금융회사는 국제금융시장의 금융형태에 부응하여 예금업무와 보험업무 등 일부를 제외하고는 국내은행 및 비은행금융기관이 영위하는 거의 모든 업무를 취급하게 되었으나, 2007년 자본시장과 금융투자업에 관한 법률(법률 8635호)의 제정으로 2009년 2월 폐지, 대체되었다.

2) 저축은행

저축은행은 사금융을 제도권금융으로 흡수, 발전시키고자 1972년 공포된 상호에 의하여 설치된 것으로 종래 사금융으로써 서민생활 저변에 뿌리 내리고 있던 서민금고 등을 제도금융으로 흡수한 서민금융기관이다.

저축은행의 취급업무에는 ① 일정기간을 정하여 부금을 납입하고, 기간의 중도 또는 만료시 부금자에게 일정금액을 급부할 것을 약정하는 신용부금업무와, ② 일정 구좌수별로 기간과 금액을 정하고, 정기적으로 대금을 납입토록 하여 구좌마다 추첨, 입찰 등의 방법에 의해 계원에게 금전의 급부를 약정하는 상호신용계업무 등이 있으며, 이 밖에도 ③ 소액신용대출, 어음할인, 은행의 정기예금과 유사한 차입금 수납업무 등이 있다.

3) 신용협동기구

신용협동기구의 설립목적은 조합원간의 유대 및 상호부조에 있으며, 금융업무는 이같은 목적을 수행하기 위한 보조수단이라 할 수 있다. 신용협동조합, 새마을금고, 농업협동조합의 단위조합에서 운영하는 상호금융 등이 여기에 속한다.

신용협동조합은 조합원의 저축을 통하여 자금을 조달, 조합원에게 융자해줌으로써 조합원의 공동이익을 추구한다. 새마을금고는 재건국민운동중앙회의 역점사업으로 추진되어온 신용조합이며, 농협 단위조합에서 운영하는 상호금융은 단위조합의 자립기반확립을 위해 설립되었으며 조합원의 예수금으로 자금을 조달하여 단기영농과 영업자금 등의 대출금으로 운용된다.

4) 우체국예금

우체국예금은 은행예금과 마찬가지로 요구불예금과 저축성예금으로 구분되나, 예금에 대한 지급준비금 적립의무가 없으며 정부예산의 통제를 받는다는 점에서 은행예금과는 차이가 있다.

4.5 보험회사

보험회사에는 생명보험회사, 손해보험회사, 우체국보험, 공제기관, 수출보험공사 등이 있으며, 이중 손해보험회사에는 손해보험회사 외에도 재보험회사, 보증보험회사 등이 영업중이다.

생명보험은 보험사고 발생과 관계없이 일정기간 경과 후 보험금을 가입자에게 지급하는 정액보험이 많아 저축의 성격을 띠고 있기 때문에 위험보장을 주된 업무로 하는 손해보험과는 다소 차이가 있다. 생명보험상품은 피보험자를 기준으로 개인보험과 단체보험으로 양분되며, 개인보험은 보험금 지급조건에 따라 사망보험·생존보험·양로보험 등으로 세분된다.

한편 우체국보험은 체신관서가 취급하는 것으로써 일반보험에 비해 보험료가 상대적으로 저렴하며, 계약보험금액 한도도 비교적 소액이다.

4.6 금융투자회사

금융투자회사는 금융투자업을 영위하는 모든 회사를 칭하는데, '자본시장과 금융투자업에 관한 법률(이하 자본시장법)'은 금융투자업을 다음의 6가지로 분류하고 있다.

① 누구의 명의로 하든지 자기의 계산으로 금융투자상품을 매도·매수,

증권의 발행·인수 또는 그 청약의 권유·청약·청약의 승낙을 하는 금융 업인 투자매매업(dealing), ② 누구의 명의로 하든지 타인의 계산으로 금융투 자상품을 매도·매수, 그 청약의 권유·청약·청약의 승낙을 하는 투자중 개업(arranging deals), ③ 2인 이상에게 투자권유를 하여 모은 금전 등을 투 자자 등으로부터 일상적인 운용지시를 받지 아니하면서, 자산을 취득·처분 그 밖의 방법으로 운용하고, 그 결과를 투자자에게 배분하여 귀속시키는 집 합투자업(collective investmen), ④ 금융투자상품의 가치 또는 투자판단에 관 하여 자문을 하는 투자자문업, ⑤ 투자자로부터 금융투자상품에 대한 투자 판단의 전부 또는 일부를 일임받아 투자자별로 구분하여 자산을 취득·처 분, 그 밖의 방법으로 운용하는 투자일임업, 그리고 ⑥ 신탁을 수탁하는 신 탁업으로 분류되고 있다.

4.7 기타 금융기관 및 금융보조기관

이밖에 기타 금융기관으로는 여신전문금융회사, 모험자본금융회사, 신탁 회사 등이 있으며, 이중 여신전문금융회사에 리스회사, 신용카드회사, 할부 금융회사, 신기술사업금융회사 등이 있고, 모험자본금융회사에는 중소기업 창업투자회사와 기업구조조정전문회사 등이 영업중이다.

그리고 금융보조기관에는 금융감독원, 예금보험공사, 금융결제원, 신용보 증기관, 신용평가회사, 한국자산관리공사(KAMCO), 한국주택금융공사, 한국 거래소(KRX), 자금중개회사 등이 있다.

여신전문금융회사 중 리스(Lease)회사는 시설자금대여 방식에 의해 중장 기금융을 취급하는 기관이다. 우리나라 리스회사는 시설의 대여 및 연불판 매업무 이외에도 동 계약으로 부담하는 채무를 보증하는 업무를 겸하고 있다.

할부금융회사는 대출채권의 구입을 통해 금융을 제공하는 유통금융기관 으로써, 우리나라에서는 일반은행과 종합금융회사 및 투자금융회사들도 팩 토링 업무를 취급하고 있다.

모험자본금융회사는 새로운 기업의 창설 및 신상품 또는 기술의 개발이 나 동 개발성과의 기업화를 지원하는 기관으로써, 신기술사업 금융지원에 관한 법률의 규제를 받아 투자 및 융자업무를 취급하는 기술개발금융회사와, 중소기업창업지원법의 규제를 받아 투자업무만을 취급할 수 있는 창업투자회사 등이 있다.

한편 금융기관의 범주에는 들지 않지만 금융기관과 금융거래에 밀접하게 관련된 서비스를 제공하는 금융중개 보조기관으로는 신용평가회사, 예금보험공사, 한국자산관리공사(舊 성업공사), 금융결제원, 한국거래소 등이 있다.

그리고 신용보증기관 중 신용보증기금은 담보력이 약한 중소기업에 대한 금융지원을 원활하게 하기 위해 설립된 보증기관으로써, 각종 보증업무, 개별기업에 대한 신용조사, 기업경영지도, 중소기업에 대한 투자업무 등을 담당하고 있다. 재원은 금융기관, 정부 및 기업의 출연금으로 조성된다.

제 **3** 장

업종별 금융상품의 개요

업종별 금융상품의 개요 ③

제1절 ● 은행의 금융상품*

1.1 은행 상품의 특성

자산운용을 함에 있어 판단기준이 되는 것은 안전성, 유동성, 수익성 등 3가지인데, 여기에 덧붙여 편리성과 대출 가능성 혹은 결제성 등도 들 수 있다. 결국 원금이 보장되고 필요한 때에 즉시 현금화할 수 있으며, 게다가 높은 이자율이고 운용수속이 간편하며 소액부터 시작할 수 있는 것이 가장 좋은 금융상품인 것이다.

그러나 현실적으로 이러한 사항들을 모두 겸비한 금융상품은 아직 존재하지 않는다고 보아도 무방하다. 따라서 어떻게 이들 요소를 조합해 고객의 니즈에 합치시킬 것인가 하는 문제가 과제로 등장하게 되었다.

은행이 취급하는 금융상품의 중심은 예금이다. 예금은 경합중인 타 금융기관의 금융상품과 비교해 안전성에 있어 기본적으로 원금이 보장되므로 만족할 만한 것이다. 그러나 최근에는 일부 금융기관의 경영부실에 따른 파산으로, 예금할 때 거래 금융기관의 신용도를 고려하게 되었고, 이제는 금융

---

* 한국능률협회, 금융상품 운용설계, 2001, pp.22~36 참조.

기관도 선택받는 시대가 된 것이다.

다음으로 유동성인데 은행은 주택가 주변에도 지점이 많아 즉시 현금화할 수 있기 때문에 유동성이 상당히 높다. 기타 금융기관에도 유동성 높은 금융상품이 많아지긴 했지만, 편리성과 적은 금액도 예입이 가능하다는 점 등을 고려할 때, 은행권에서 취급하고 있는 예금의 유동성은 대단히 뛰어나다고 할 수 있다.

한편 수익성 면에서는 예금은 기타 금융상품에 비해 뒤떨어지는 부분이 많다. 얼마 전까지만 해도 예금금리는 모두 규제금리이기 때문에, 은행이 독자적으로 금리를 결정할 수가 없었다. 그러나 현재는 금리자유화가 완료되어 이론상으로는 각 은행이 독자적으로 예금 금리를 결정함으로써, 제2금융기관의 금융상품을 능가하는 높은 이자율의 실현도 가능하게 되었다.

따라서 규제금리 시대와 비교하면 수익성 면에서 예금과 기타 금융상품과의 격차는 확실히 적어졌다고 볼 수 있다. 그러나 자산운용에 있어 안전성·유동성은 수익성과 상반되는 관계에 있으므로, 상대적으로 안전성·유동성이 높은 예금이 일반적으로 기타 금융상품보다는 수익성이 떨어질 수밖에 없는 것은 어쩌면 당연하다고 볼 수 있다.

한편 2009년 6월 9일 '자본시장과 금융투자업에 관한 법률'(법률 제9784호)이 개정되면서, 종전에는 개별 법률에 의거하여 운영해오던 증권업·자산운용업·선물업·신탁업 등 자본시장과 관련된 금융업이 금융투자업으로 통합되었다.

이에 따라 일정한 요건을 갖추면, 은행과 보험을 제외한 모든 금융업무를 취급할 수 있게 되었으며, 증권사와 자산운용사를 하나로 합칠 수도 있고, 또 별도의 법인으로 겸영할 수도 있게 되었다.

또한 종전에는 금융회사가 법률에서 규정한 금융상품만 판매할 수 있었으나, 포괄주의 규제로 전환함에 따라, 일정 요건만 충족하면 법률에서 규정하지 않은 금융상품도 판매할 수 있게 되었다.

1.2 요구불 예금

1) 저축예금

저축예금(Savings Deposits)은 1977년 8월 5일부터 시행된 예금제도로서, 기존 가계저축 자원을 은행 저축성예금으로 유치하기 위하여 개인을 대상으로 한 것이며, 예금거래방식에 있어서는 보통예금과 같이 입금 및 출금이 자유로우면서도, 예입금에 대하여는 평균잔액을 기준으로 이자를 지급하는 제도이다.

2) 기업자유예금

기업자유예금(Enterprises' Passbook Deposits)은 1988년 12월 5일부터 시행된 예금제도로서, 기업의 단기 여유자금을 은행에 예치할 수 있도록 입출금이 자유로운 저축성예금으로써, 전 금융기관이 공동으로 시행하는 예금제도이다.

1.3 거치식 예금

1) 정기예금

정기예금이란 예금주가 미리 일정한 기간을 정하여 그 기간 내에는 원칙적으로 환급받지 않을 것을 약정하고 금전을 은행에 예입하는 것을 말하며, 은행은 이에 대하여 일정한 이율에 의한 이자를 지급할 것을 약정하고 증서를 교부하는 은행의 예금종목 중 가장 대표적인 저축성 예금으로서, 그 성질은 기한부 소비임치 계약이다.

현재 은행에서 취급하고 있는 각종 정기예금은 그 본질에 있어서 모두 같으나, 고객의 선호에 맞도록 예금증서의 발행형식, 예금주 명의의 유무, 취급업무내용 등에 따라 명칭 및 취급방법이 서로 다른 여러 가지 정기예금이 있다.

2) 주가지수연동 정기예금

주가지수연동 정기예금은 일반적인 정기예금처럼 사전에 예금금리가 확정되는 상품이 아니라, 주가지수(주로 KOSPI 200 지수) 상승률에 따라 이자율이 결정되는 상품이다.

주가지수연동 정기예금의 금리는 가입 때의 주가지수와 비교하여 만기 때의 주가지수가 얼마나 변동되었느냐에 따라 지급이자율이 적용된다.

예컨대 예금기간동안 주가지수가 50% 상승시 확정금리 00%, 그렇지 못하면(주가지수 상승률×0.5)의 이자율을 지급하는 상품의 경우, 가입일의 KOSPI 200 지수가 200이고, 만기일의 KOSPI 200 지수가 230라면 연 7.5%의 금리가 적용된다.

정기예금이므로 주가지수가 하락하더라도 원금은 보장되며, 예금자보호법에 의해 보호된다.

3) 양도성예금증서

양도성예금증서(CD)란 만기일 이전이라도 유통시장에서 매매가 가능한 예금증서로서, 시중의 유휴자금을 제도금융권으로 흡수할 목적으로 발행되고 있다.

이 상품은 1961년 2월 뉴욕의 First National City Bank(현 Citi Bank)가 수신부족을 완화하기 위해 발행한 NCD(Negotiable Certificate of Time Deposit)가 그 효시이며, 국내 은행권에서는 1984년 6월 1일부터 취급하기 시작했다.

예치금액 단위는 5백만원 이상으로 하며, 매출대상에는 비거주자인 외국인(국내 단기자금시장 증권투자와 관련하여 외국환은행에 '투자전용 대외계정'을 개설하고, 동 계정을 통하여 거래하는 경우에는 비거주자 외국인도 가능)을 제외하고는 제한을 두지 아니한다.

만기일은 발행일로부터 30일 이상 1년 이내로 하며, 증서발행 형식은 무기명 할인식으로 발행된다. 그리고 양도성예금증서는 증서의 교부만으로 예금의 양도가 가능하다.

양도성예금증서는 전출입 및 비개설점에서의 지급을 인정하지 않는다. 다만 비개설점에서 대위발행된 경우에 한해 대위발행점에서 해지·지급할 수 있다.

증서의 분실, 도난 등 사고신고가 있을 경우에는 자기앞수표의 사고신고에 준하여 처리하도록 하며, 이 경우 공시최고의 절차에 따라 제권판결을 받아야 지급 청구할 수 있다.

한편 중도해지는 인정하지 않으며, 만기후이자는 지급하지 않는다. 다만 약정만기일이 임시공휴일로 지정된 경우에는 그 만기일에 대하여는 액면금액에 발행이율을 적용한 이자를 지급한다.

4) 표지어음

표지어음이란 은행이 할인하여 보유하고 있는 상업어음과 무역어음을 근거로 하여 그 금액을 분할 또는 통합하여 해당은행이 새로이 발행한 약속어음을 의미한다. 시장금리에 따라 이율이 결정되기 때문에 제2금융권에 대항할 수 있는 상품으로 간주되고 있다.

5) 종합통장

종합통장은 고객의 편의성에 초점을 두어 양질의 거래서비스를 제공하는 상품으로서, 종합통장은 다음과 같은 특징이 있다.

(1) Package 상품

종래에는 고객의 필요(needs)가 있을 때마다 이를 수용할 수 있도록 개발되어 고객에게 은행 이용상 번거로움을 주었던 점을 인식하여 종합통장은 이들 상품의 고유기능을 하나로 연계 통합함으로써, 가계(家計)의 수입 및 지출을 종합적으로 처리할 수 있도록 하였다.

(2) 여수신업무의 연계운영

이제까지의 은행업무는 크게 수신부문과 여신부문으로 구별되어 독자적으로 운영되어 왔으나, 종합통장제도에서는 수신기여도가 높은 고객에게 이에 상응하는 여신서비스를 제공함으로써, 여·수신을 직접 연계하여 고객이 스스로 자신의 신용을 관리하는 풍토를 조성하도록 하였다.

(3) 사무처리 전산화·효율화 도모

전산처리 능력의 향상과 발맞추어 종합통장은 전산기능을 최대한 활용, 은행업무의 전산화를 촉진하고 사무처리를 일괄·집중·대량처리 체제로 개편시킴으로써, 신속한 업무처리로 고객에게 서비스를 제공하고 창구업무량을 대폭 감소시키는 등 사무효율화를 도모하였다.

(4) 대중의 은행이용 생활화 유도

편리한 은행거래 서비스를 제공함으로써 대중의 은행이용 생활화 및 가계저축 증대를 도모하였다.

6) 외화예금

외국환은행이 외국환 관리규정에서 정한 바에 따라 거주자 또는 비거주자가 영수·취득한 외국통화 또는 외화로 표시된 외화수표, 어음 또는 채권 등으로 외화예금계정에 예치하여 운용하는 상품이다. 외화예금은 환율변동에 따라 큰 손실도 볼 수 있기 때문에 국내외 경제상황에 비교적 지식이 있는 고객들이 선택하는 경향이 강하다.

외환 재테크 10계명

① 환율은 매초, 매분 바뀌고 있다.
② 환전 당일의 환율 움직임도 반드시 점검해야 한다.
③ 모든 금융기관이 같은 환율로 환전하지는 않는다.
④ 금융기관 환율도 협상에 따라 달라질 수 있다.
⑤ 환율은 환전을 언제, 어디서 하느냐에 따라 달라진다.
⑥ 가급적 위험을 최소화하는 환율 운용이 필요하다.

⑦ 외환시장의 정보와 동향에 항시 관심을 갖는다.
⑧ 외환을 잘 모르거나 거액 거래시는 전문가와 상의한다.
⑨ 환율의 천장과 바닥에서 거래하기를 바라면 안된다.
⑩ 환율과 금리는 동전의 앞뒷면처럼 밀접한 관계가 있다.

1.4 적립식 예금

1) 적립식 예금의 개념

적립식 예금이란 일정한 기간을 정하여 은행은 일정한 금액을 지급할 것을 약정하고, 고객은 매월 일정한 날짜에 일정한 금액을 내는 예금이다. 고객이 매월 내는 일정한 금액을 월저축금이라 한다.

은행이 계약 당시 정한 방법 및 절차에 따라 저축한 경우 만기에 지급할 금액을 계약금액이라 하는데, 이는 월저축금의 합계액에 약정이자를 더한 금액을 말한다.

일반적으로 계약금액과 만기지급액은 동일하나, 목돈마련저축 등과 같이 일정기간 이상 저축을 한 경우 법적으로 지원해 주는 장려금이 있는 경우는 계약금액에 법적 장려금을 더한 금액이 만기지급액이 된다. 단 특별우대금리 정기적금처럼 은행에서 정한 요건대로 저축을 하여 특별금리를 적용 받는 경우는 계약금액에 특별이자를 더한 금액이 만기지급액이 된다.

따라서 적립식 저축은 매월 납입할 월저축금을 정하고, 이에 따라 계약금액이 정하여지는 경우가 일반적이며, 자유적립식이거나 월저축금이 정하여지지 않은 경우에는 계약금액이 신규개설 시점에서 미리 정해지지 않을 수도 있다.

2) 적립식 예금의 지급방식

적립식 저축의 만기해지는 모든 회차의 월부금을 내고 만기일이 지나 해지하는 경우이다. 만기 앞당김 해지는 모든 회차의 월부금을 낸 계좌로 만기일이 되기 전에 해지를 요청하는 경우로 만기일로부터 1개월 이내에서 앞당겨 해지할 수 있다.

중도해지는 만기일이 되기 전에 해지하거나, 만기일이 지났더라도 소정회차 월저축금을 납입하지 못한 정기적금, 상호부금을 해지하는 경우이다.

상계해지는 적금대출, 적금담보대출, 기타 다른 여신의 담보로 제공된 저축으로서 담보권 실행으로 해당 채권과 상계하기 위하여 해지하는 경우이다. 상계 처리할 때에는 예금주에게 통지하고, 상계후 잔액은 '별단예금, 기타일시예수금'에 입금했다가 예금주가 찾으러 오면 청구서를 받고 내준다.

만기후 이자 = 계약금액 × 경과일수 × 만기후이율 ÷ 365

＊ 경과일수 : 만기일로부터 해지일 전일까지

모든 회차 월저축금을 내고 만기일이 지난 계좌는 만기후 이자를 준다. 만기후 이자는 계약금액에 만기후 이율을 곱하여 계산한다.

만기일이 공휴일이면 공휴일에 대하여는 당초 약속이율로 이자를 지급한다. 단 만기앞당김 해지를 하는 때에는 다음 식으로 계산된 이자를 빼고 지급한다.

만기 앞당김 이자 = 계약금액 × 적금대출이율 × 앞당긴 일수 ÷ 365

＊ 앞당긴 일수 : 지급일로부터 만기일까지

---

3) 정기적금

가입대상자는 제한이 없으며, 계약기간은 6개월에서 36개월 사이에서 월단위로 정한다. 월저축금은 500원부터 원 단위로 제한이 없으며, 정기적금의 신규시 월부금 납입기일은 당해월 내에서 늦추거나 당해월 10일 이내에서 앞당길 수 있다.

다만 계약기간중 납입기일 중도변경은 할 수 없다. 만기지급시 이자계산에 있어 변경은 만기일을 기준으로 총연체일수 및 총선납입수를 계산하나, 신규시 앞당김 일수는 연체일수 계산시 포함하지 않는다.

1.5 신탁상품

1) 신탁의 특성

신탁업법에 의하면, 신탁은 위탁자인 신탁설정자와 신탁을 인수하는 자와의 특별한 신임관계에 기하여 위탁자가 특정의 재산권을 수탁자에게 이전시키거나 기타의 처분을 하고, 수탁자로 하여금 일정한 자, 즉 수익자의 이익을 위하여, 또는 특정의 목적을 위하여 그 재산권을 관리·처분하게 하는 법률관계를 의미한다.

다시 말해 위탁자가 신뢰하는 사람인 수탁자에게 신탁재산을 양도하고, 일정한 목적에 따라 수익자를 위하여 관리·처분하게 하는 제도로서, 재산을 중심으로 구성된 재산관리 제도의 일종이다.

그러나 위탁자와 수탁자간의 신임관계가 전제된다고 하더라도, 신탁재산의 관리·처분은 수탁자가 임의로 할 수는 없고, 신탁행위에 의하여 집행되어야 하며, 신탁행위는 수탁자와 위탁자의 계약에 의한 신탁계약과, 위탁자만의 유언에 의한 유언신탁으로 구분된다. 여기서 신탁계약이란 신탁의 발생을 목적으로 하여 위탁자와 수탁자간에 체결하는 계약을 의미한다.

2) 신탁상품의 분류

신탁상품은 목적에 따라 공익(公益)신탁과 사익(私益)신탁으로 구분할 수 있다. 공익신탁은 학술, 종교, 자선, 기예, 기타 공익을 목적으로 하는 신탁을 의미하며, 사익신탁은 수익자의 사적이익을 목적으로 하는 신탁을 뜻한다.

신탁이익의 주체에 의한 분류방법에 의해서는 자익신탁과 타익신탁으로 분류된다. 여기서 자익신탁이란 신탁재산에서 생기는 이익을 위탁자 자신이 취득하는 신탁을 뜻하며, 타익신탁이란 신탁재산에서 생기는 이익을 위탁자가 지정하는 제 3자가 취득하는 신탁을 의미한다.

또한 신탁설정방식에 의한 분류도 가능한데, 생전(生前)신탁인 계약신탁은 위탁자와 수탁자의 계약으로 성립되는 신탁을 의미한다. 사후신탁을 의미하는 유언신탁은 유언으로 설정된 신탁을 뜻한다.

한편 신탁재산의 형태에 의한 분류도 가능하다. 우선 금전신탁은 신탁의 인수시에 신탁재산으로 금전을 수탁하여 신탁 종료시에 금전으로 수익자에게 교부하는 신탁이다. 부동산신탁은 신탁의 인수시 신탁재산을 부동산의 형태로 수탁하는 것으로 신탁업법상 토지 및 그 정착물의 신탁을 의미한다. 동산의 신탁은 선박, 항공기, 차량 등의 동산이나, 기타 동산의 설비를 신탁재산으로 하는 신탁을 말한다. 유가증권의 신탁은 유가증권을 신탁재산으로 하여 관리·운용·처리하는 신탁이다.

금전채권의 신탁은 신탁 인수시 금전채권을 신탁재산으로 수탁하는 신탁으로서, 수탁자인 신탁회사가 채권자가 되어 금전채권의 추심, 시효의 중단, 독촉 등 채권의 보전에 필요한 일체의 관리를 하고, 그 추심대전은 수익자에게 교부하는 신탁을 의미하며, 지상권의 신탁은 수탁하는 신탁재산이 지상권인 신탁을 의미한다. 또한 전세권의 신탁은 수탁하는 신탁재산이 전세권인 신탁이며, 토지의 임차권 신탁은 수탁하는 신탁재산이 토지의 임차권인 신탁을 뜻한다.

3) 특정금전신탁과 불특정금전신탁

(1) 특정금전신탁

특정금전신탁이란 신탁계약시 위탁자의 운용지시에 따라 신탁재산의 운용방법이 특별히 정해지는 신탁을 말한다. 즉 수탁자의 자유재량으로 운용할 수 없는 금전신탁이다.

〈 금전신탁과 예금의 비교 〉

구 분	금 전 신 탁	예 금
① 재산관계	신탁재산	고유재산
② 계약관계인	위탁자, 수탁자, 수익자(3면 관계)	예금주, 은행(2면 관계)
③ 계약의 성질	신탁행위(계약, 유언) (신탁법)	소비임치계약(민법)
④ 운용방법	신탁계약 및 법령범위내	제한없음
⑤ 이익분배	실적배당(운용수익-신탁보수)	약정이자(확정이율)
⑥ 배당률(이율)	예상배당률	약정이율

⑦ 원본 및 이익보전	원칙적으로 보전의무 없음	지급의무 있음
⑧ 자금의 성질	중장기성 자금	단기성 자금
⑨ 이자계산방법	복리(매월 또는 6개월)	단리
⑩ 감독 및 관련법	금융감독원(신탁업법)	금융감독원(은행법)

따라서 이 신탁은 은행에서 운용이 가능한 것에 한하여 인수할 수 있으며, 불특정금전신탁과는 달리 원본 및 이익보전을 할 수 없고, 총 운용수익에서 일정한 신탁보수를 차감한 잔액을 수익자에게 지급하는 실적배당형 상품이다.

또한 특정금전신탁은 신탁 종료시에 신탁재산을 반환함에 있어 운용자산의 환가가 곤란한 경우에는 신탁재산의 운용 현상대로 교부할 수 있다.

(2) 불특정금전신탁

불특정금전신탁이란 위탁자가 신탁재산운용방법을 특정하지 않고 수탁자에게 운용을 위임하는 금전신탁을 말한다. 즉 신탁재산인 금전의 운용 방법을 특정하지 않고, 신탁종료시에 금전으로 환급할 것을 약정하는 금전신탁을 말한다.

하지만 이러한 신탁도 수탁자의 재량대로 운용될 수 있는 것은 아니고, 신탁업법에서 규정하고 있는 범위내로 한정되어 있으며, 은행권에서 취급하는 신탁상품중 특정금전신탁을 제외한 거의 모든 신탁은 불특정금전신탁에 속한다.

2004년 7월 5일부터 '간접투자자산운용업법'의 시행으로 연금신탁이나 퇴직신탁 등 원본보존의 특약이 있는 일부 신탁을 제외하고는 신규 수탁이 중지되었다.

4) 퇴직연금신탁

퇴직연금신탁은 특정금전신탁의 한 형태로서 기업이 근로자의 퇴직급여를 적립하고, 기업 또는 가입자의 운용지시에 따라 적립금을 운용하여 가입자의 퇴직시 연금 또는 일시금으로 지급하는 신탁을 말한다. 이 상품은 금융투자회사 및 보험사 등도 동일하게 취급하고 있다.

(1) 퇴직연금신탁의 종류

(가) 확정급여형

DB(Defined Benefit)형이란 근로자가 퇴직 시 받을 퇴직급여가 사전에 확정되어 있고, 기업은 정기적으로 부담금을 적립·운용하여 운용결과에 따라 기업의 부담금이 변동되는 신탁이다.

(나) 확정기여형

DC(Defined Contribution)형이란, 기업은 사전에 확정된 부담금을 근로자에게 개별적으로 적립하고, 근로자는 개인별로 적립금을 운용하여 그 결과에 따라 근로자의 퇴직급여액이 변동되는 신탁이다.

(다) 개인퇴직계좌

IRA(Individual Retirement Account)란 근로자가 한 회사에서 퇴직 또는 이직을 하더라도 퇴직 일시금을 근로자 명의 계좌로 적립·운용하여 과세이연 등의 세제혜택과 함께 노후 소득원으로 활용할 수 있는 저축계좌를 말한다(IRA의 경우, 근로자 개인이 가입한다는 점 외에는 적립금 운용방법 등이 DC형 퇴직연금과 유사하다).

(2) 퇴직연금제도의 효과

(가) 회사 측면

① 법인세 절감혜택 : 회사의 납입 보험료(부담금)는 비용으로 인정
② 퇴직금 지급에 따른 자금부담에 대비 : 정기적인 보험료(부담금) 납부로 일시 지출부담 감소 및 관련업무 간소화
③ 우수인력 확보에 도움 : 근로자 복지향상으로 인사관리 효율성 증대
④ 운용수익을 통한 퇴직금 부담액 감소(DB) : 회사의 운용수익에 따라 부담금액 감소가능

(나) 근로자 측면

① 퇴직금의 안전성 확보 : 금융기관에 보관하여 회사의 도산시에도 안전
② 세제혜택 : 소득공제(DC형의 근로자 추가부담금), 퇴직소득세 과세이연 혜택(IRA 가입 후 인출시까지), 연금소득세 과세(연금수령 시), 운용수익 비과세
③ 선택의 폭 확장 : 연금선택 가능
④ 안정적인 노후준비 보장 : 일반 펀드상품 대비 다양한 종류의 투자상품 및 저렴한 수수료로 효율적인 노후준비 가능

5) 적립식 펀드

적립식 펀드란 매달 일정액을 불입해 주식을 사는 상품인데, 은행 적금과 주식 투자, 비과세 장기주식을 통한 절세 등 여러 가지 장점을 합성한 상품이다. 여기에 무료 상해보험에 가입해 주는 경우도 있어 '일석사조'의 특징을 지니고 있다. 연 2~3%대의 은행금리에 만족하지 못하고, 직접 주식투자를 하기엔 자신이 없는 사람의 경우, 장기 목돈 만들기 수단으로 적합하다.

적립식 펀드의 가장 큰 특징은 은행 적금처럼 매달 일정액을 불입해서 주식을 산다는 점이다. 최저 불입금액은 10만원 이상 원 단위로 자유롭게 정할 수 있다.

은행적금에 든 셈치고 돈을 불입하면 된다. 은행적금은 채권이나 대출 등 주로 안전자산에 돈을 굴린다. 따라서 원금은 보전되는 반면 수익률은 상대적으로 낮다. 이에 비해 적립식 펀드는 주식에 편입한다. 주가가 오르면 수익률은 은행금리보다 훨씬 높을 수 있다. 물론 반대의 경우 원금 손실을 초래할 수도 있다.

적립식 펀드는 매달 일정액을 불입해 주식을 사는 만큼 기간이 장기일 수밖에 없다. 따라서 권장 가입기간은 2~3년 이상이다. 물론 적립식 펀드가 은행 적금보다 수익률이 높을 것이란 보장은 없다. 만일 운용을 잘못할 경우 원금도 못 건질 가능성도 배제할 수 없다.

1.6 방카슈랑스

1) 방카슈랑스의 정의

방카슈랑스란 은행이 관계법령에 의거 금융기관 보험대리점으로 등록하고, 보험사업자와의 계약에 의해 상품판매를 대리하고 수수료를 받는 것을 의미한다.

방카슈랑스(Bancassurance)란 용어는 은행을 의미하는 Banque와 보험을 의미하는 Assurance가 합해진 프랑스어로서, 협의의 의미는 은행 영업창구를 통한 보험상품의 판매를 의미하며, 광의의 의미로는 은행고객정보를 기반으로 한 마케팅을 통하여 고객에게 종합금융서비스를 제공하는 것을 말한다.

2) 방카슈랑스 도입의 효과

(1) 방카슈랑스 도입의 긍정적 효과

(가) 고객적 측면

① 보험료의 저렴화 : 은행의 기존 채널을 이용함으로써 부가보험료 최소화
② 거래의 편리성 및 One-stop Banking : 대규모 은행지점 Network을 이용한 편리한 접근성 및 은행, 증권, 보험 일괄 구입 가능
③ 종합자산관리 : 재정전문가에 의한 은행, 증권 외에 보험을 이용한 종합적인 자산투자 가능

(나) 은행적 측면

① 수익원의 다양화 : 보험판매 수수료의 취득을 통한 은행수익 창출
② 종합자산관리 및 One-stop Banking으로 고객의 Loyalty 증대 및 심화
③ 보수적 영업문화에서 적극적, 공격적 영업문화로의 변화 가능

(다) 보험사적 측면

① 신채널 구축 및 확보를 통한 보험시장의 확대
② 고비용 구조의 대리점, 설계사 조직의 관리비용 감소

③ 은행과 복합상품의 개발을 통한 새로운 상품개발능력 향상

(2) 방카슈랑스 도입시의 부정적 효과

① 은행원의 보험상품 이해부족 및 불완전판매 증가로 신뢰도 하락 우려
② 소극적 마케팅에서 적극적 마케팅 도입에 따른 은행원의 업무부담 가중
③ 보험사와 은행의 영업문화의 차이에 따른 충돌 우려

3) 방카슈랑스 도입 단계

(1) 허용 금융기관

전 금융기관(공제 및 우체국 제외 : 특별법에 의해 기실시)

(2) 판매 방법

① 점포당 판매 인원 : 2명으로 제한
② 영업방식 : In-Bound만 허용(금융기관 점포내 별도의 보험창구에서 판매)
　　－ 방문판매, TM, DM 등 금지
③ 허용형태 : 단순판매제휴방식 및 자회사방식
④ 25% 판매비율 준수
　　－ 자산 2조원 이상의 금융기관 보험대리점은 특정보험사 상품판매
　　　비중을 25% 이상 초과할 수 없으므로, 각 3개 이상의 생·손보사
　　　와 제휴할 필요성 있음
⑤ 공시제도 도입
　　－ 금융기관 보험대리점은 모집 수수료율을 모집점포창구 및 인터넷
　　　홈페이지에 공시

(3) 단계별 상품 허용

구 분	판 매 상 품	
	생 명 보 험	손 해 보 험
제 1 단계 (2003.9월 이후)	• 개인저축성보험 - 개인연금	• 개인연금 • 장기저축성 보험

	- 일반연금 - 교육보험 - 생사혼합보험 - 그 밖의 개인저축성 보험 • 신용생명보험	• 화재보험(주택) • 상해보험 (단체상해보험 제외) • 종합보험 • 신용손해보험
제 2 단계 (2005.4월 이후)	• 제1단계 허용상품 • 순수보장성 보험	• 제1단계 허용상품 • 순수보장성 보험
제 3 단계 (2006.10월 이후)	• 제1단계, 제2단계 허용상 품을 포함한 만기환급형 (보장성 보험)	• 제1단계, 제2단계 허용상 품을 포함한 만기 환급형 보장성 보험

주 : 당초 2008년 4월 종신보험과 CI보험, 자동차보험으로 확대될 예정이었지만,
보험업계의 적극적인 반대로 시행직전 철회되었음.

제2절 ● 증권회사의 금융상품

2.1 증권사 CMA

　CMA(Cash Management Account)는 현금자산 관리계좌의 총칭이다. 입출금이 자유로우면서, 주식·채권·펀드·신탁매입자금으로의 이체, 급여 이체, 카드결제자금 이체, 각종 공과금 이체, 은행 ATM(자동화기기)을 이용한 입·출금(업무마감시간 이후 포함) 서비스 제공 등으로 편리성을 높임과 동시에, 상대적 고수익을 제시하는 상품이다.

　2009년 6월부터 CMA 연계 신용카드도 발급해 주고 있으며, 2009년 7월 이후부터는 CMA 지급결제 서비스도 제공함으로써, 예전의 은행 가상계좌(사이버) 연계 자금이체 방식에서 증권회사계좌에서 직접 자금이체하는 방식으로 한 단계 레벨업되었으며, 그간 증권회사의 적극적인 마케팅 노력 등으로 계좌 수 및 잔고가 지속적으로 증가하고 있다.

　증권회사에서 판매 가능한 상품 중 현금을 받아 운용하여 고수익을 제공하면서, 입출금이 자유로운 상품은 MMF, RP, MMW(수시입출금 가능 랩), 종금 CMA(기업어음, 채권 등으로 운용) 등 4가지가 있다.

　특히 입출금이 자유로운 4가지 상품에 각종 부가서비스를 제공하여 편리성을 높인 상품이 증권사 CMA이며, 수익을 지급해주는 모계좌가 어떤 상품인지에 따라 MMF형, RP형, MMW형, 종금형 CMA 등으로 나눈다.

　이중 MMF형, RP형, MMW형은 대부분의 증권사에서 판매하고 있으며, 종금형 CMA는 종금사를 합병한 일부 증권사에서만 판매하고 있다. 고객은 자신의 투자성향을 파악하여 선택해 가입하면 된다.

2.2 주식의 발행과 유통*

1) 주식의 발행

주식의 발행은 주식회사가 설립자본금을 조달하거나 자본금을 증액할 때 이루어진다. 자본금 증액을 위한 주식발행에는 금전의 출자를 받아 자본금을 증가시키는 유상증자와, 금전의 출자를 받지 않고 행하는 무상증자, 주식배당 및 전환사채의 주식전환 등이 포함된다.

주식의 발행시장은 광의로는 신규발행 주식이 최초의 투자자에게 매출되는 모든 시장을 의미하지만, 통상 유상증자나 신규공개 기업의 주식매각 등을 대상으로 조직된 시장을 말한다.

발행시장은 새로운 주식이 최초로 출현하는 시장이라는 점에서 제1차적 시장(primary market)이라고 하는데, 여기에는 발행주체인 주식회사와 투자자 외에 시장중개기관(market intermediary)이 참여하고 있다.

(1) 시장중개기관

주식발행시장에서 시장중개기관은 발행회사와 투자자 사이에서 발행사무를 처리하고, 주식의 인수·매출 등 여러 가지 위험을 부담함으로써, 주식발행이 원활히 이루어지도록 한다.

시장중개기관은 역할에 따라 간사회사, 인수회사 및 청약사무 취급회사로 구분한다. 간사회사는 발행주식의 인수단을 구성하고, 인수회사를 대표하여 발행회사와 인수조건을 결정하며, 인수 및 청약업무를 통할한다. 인수회사는 발행주식의 전부 또는 일부를 직접 매입하는 회사이다.

청약사무 취급회사는 일반투자자를 대상으로 매수청약을 받아, 이를 인수회사에 청약하는 업무를 하는 회사이다. 현재 주식발행시장에서 증권회사는 위의 세 가지 업무를 모두 취급할 수 있으며, 종합금융회사는 간사회사 업무를 취급할 수 있다.

---

* 조희영·김계인, 금융제도론, 민영사, 2003, pp.306~314 참조.

(2) 발행형태

(가) 모집설립

우리나라는 상법에서 수권(授權)자본제를 채택하고 있기 때문에, 회사설립시에 회사가 발행한 주식의 총수를 정관으로 정하고, 이의 1/4 이상을 설립시에 발행하여야 한다.

이때 주식발행은 소수의 투자자를 대상으로 이루어지는데, 다음과 같은 경우에는 다수의 투자자를 상대로 모집설립, 즉 공모에 의한 주식발행이 가능하다. 이를테면, 은행설립 내인가를 받은 경우, 정부가 최대주주로서 총지분의 25% 이상을 출자하여 설립하는 경우, 특별법에 의해 정부로부터 영업의 인허가를 받아 설립중인 경우에는 모집설립이 가능하다.

(나) 한국거래소 상장 및 코스닥시장 등록

주식을 한국거래소에 상장하거나 코스닥시장에 등록하기 위해서는 주식분산요건을 갖추어야하기 때문에 신주(新株)를 공모하거나 구주(舊株)를 매출한다.

한국거래소에 주식을 신규로 상장하고자 하는 기업은 일정요건을 갖추어야 한다. 한국거래소의 출범을 계기로 유가증권시장에서의 상장에 관한 요건 및 절차 등에 관한 기본원칙을 '유가증권시장 상장규정'으로 규정함에 따라, 신규상장심사요건도 체계적으로 정비되었다.

우선 유가증권시장의 신규상장 심사요건은 3년 이상 영업활동, 자기자본 100억 이상이거나 기준시가총액 200억 이상, 최근 매출액 300억 이상 및 3년 평균 200억 이상 등이다.

그리고 코스닥시장에 상장된 법인이 모집 또는 매출을 하지 않고, 직상장하는 경우에는 코스닥 상장 후 1년 이상이 경과하여야 상장할 수 있다.

(다) 유상증자 및 무상증자

유상증자란 주주의 주금(株金) 납입을 통해 자본금과 회사재산을 실질적으로 증가시키는 것으로써, 기업의 재무구조를 개선하고 타인자본 의존도를 낮추는 가장 대표적인 방법이다.

　　유상증자시 신주인수권의 배정방법에는 주주 배정방식, 주주우선 공모방식, 제3자 배정방식, 일반공모방식, 직접공모방식 등이 있는데, 우리나라는 주주 배정방식과 주주우선 공모방식에 의해 주로 이루어진다.

　　유상증자의 절차는 신주인수권 배정방법에 따라 차이가 있는데, 가장 전통적인 방법이라 할 수 있는 주주 배정방식의 경우, 다음 표와 같다.

〈 주주배정방식에 의한 유상증자 절차 〉

일　정	진　행　절　차
D-1	신주발행 이사회 결의, 증자결의 내용 공시
D	증권신고서 제출
D+8	증권신고서 효력발생, 투자설명서 제출
D+9	신주배정기준일 공고
	1차 발행가액 산정
D+24	신주배정기준일(주주명부 폐쇄)
D+30 전까지	우리사주조합 청약
D+34	주주명부 확정
	신주배정통지 및 신주청약서 등 발송
D+35	발행가액 확정, 발행가액 통지 및 공고
D+50~51	주주 청약
D+53	실권주 처리
D+54	주금 납입
D+55	증자 등기
D+55~	증권발행실적 보고서 제출
	주권발행·교부 및 신주상장

　　유상증자시 신주발행가액은 주식시장에서의 가격 즉 시가를 기준으로 결정된 이론권리락 주가에 기업이 정하는 할인율을 적용하여 산정한다.

　　한편 무상증자란 주금의 납입없이 이사회의 결의로 준비금 또는 자산재평가적립금을 자본에 전입하고, 전입액 만큼 발행한 신주를 기존주주에게 소유주식수에 비례하여 무상으로 교부하는 것이다.

무상증자의 절차는 주주배정방식에 의한 유상증자의 절차와 유사하나, 주금 납입절차가 필요 없고 유가증권신고서를 제출하지 않는 등의 차이가 있다.

(3) 발행방식

주식의 발행방식은 주식의 수요자를 선정하는 방법에 따라 공모발행과 사모발행으로, 그리고 발행에 따르는 위험부담과 사무절차를 담당하는 방법에 따라 직접발행과 간접발행으로 각각 구분한다. 공모발행이란 발행회사가 투자자에 제한을 두지 않고, 동일한 가격과 조건으로 주식을 발행하는 방식이며, 증권거래법상 모집과 매출이 이에 해당한다. 사모발행은 발행회사가 특정한 개인 및 법인을 대상으로 주식을 발행하는 방법이다.

다음으로 직접발행은 발행회사가 자기명의로 인수위험 등 발행위험을 부담하고, 발행사무도 직접 담당하는 방식으로 직접모집 또는 자기모집이라고도 한다. 이 방식은 미청약분이 발생하면 발행규모를 축소하거나 재모집해야 하므로, 발행규모가 작고 소화에 무리가 없는 경우에 주로 이용되며 우리나라에서는 회사설립시에 활용되고 있다.

간접발행은 발행회사가 전문적인 지식, 조직 및 경험을 축적하고 있는 증권회사 등 시장중개기관을 통해 주식을 발행하는 방식이다. 이 경우 발행회사는 원칙적으로 주식발행과 관련한 위험을 시장중개기관에 부담시키고, 그 대가로 수수료를 지급하게 되는데, 우리나라에서는 기업공개(IPO) 및 유상증자시 이 방식에 의존하고 있다.

간접발행방식은 시장중개기관의 발행위험 부담정도에 따라 다시 모집주선, 잔액인수 및 총액인수로 구분한다. 모집주선이란 발행회사가 스스로 발행위험을 부담하고, 발행사무만 시장중개기관에 위탁하는 방법이며, 잔액인수란 응모총액이 모집총액에 미달할 경우 시장중개기관이 미소화분(매도잔량)의 인수의무를 부담하는 방법이다.

그리고 총액인수는 발행금액 전액을 시장중개기관이 매입(인수)하는 방식으로서, 시장중개기관의 입장에서는 인수에 따른 자금부담이 있는 데다 인수한 주식을 매출할 때까지 보유해야 하므로, 다른 방식에 비해 위험부담이 크다.

우리나라는 1974년 7월 잔액인수제에서 총액인수제로 전환하였다. 간접발행방식으로 주식을 발행하는 경우, 시장중개기관의 역할이 매우 중요한데, 발행사무처리, 인수 등 주식발행과 관련한 책임과 위험을 분산하고, 발행주식의 매출을 원활히 하기 위하여 여러 기관이 공동으로 시장중개기관이 되는 것이 보통이다.

그 밖에 발행방식은 주당 발행가액에 따라 액면발행과 시가발행으로 구분할 수 있으며, 시가발행은 다시 발행시점의 시장가격 그대로 발행하는 방식과 시가에서 일정률을 할인하여 발행하는 방식이 있다. 우리나라에서는 1983년 12월 시가발행제도가 도입되어 1983년 9월 이후 모든 상장법인이 시가방식에 의하여 유상증자를 할 수 있게 되었으며, 시가발행할인율은 1991년 6월부터 자율화되었다.

2) 주식의 유통

유통시장은 이미 발행된 주식이 매매되는 시장이며, 제2차적 시장(secondary market)이라고도 한다. 유통시장에서의 거래는 투자자 상호간의 거래이므로 기업의 자금조달과 직접적인 관련은 없으나, 유통시장이 발달되어 있지 못하면 주식의 시장성이 없어 발행시장이 위축된다. 또 발행시장을 통한 기업의 자금조달은 유통시장의 수급에 영향을 미치게 되므로 두 시장은 상호깊은 의존관계에 있다.

흔히 유통시장이라고 할 때는 거래소시장만을 의미하는 경우가 많으나, 전통적으로 유통시장은 거래소시장과 장외시장으로 구분된다.

거래소시장은 우리나라의 경우 거래소가 개설하는 유가증권시장과 코스닥시장을 말하는 것으로서, 일정한 장소에서 정해진 시간에 계속적으로 상장증권의 주문이 집중되어 경쟁매매원칙 등 일정한 매매거래제도에 따라 조직적·정형적으로 매매거래가 이루어지는 시장을 말한다.

이에 반해, 장외시장은 거래소시장 밖에서 당사자 간에 상대매매의 방법으로 다양한 종류의 매매거래가 이루어지는 비조직적 시장인데, 주로 금융투자회사(증권회사)의 창구에서 매매거래가 이루어지므로 점두시장(Over the

Counter market ; OTC)으로도 불려 왔다.

그러나 이러한 전통적 구분은 큰 의미가 없게 되었는데, 그 이유는 정보통신기술의 발달과 함께, 장외시장도 거래소시장처럼 조직화되거나 최근 사이버 거래소시장(cyber exchange) 형태로 변모하는 등 과거 거래소시장의 전단계적·보완적 시장에서 상호경쟁적 시장으로 급속히 변모하고 있기 때문이다. 1997년 종전의 장외시장이 전산설비 등을 갖추고, 코스닥시장으로 조직화했던 것이 그 좋은 예이다.

(1) 한국거래소

(가) 회원

한국거래소(이하 거래소)는 증권 및 장내파생 상품의 공정한 가격 형성과 그 매매, 그 밖의 안정성과 효율성을 도모하기 위해 자본시장법에 의하여 설립된 법인이다(자본시장법 제373조). 자본시장법에서는 거래소가 개설하는 시장에 대해 유가증권시장, 코스닥시장, 파생상품시장으로 정의하고 있다(자본시장법 제9조 제13~14항).

거래소의 회원이 아닌 자는 증권시장 및 파생상품시장에서의 매매거래를 하지 못한다. 다만, 회원관리규정에서 특정한 증권의 매매거래를 할 수 있도록 정한 경우에는 그 특정한 증권의 매매거래를 할 수 있다(자본시장법 제388조 제1항).

거래소 회원은 거래소 결제회원, 매매전문회원, 그 밖에 대통령령으로 정하는 회원으로 구분된다. 여기서 대통령령으로 정하는 회원은 증권회원, 파생상품회원, 증권시장 내의 일부 시장이나 일부 종목에 대하여 결제나 매매에 참여하는 회원, 파생상품시장 내의 일부 시장이나 일부 품목에 대하여 결제나 매매에 참가하는 회원, 회원관리규정으로 정하는 회원 중 어느 하나에 해당하는 회원을 말한다.

회원의 자격 및 종류

① 회원의 자격

　자본시장법 제12조 제1항에 따라 투자매매업 또는 투자중개업의 인가를 받은 자

② 회원의 종류

－참가할 수 있는 시장 및 매매거래할 수 있는 금융투자상품의 범위에 따라, 증권회원·지분증권전문회원·채무증권전문회원·파생상품회원·주권기초파생상품 전문회원 등으로 구분됨

- 증권회원 : 증권시장에서 증권의 매매거래에 참가할 수 있는 회원
- 지분증권 전문회원 : 증권시장에서 지분증권의 매매거래에 참가할 수 있는 회원
- 채무증권 전문회원 : 증권시장에서 채무증권의 매매거래에 참가할 수 있는 회원
- 파생상품회원 : 파생상품시장에서 장내 파생상품거래에 참가할 수 있는 회원
- 주권기초파생상품 전문회원 : 파생상품시장에서 주권을 기초자산으로 하는 장내 파생상품거래에 참가할 수 있는 회원

－결제이행 책임의 부담 여부에 따라, 결제회원·매매전문회원으로 구분됨

- 결제회원 : 자기의 명의로 성립된 증권의 매매거래나 장내파생상품거래 또는 매매전문회원으로부터 결제를 위탁받은 증권의 매매거래나 장내 파생상품거래에 대하여 자기의 명의로 결제를 하는 회원
- 매매전문회원 : 자기의 명의로 성립된 증권의 매매거래나 장내 파생상품거래에 따른 결제를 결제회원에게 위탁하는 회원

③ 전체 회원현황

구　분	회원사 수
국내법인	49
외국법인	11
국내은행	16
외국은행	11
증권회원 합계	87
국내법인	51
외국법인	8
파생상품회원 합계	59
총 회원	94

주 : 증권회원과 파생상품회원은 총 회원 합계에 하나의 회원사로 합산

(나) 상장제도

상장이란 거래소시장에서 매매될 수 있도록 주식, 채권, 뮤추얼펀드 등과 같은 유가증권을 거래소에 등록하는 것을 말한다. 상장을 원하는 회사는 상장신청서 등 제반 서류를 거래소에 제출하여야 하며, 거래소는 유가증권 상장규정에 의거 적격여부를 심사한 후 적합하다고 인정되는 경우 상장시키고 있다.

한편 거래소는 상장법인이 상장폐지 신청을 하거나 상장폐지기준(사업보고서 미제출, 감사의견 부적정, 영업활동의 정지, 부도발생 등)에 해당하는 경우 해당법인이 발행한 주식의 상장을 폐지할 수 있다. 상장폐지 유예란 상장폐지기준에 해당하는 종목에 대하여 일정기간 상장폐지를 유예하는 것인데, 해당 종목은 관리종목으로 지정된다.

(다) 매매거래제도

현재 거래시간은 토요일, 공휴일, 근로자의 날 및 연말전 3일간을 제외하고 매일 오전 9시~오후 3시(정규시간), 오전 7시30분~8시30분(장전 시간외), 오후 3시10분~3시30분(장후 시간외매매), 오후 3시30분~6시(시간외 단일가)로 되어 있다. 매매거래의 단위를 보면, 호가단위는 주식가격에 따라 1원(1,000원 미만 종목)~1,000원(50만원 이상 종목)이고, 매매수량단위는 1주이다. 결제시기는 매매계약을 체결한 날로부터 기산하여 3일째 되는 날(휴장일 제외)이다.

매매계약의 체결은 거래소가 투자자별 호가를 접수하여 일정한 매매체결 원칙에 의거 일치되는 호가끼리 거래를 체결하는 개별경쟁 매매방식에 의해 이루어지고 있다.

현행 매매체결 원칙을 보면, 매수주문에는 고가의 호가가 우선하고 매도주문에는 저가의 호가가 우선하는 가격우선의 원칙, 동일가격호가에 대하여 먼저 접수된 호가가 우선하는 시간우선의 원칙, 동시호가나 동일가격호가에 대하여 수량이 많은 호가가 우선하는 수량우선의 원칙, 고객의 호가가 증권회사의 자기매매호가에 우선하는 위탁매매우선의 원칙 등이 적용되고 있다.

한편 개별경쟁매매는 다시 단일가격에 의한 경쟁매매와 복수가격에 의한 경쟁매매로 구분하며, 전·후장 최초가격, 후장 종료가격 결정 등 동시호가 매매 시에만 전자가 적용되고, 그 이외의 경우에는 후자가 적용된다.

주식의 가격변동에 있어서는 가격제한폭 제도가 운영되고 있는데, 이는 주가의 급등락으로 인하여 일반투자자가 과도한 손해를 입지 않도록 하루 중에 변동할 수 있는 주가의 폭을 일정 한도로 제한하는 것을 말한다. 현재 동 한도는 전일종가의 상하 15%로 되어 있다. 그러나 주식시장 활성화를 위해 2015년에는 상·하한가를 30%로 확대할 계획이다.

특히 주가가 하루 중에 일정수준 이상 급락하는 경우, 매매거래를 일시적으로 중단함으로써 시장의 안정을 도모하는 매매거래중단제도(circuit breaker)를 1998년 12월에 도입하였다. 동 제도는 종합주가지수가 전일대비 10% 이상 하락하여 1분 이상 지속되는 경우 발동할 수 있다. 동 제도가 발동되면 발동시점부터 20분간 모든 종목의 호가접수 및 매매거래가 중단되며, 20분 경과 후에는 동 제도가 해제되고, 10분간 동시호가 접수 후 단일가격에 의한 매매계약이 체결되면서 거래가 재개된다.

한편 주식시장 전체의 움직임을 나타내는 지표인 주가지수는 기준시점의 주가수준을 100으로 하여 비교시점의 주가수준을 나타내는 것으로써, 현재 우리나라는 1980년 1월 4일을 기준시점으로 한 시가총액방식의 종합주가지수(Korea Composite Stock Price Index ; KOSPI)를 발표하고 있다.

결제는 시장에서 이루어진 매매거래의 종결이며, 매매계약의 이행행위이다. 현재는 거래소에서 증권거래의 결제를 집중적으로 처리하는 집중결제방식을 취하고 있다. 그리고 거래소 회원간에는 차감결제방식을 활용하고 있다.

차감결제방식을 구체적으로 살펴보면, 대금결제의 경우 회원별 총매도대금에서 총매수대금을 차감한 금액이 거래소 결제계좌를 통해 회원의 은행계좌로 자금이 이체된다. 증권결제의 경우에는 회원별·종목별로 총매도 수량에서 총매수 수량을 차감한 수량이 거래소 예탁계좌를 통해 회원의 예탁계좌로 대체되는 방법으로 이루어진다.

한편 자본시장의 규모 확대에 따른 유통물량의 급증 및 그 이동에 따르는 위험성 증대를 고려하여 1975년 5월부터는 증권의 집중예탁 및 계좌간 대체

를 통한 대체결제방식을 도입·실시하고 있으며, 동 업무는 현재 증권예탁
원에서 수행하고 있다.

매매 거래시간

구 분	시 간	비 고
정규시간	9:00~15:00	
(장전)시간외	7:30~8:30	
(장후)시간외	15:10~15:30	
시간외 단일가	15:30~18:00	

거래소 호가 단위

구 분(주식가격)	호가 단위	비 고
~1,000원 미만	1원	
1,000원~5,000원 미만	5원	
5,000원~10,000원 미만	10원	
10,000원~50,000원 미만	50원	
50,000원~100,000원 미만	100원	
100,000원~500,000원 미만	500원	
500,000원 이상	1,000원	

(2) 코스닥

코스닥시장은 한국증권선물거래소법 제2조의 규정에 의하여 거래소가 운
영하는 증권시장으로서, 다음과 같은 특성을 갖고 있다.

① 코스닥시장은 성장성과 기술력 있는 중소·벤처기업에 자금조달의 역
할을 수행함으로써 국가 경제에 이바지하고 있다.

② 중소·벤처기업을 위한 증권시장의 운용방식으로 가장 성공한 미국의
NASDAQ 시장을 벤치마킹하여 증권업협회(현재의 금융투자협회)가 개설하여
운영해 왔고, 2005년 1월부터 한국거래소로 통합되어 운영되고 있다.

③ 코스닥시장은 일정한 거래질서하에서 경쟁매매가 행하여지므로 장외
시장과 차별되는 새로운 개념의 증권시장이다.

④ 기업규모는 작지만 성장 잠재력이 높은 벤처기업, 유망중소기업 등이 용이하게 자금을 조달할 수 있는 시장이다.

⑤ 유가증권시장과 함께 독립된 경쟁시장이다.

⑥ 상장기준은 유가증권시장의 상장기준에 비하여 상당히 완화된 수준이므로, 우량종목 발굴에 대한 금융투자업자의 선별기능이 중요하다.

⑦ 고위험, 고수익(High Risk, High Return)의 새로운 투자수단을 제공해주는 시장으로서, 투자자의 자기책임 원칙이 중요하다.

한편, 매매거래제도를 보면, 거래시간은 전·후장의 구분없이 월~금요일의 오전 9시부터 오후 3시까지로 되어 있다. 매매수량단위는 1주이며, 호가단위는 주식가격에 따라 1원(1,000원 미만 종목)~100원(5만원 이상 종목)이다.

매매계약의 체결은 복수가격에 의한 개별경쟁 매매방식에 의해 이루어지고 있으며(동시 호가시에는 단일가격 개별경쟁 매매방식 적용), 결제시기는 매매계약 체결일로부터 기산하여 3영업일째 되는 날이다.

코스닥도 하루 중에 변동할 수 있는 주가의 폭을 제한하고 있으며, 현재 가격제한폭은 전일 종가의 상하 15%로 되어 있다. 그리고 코스닥지수(KOSDAQ Composite Index)는 1996년 7월 1일을 기준시점으로 1997년 7월 3일부터 발표하고 있으며, 지수산정방식은 KOSPI와 같다.

KOSDAQ 호가 단위

구 분(주식가격)	호가 단위	비 고
~1,000원 미만	1원	
1,000원~5,000원 미만	5원	
5,000원~10,000원 미만	10원	
10,000원~50,000원 미만	50원	
50,000원 이상	100원	

2.3 채권의 발행과 유통*

1) 채권의 발행

채권은 국가, 지방자치단체, 금융기관, 기업 등이 자금조달이나 정책수행을 목적으로 발행하는 만기가 비교적 장기인 채무증서를 지칭한다. 채권의 발행시장에도 주식 발행시장과 마찬가지로 발행주체 및 투자자 외에 시장중개기관이 참여하고 있다.

채권시장에서 시장중개기관의 역할은 주식시장에서와 거의 같은데, 채권투자자는 대부분 금융기관이므로 청약사무취급회사를 두지 않는 것이 일반적이다. 시장중개기관은 회사채의 경우 통상 증권회사가 담당하며, 국채의 경우에는 증권회사 뿐만 아니라 은행 및 종합금융회사도 간사회사 또는 인수회사로 참여할 수 있다.

(1) 채권의 종류

채권은 발행주체를 기준으로 국채, 지방채, 특수채, 금융채 및 회사채로 구분할 수 있다. 국채란 국가가 발행하는 채권을 말하며, 지방채는 지방자치단체가 발행하는 채권을, 특수채는 특별법에 의해 설립된 법인이 발행하는 채권을, 금융채는 금융기관이 발행한 채권을 말한다. 통상 국채, 지방채 및 특수채를 포괄하여 국공채로 지칭하기도 한다.

현재 발행되고 있는 주요 국채는 국고채권, 국민주택채권, 외국환평형기금채권, 양곡기금증권 등이며, 지방채에는 지하철공채, 지역개발공채 등이 있다. 특수채의 경우 한국전력채권, 토지개발채권, 예금보험기금채권, 부실채권정리기금채권 등을 들 수 있으며, 금융채는 산업금융채권, 중소기업채권 등이 대표적이다.

회사채의 경우 분류기준에 따라 그 종류가 매우 다양하게 나누어질 수 있다. 예를 들어 보증 및 담보유무를 기준으로 할 경우 보증사채, 담보부사채 및 무보증사채로 구분하며, 채권자의 권리를 기준으로 하는 경우에는 일반

---

* 조희영 · 김계인(2003), pp.316~320 참조.

사채, 전환사채(CB), 신주인수권부사채(BW), 교환사채(EB), 이익참가부사채 등으로 분류한다.

(2) 발행조건

채권은 일반 차용증서와는 달리 발행한도가 관련법에 의해 제한되고 있다. 회사채는 상법에 의거 자기자본의 4배 이내에서 발행할 수 있으며, 국채의 경우 국채법에 의거 국회동의를 받은 한도 내에서만 발행할 수 있다. 또 금융채도 발행한도를 두는 경우가 많다.

회사채의 발행조건을 보면, 발행금리는 1993년 11월에 자유화되어 현재는 발행기업과 인수기관이 협의를 통해 자율적으로 결정하고 있다.

만기는 일반적으로 1년, 2년, 3년, 5년 등이 있다. 1998년 6월 회사채 발행조건에 관한 규정이 폐지됨에 따라 만기 1년 미만의 회사채 발행도 가능하게 되었으나, 일부 사모사채만이 1년 미만 만기로 발행될 뿐 공모사채의 경우에는 대부분 만기 1년 이상이며, 3년물이 대부분을 차지하고 있다.

국공채의 경우 발행금리는 국민주택채권(연복리 3%) 등 일부 채권을 제외하고는 시장금리로 발행되고 있으며, 만기는 채권별로 1년 이내(재정증권)부터 20년(2종 국민주택채권)까지 다양하지만 3년물이 주종을 이루고 있다.

(3) 발행방식

회사채의 발행방식은 주식의 경우와 마찬가지로 공모와 사모, 직접발행과 간접발행으로 구분할 수 있는데, 우리나라에서는 회사채 발행이 대부분 공모 및 간접발행방식에 의해 이루어지고 있다.

일반적으로 회사채를 발행하고자 하는 회사는 주 간사회사를 선정하여 발행물량을 인수단이 전부 인수하도록 하는 총액인수계약을 체결하고 발행사무 일체를 위임한다. 인수단은 총액인수한 회사채를 자기책임하에 투자자에게 매출하는데 주로 금융기관이 고객이다.

국채의 경우에는 재정경제부장관이 중앙정부 각 부처의 발행요청에 따라 발행계획안을 작성한 후 국회의 심의 및 의결을 거쳐 발행한다. 국채의 발행방법은 증권회사 등을 통해 일반투자자에게 매출하는 공모발행, 은행·투자신탁회사·증권회사 등이 인수단을 조직하여 공동으로 인수하는 인수발행, 정부가 채무변제시 현금 대신 국채를 발행하여 채권자에게 교부하는 교부발행 등으로 구분할 수 있다.

국채의 발행주기는 일정하지 않지만, 국고채의 경우는 연간 발행일정이 사전에 발표되고, 발행시기도 만기별로 대체로 정례화되어 있다. 그리고 국민주택채권 및 양곡증권을 제외한 국채의 발행사무는 한국은행이 대행하고 있다.

한편 지방채는 지방자치법에 의거 행정자치부장관의 승인을 받은 범위 내에서 지방의회의 의결을 거쳐 발행되고 있으며, 특수채의 경우에는 종류별로 그 발행법인의 설립을 규정하고 있는 법률에 의거하여 발행되고 있다.

2) 채권의 유통

채권의 유통시장은 상장채권만이 거래되는 증권거래소시장과 비상장채권을 포함한 모든 채권이 거래되는 장외시장으로 구분되는데, 채권거래는 대부분 장외에서 이루어지고 있다.

(1) 한국거래소

장내거래가 의무화된 일부 소액(5,000만원 이하) 공사채와 전환사채를 제외하고는 상장된 채권만이 거래소시장에서 거래될 수 있으며, 채권을 상장하기 위해서는 일정요건을 갖추어야 한다. 채권거래는 주식거래와 달리 주로 매매계약 체결 당일에 결제가 이루어지고 있다.

현재 거래시간은 공휴일, 토요일을 제외하고 매일 09:00~15:00시이며, 호가는 수익률호가(단 전환사채 등 주식관련사채는 가격호가)로 이루어진다. 한편 1999년 3월에는 증권거래소에 국채딜러간 경쟁매매시장인 국채전문유통시장이 개설되어 국고채 최근월물이 거래되고 있다.

(2) 장외시장

채권 유통시장은 주식 유통시장과 달리 장외시장의 거래규모가 압도적으로 큰 것이 특징이다. 미국, 일본 등 선진국의 경우에도 채권거래는 대부분 장외시장에서 이루어지고 있는데, 이는 채권의 발행종목이 매우 다양하여 이를 전부 상장시켜 거래소에서 매매하는 것이 기술적으로 어려운 데 주로 기인한다.

현재 증권회사를 통한 장외거래는 금융감독위원회의 유가증권의 장외거래에 관한 규정을 적용하고 있다. 증권회사의 장외거래 대상채권은 국공채와 모집·매출된 회사채로 제한되며, 거래는 영업점 내에서만 하도록 되어 있다. 그리고 매매계약의 체결은 고객과 증권회사간 또는 증권회사 상호간 상대매매에 의하도록 되어 있다.

1999년 5월 발표한 코스닥시장 활성화 방안의 일환으로 거래소시장의 보완적 기능을 수행하고, 장외주식의 거래편의를 도모하기 위하여, 협회는 2000년 3월 프리보드시장의 전신인 장외주식 호가중개시스템(제3시장)을 개설하였다.

거래소시장에 상장되지 않은 기업에게 직접 자금을 조달할 수 있는 기회를 제공하고, 발행 주식의 유동성을 높이며, 거래소시장 상장폐기업에게는 발행 주식의 환금성을 높여 재기의 기회를 제공하며, 금융투자회사를 이용한 거래를 통해 장외주식매매의 편의 및 결제의 안정성을 도모하고, 장외주식의 불공정·사기거래 행위로부터 투자자 보호를 도모한다.

정부는 2004년 12월 23일 벤처 활성화를 위한 금융세제지원법을 발표하면서, 기존의 제3시장 제도를 개편하여 한국금융투자협회로 하여금 프리보드시장이란 명칭으로 2005년 7월부터 제3시장을 운영하여 왔다.

그러나 주식거래 대상기업이 소수의 중소기업 위주로 한정되어 시장의 역할이 크게 저하되었고, 2013년 7월 중소기업 전용 주식시장인 코넥스 시장이 개설되면서 그 역할이 모호해짐에 따라, 2014년 8월 한국금융투자협회는 제도화·조직화된 장외시장인 K-OTC(Korea-Over the Counter)를 출범시켰다.

< 우리나라 주식시장 체계 >

2.4 랩어카운트*

국내금융시장에 자산종합관리계좌로 번역되는 랩어카운트(Wrap Account)가 등장한 것은 최근의 일이다. 자산종합관리계좌는 고객이 증권사에 자산을 맡기면 증권사가 알아서 투자자에게 적합한 투자전략을 세워, 대신 자산을 운용해 주는 상품을 의미한다. 자산관리인을 별도로 두는 셈이다. 물론 거기에 상응하는 수수료는 개인이 부담해야 한다.

증권사도 임의로 고객의 자산을 운용하는 것이 아니라, 자금의 성격과 투자 성향에 맞춰 고객과 상의하여 결정한다. 지금까지는 증권사에서 획일화된 서비스를 제공했다면, 이제부터는 고객 개개인마다 다른 맞춤서비스 제공을 지향하고 있는 것이다.

1) 랩어카운트의 개념

랩어카운트는 여러 종류의 자산운용 관련 서비스를 하나로 싸서(wrap) 고객의 기호에 적합하게 제공하는 자산종합관리계좌이다.

금융기관이 투자자에게 가장 적합한 포트폴리오에 관한 상담결과에 따라, 자산을 운용해 주거나 집합투자회사를 소개해 주고, 이에 부수되는 주문집행, 결제 등의 업무를 일괄 처리해 주는 대가로 잔액평가금액에 근거하여 일

---

* 한국능률협회(2001), pp.86~87 참조.

정비율의 수수료를 받는 상품이다. 즉 랩어카운트의 수수료는 투자자산의 일정비율로 결정되며, 별도의 매매수수료를 내지는 않는다.

국내에는 2001년 도입 이후 미미한 실적을 보였지만, 고객의 성향에 따라 투자자의 자산포트폴리오를 증권사가 도맡아 구성하고 운용하는 일임형 랩어카운트, 그 외 증권사가 아닌 외부 자문사가 종목 및 타이밍을 정하는 자문형 랩어카운트가 활성화되면서 규모가 커지고 있다.

2) 랩어카운트의 종류

랩어카운트는 자산운용방식, 투자대상, 일임의 정도 등에 따라 다양한 종류가 존재하지만, 일반적으로 일임형 랩어카운트, 자문형 랩어카운트, 펀드형 랩어카운트 등으로 구분된다.

뮤추얼펀드 랩은 고객이 일임투자자산운용사와의 상담을 통해 고객의 성향 및 투자 목적 등을 파악하여 고객에게 가장 적합한 우수 펀드로 최적의 포트폴리오를 구성하는 투자전략을 제안하여 준다.

컨설턴트 랩은 고객의 보다 적극적이고 다양한 투자 스타일을 반영하기 위하여 일임투자자산운용사와의 상담을 통하여 최적의 포트폴리오 및 개별 주식에 대한 투자전략을 제시해 준다. 새로운 투자대상이 계속 출시됨에 따라 컨설턴트 랩의 투자대상도 더욱 다양해지고 있으며, 시장에 대한 관심이 커지고 있다.

자문사 연계형 랩은 증권사가 고객으로부터 투자자금을 랩계좌로 받은 후 투자자문 계약을 맺은 외부의 우수한 투자자문사로부터 자문을 받아 랩계좌에서 운용하는 상품을 의미한다.

2.5 주가연계증권(Equity Linked Securities ; ELS)

주가연계증권은 재정경제부령이 정하는 금융기관이 발행하는 유가증권으로서, 특정 주권 또는 다수 주권의 가격이나 주가지수의 수치변동에 따라 지급액이 결정되는 증권을 말한다.

즉 주가연계증권은 발행사가 원리금 지급을 보증하는 상품으로서 발행사의 신용등급이 중요하기에 국내 금융기관 중 장외 파생상품 업무인가를 받은 증권사만이 발행할 수 있다.

주가지수연동 금융투자상품은 기존의 금융투자상품에 주식 관련 파생상품을 혼합한 형태의 복합상품으로 주가지수의 성과에 따라 수익률이 달라진다.

금융기관별로는 은행의 주가지수연동예금(Equity-linked Deposits ; ELD), 증권사의 주가지수연동증권(Equity-linked Securities ; ELS), 자산운용사의 주가지수연동증펀드(Equity-linked Fund ; ELF) 등이 판매되고 있다.

주가지수연동 금융투자상품은 원금보장 여부에 따라 원금 보장형은 ELB(Equity-linked Bond), 원금 비보장형은 ELS(Equity-linked Securities)로 나뉘어진다.

ELS는 기초자산인 특정 주권의 가격이나 종합주가지수의 성과에 따라 증권의 수익률(이자금액)이 달라지는데, 우선 판매사는 원금의 일정부분(프리미엄)으로 주가지수에 대한 옵션을 매입한다. 프리미엄을 제외한 원금은 주로 국공채 등 안전자산에 투자되어 만기에 투자자의 투자원금 상환에 충당된다.

수익실현방식에 따라 녹 아웃형(knock-out), 불 스프레드형(bull spread), 디지털형(digital), 리버스 컨버터블형(reverse convertible), 월지급식 등 다양하게 분류된다.

한편 파생결합증권(Derivatives Linked Securities ; DLS)이란 기초자산의 가격, 이자율, 통화(환율), 실물자산(금, 원유 등), 신용위험(기업 신용등급의 변동, 파산 등) 등의 변동과 연계하여, 미리 정해진 방법에 따라 이익이 결정되는 증권을 말한다.

투신 수익증권과의 차이점은 무엇인가?

- 수익증권은 만기까지의 운용실적에 따라 수익이 변동되지만,
- 주가연계증권은 가입시에 만기의 수익구조가 결정됨.
- 수익증권과 달리 운용수수료, 판매수수료 등 제반비용이 없음.

2.6 주식워런트증권(Equity Linked Warrant ; ELW)

주식워런트증권이란 당사자 일방의 의사표시에 의하여 특정 주권의 가격 또는 주가지수의 변동과 연계하여, 미리 약정된 방법에 따라 주권의 매매 또는 금전을 수수하는 권리가 부여된 증서를 말한다.

예를 들어 삼성전자 주식을 기초자산으로 하여 특정시점(예 : 만기 3개월) 후에 사전에 정한 가격(행사가격, 예 : 100만원)보다 높은지 낮은지에 따라 그 수익이 결정되는 상품이다. 우리나라는 2005년 12월 주식워런트시장이 개설되었다.

1) 콜 워런트

기초자산을 권리행사가격으로 발행자로부터 인수하거나 그 차액(만기결제가격－권리행사가격)을 수령할 수 있는 권리가 부여된 워런트로서, 기초자산의 가격상승에 따라 이익이 발생한다.

2) 풋 워런트

기초자산을 권리행사가격으로 발행자에게 인도하거나 그 차액을 수령할 수 있는 권리가 부여된 워런트로서, 기초자산의 가격하락에 따라 이익이 발생한다.

3) Basket 워런트

다양한 주식들의 'Basket' 내지 'Portfolio'를 대상으로 하여 발행되는 워런트로서, 특정 산업에 속하는 기업들의 주식을 대상으로 발행되는 워런트이다.

4) 지수 워런트

주가지수를 대상으로 하여 발행하는 워런트로서, 시장전체에 대한 헤지 내지는 특정 포지션을 취하려는 투자자들의 요구에 의해 주로 발행된다.

5) Exotic 워런트

기초자산의 변동성 축소, 손익구조 변경을 통해 프리미엄을 낮추는 등 다양한 옵션기법을 활용한 워런트를 총칭한다.

6) Installment 워런트

할부형태의 상품으로 호주에서 큰 인기를 얻고 있는 상품이다.

워런트 만기까지 기초자산 가격을 일정하게 구매할 수 있는 권리를 가지고 있으며, 만기 이전에 지급되는 배당금을 수취할 수 있는 상품이다. 일종의 Loan으로 주식을 취득하는 개념으로서, 투자형 상품으로 분류되고 있다.

소득공제장기펀드

사회초년생과 서민중산층의 재산형성 및 장기투자를 지원하고, 주식시장의 건전한 발전을 촉진하기 위해, 2014년 3월부터 도입된 소득공제 혜택이 가능한 상품.

- 가입시한 : 2015년 12월 31일
- 가입대상 : 직전과세연도 총 급여액이 5,000만원 이하인 근로자

제**3**절 ◖━◗ 종합금융회사의 금융상품*

종합금융회사는 고금리 단기금융상품을 취급하는 대표적인 금융기관이다. IMF 이후 부실기관의 퇴출이 잇따르면서 수신고가 급감하고 있으나, 우량 종합금융회사를 중심으로 다시 관심의 대상이 되고 있다.

종금사의 대표적인 투자상품은 공사채형 투자신탁, 어음관리계좌(CMA), 발행어음, 양도성예금증서(CD), 기업어음(CP) 등을 들 수 있다

3.1 공사채형 수익증권

공사채형 수익증권은 종금사가 고객으로부터 저축금을 예탁받아 국공채, 우량회사채, 금융채, 기업어음, 양도성예금증서 등에 투자하고, 그 수익을 고객에게 돌려주는 저축수단이다.

일반 저축상품보다는 수익률이 높은 편이고, 저축기간 및 세금혜택, 저축목적 등에 따라 다양한 종류의 상품으로 구분되고 있다. 또 지급방식에 따라 자유롭게 입출금이 가능한 임의식, 매월 일정액을 불입하여 목돈으로 찾을 수 있는 적립식, 목돈 예치후 매달 이자를 받을 수 있는 거치식 등으로 분류할 수 있다.

3.2 어음관리계좌(CMA)

고객이 맡긴 예탁금을 기업어음, 양도성예금증서, 국공채 등에 투자하여 그 수익금을 돌려주는 실적배당형 금융상품이다. 종금사에서만 취급하고 투자상품인 수익증권과는 달리 최저예치한도가 있는 경우가 대부분이다. 통장식으로 거래되고 입출금이 자유로우며, 종금사가 책임지고 운용함으로써 안전성이 높다.

어음관리계좌의 특징은 예탁금이 매일매일 머니마켓에 투자되어 실세금

---

* 한국능률협회(2001), pp.88~90 참조.

리의 반영도가 높다는 점이다. 또 180일이 경과하면 이자가 자동적으로 재투자됨으로써 6개월 복리처럼 운영된다.

그리고 인출시에 이자를 지급하며, 언제든지 해약이 가능하고 해약에 따른 불이익은 전혀 없다. 특히 일부 종금사를 제외한 대부분의 종금사가 시중은행을 통한 이체서비스를 제공하고 있어 편리하다.

3.3 발행어음

고객의 요청에 따라 고객을 수취인으로 하고 종금사를 지급인으로 하여, 종금사가 고객에게 발행하는 약속어음을 의미한다. 종금사의 대표적 단기금융상품중의 하나로 종금사에 3개월 내외의 정기예금을 하는 것과 동일하다.

일반적으로 거래 및 보관의 편의를 위해 어음실물이 아닌 통장식으로 거래하며, 이자는 만기에 원금과 함께 받을 수도 있고, 할인식으로 하여 이자를 먼저 받고 원금은 만기에 받을 수도 있다.

3.4 양도성예금증서

통상 CD라고 불리는 양도성예금증서는 무기명정기예금 형식으로 할인발행되어, 이를 소지한 사람이 자유롭게 양도할 수 있는 단기금융상품이다. 은행에 예치한 정기예금에 대한 권리를 증서형태로 발행 받음으로써, 그 권리가 유통 매매되는데, 증권사와 마찬가지로 종금사에서는 은행에서 발행한 CD를 고객에게 중개·매출하며, 실물 또는 통장으로 거래할 수 있다.

3.5 기업어음

지난 1981년 기업의 단기자금 조달을 원활하게 하기 위하여 도입된 기업어음(CP)은 종금사의 대표적인 수신상품으로 자리잡아 왔다. CP의 금리는 기업과 투자자 사이의 자금수급 관계에 따라 자율 결정한다는 특징을 갖고 있다.

　한편 무보증 CP는 기업체의 자기신용으로 발행되기 때문에 발행기업이 부도를 내면 원금을 떼이는 것이 원칙이다. 종금사는 이러한 CP를 고객에게 중개·매출한다. 즉 전문신용평가회사가 선정한 최우량기업의 발행어음을 종금사가 매입해 고객에게 분할 매출하는 형식을 띤다.

　3개월에서 6개월 정도의 단기자금 운용에 적합한 고수익 상품이지만, 위험이 있으므로 거래시에는 CP 발행업체의 신용과 재무구조를 잘 살펴야 한다. 특히 CP는 예금자보호대상에서 제외되어 있기 때문에 최근들어 고객들로부터 외면당하는 상품이 되고 있다.

제**4**절 ● 투자신탁 관련 금융상품*

투자신탁 관련 금융상품은 주식과 채권의 간접투자의 묘미를 맛볼 수 있
는 금융상품을 취급하는 기관이다. 일반적으로 은행권보다 금리가 높기 때
문에 금융상품 선택 유인중 수익성을 추구하는 고객들에게 인기가 높다. 투
자신탁회사의 대표적 상품으로는 공사채와 주식에 투자하는 수익증권이 있다.

4.1 투자신탁 상품의 구분

대표적인 투자신탁 관련 상품은 수익증권이다. 수익증권의 종류에는 신탁
재산 운용대상에 따라 주식형과 채권형 및 혼합형과 MMF형이 있다.

먼저 주식형 투자신탁은 신탁약관상 주식에 투자·운용하는 투자신탁이
므로 주식편입비율(최저 60%이상)이 정해져 있으며, 나머지는 채권과 현금
성 자산으로 운용하는 신탁상품이다.

이에 반해 채권형 투자신탁은 신탁약관상 주식투자가 허용되지 않는 투
자신탁이므로, 국채, 지방채, 특수채, 회사채 등의 채권(채권편입비율 60%이
상)과 현금성 자산으로 운용한다.

그리고 혼합형은 주식혼합투자신탁(주식편입비율 50% 이상)과 채권혼합
투자신탁(주식편입비율 50% 미만)으로 구분되며, MMF형은 CD, CP, RP, 콜
론 등 단기금융상품이 주요 투자대상이며, 투자대상 유가증권에 대한 편입
비율의 제약이 없다.

한편 추가설정 여부에 따라, 추가형 투자신탁과 단위형 투자신탁으로 구
분하기도 한다. 추가형 투자신탁은 최초 펀드로 설정한 후에 투자자 수요에
따라 신탁원본을 증액하여 수익증권을 추가로 발행할 수 있는 형태로, 추가
신탁금이 신탁재산에 합해져 운용된다.

그리고 수익증권 소유기간(저축기간)에 관계없이 언제든지 입금(수익증권
매입)과 출금(환매)이 가능한 반면, 출금시에는 해당약관이 정한 기간에 따라

---

* 한국능률협회(2001), pp.90~96 참조.

환매수수료가 없는 상품(MMF)도 있고, 수수료가 있는 상품(클린MMF)도 있다.

단위형 투자신탁은 펀드를 설정할 때 신탁원본을 증액하여 수익증권을 추가로 발행할 수 없는 형태(추가형의 반대)로, 신탁기간 중에 환매된 수익증권 범위내에서 재매각할 수 있다. 신탁기간중 안정된 운용을 할 수 있으며, 특히 공사채형의 경우 만기 목표수익률을 금리변동과 관계없이 달성할 수 있는 장점이 있다.

〈 증권투자신탁과 금전신탁의 비교 〉

구 분	증권투자신탁	금전신탁
적용법	증권투자 신탁업법	신탁법, 신탁업법
재산관계	신탁재산(펀드별관리)	신탁재산(신탁별, 고객별 관리)
운용대상	주로 유가증권, 현금자산	유가증권, 대출, 부동산, 동산 등 제한 없음
운용주체	위탁자 지시로 수탁자 실행	수탁자가 직접 운용
운용방식	펀드별 합동운용방식	합동운용, 단독운용
신탁형태	금전의 수탁만이 가능한 금전신탁	금전신탁, 금전이외의 유가증권 및 부동산 재산 신탁
원본 및 이익 교부	운용대상을 현금화하여 지급	현금으로 지급하거나 운용현상대로 지급
고객운용참여	간접적인 참여 가능	운용방법 구체적 지정
이익분배	실적배당	실적배당형
수익률 결정방식	자산가치에 의한 기준가격으로 기간을 고려한 산출	매일의 운용수익률을 운용금액으로 가중 평균한 운용수익률(운용자산의 기간, 금리, 금액을 감안하여 산출한 수익률 가중평균) 산출
상품종류	주식형(임의식, 거치식, 적립식)	금전신탁(가계, 기업, 적립식목적, 노후연금, 개인연금, 특정금전신탁), 금전신탁이외의 재산신탁(동산, 유가증권, 부동산, 금전채권, 지상권, 전세권, 신탁 등)
환매 해지수수료	표준약관에 의한 일정율	약정금리체계와 중도해지수수료율 체계
대출 여부	대출제도 없음	수익권 담보대출
신탁보수	표준약관에 의함	상한기준 설정에 의한 자율결정

또 환매가능 여부에 따라, 개방형 투자신탁과 환매가 제한되는 폐쇄형 투자신탁으로 구분할 수 있다. 우선 개방형 투자신탁은 신탁기간(저축기간) 중에 수익증권의 환매를 청구할 수 있는 투자신탁으로서 대부분의 투자신탁상품이 여기에 속한다.

이에 반해 폐쇄형 투자신탁은 신탁기간 중에 수익증권의 출금을 청구할 수 없는 투자신탁으로서, 신탁기간중 환매여부에 관계없이 운용할 수 있으므로, 높은 수익을 기대할 수 있는 장점이 있다.

한편 투자신탁상품도 세금감면 여부에 따라 세금우대 공사채(주식), 노후생활연금 공사채(주식), 근로자장기저축 공사채(주식), 근로자우대 공사채(주식), 개인연금 공사채(주식) 등으로 구분된다.

4.2 투신상품 재테크 요령

수익증권은 중도해약때 환매수수료를 물어야 하기 때문에 금리전망과 여유기간을 고려해 투자하는 것이 바람직하다. 수익률이 높다고 장기상품에 가입했다가 갑자기 돈이 필요하여 중도해지 하게 되면 중도해약 수수료 때문에 단기상품보다 오히려 이자를 적게 받아 손해를 보게 된다. 또 투신사와 증권사의 안전성 여부도 따져보아야 한다. 그래야 뜻밖의 낭패를 방지할 수가 있다.

장기형 상품은 저축기간 1년 또는 1년 6개월 이상일 때 적합하고 중기형 상품은 6개월 정도의 투자에 좋은 상품이다. 그리고 단기형 상품은 3개월 이상의 여유자금을 맡겨둘 수 있는 상품인데 요즘에는 투신사별로 1∼3개월 투자에 적합한 상품도 개발되어 있다.

초단기 투신상품인 MMF(머니마켓펀드)는 환매수수료가 없고 실세금리변동에 따라 수익을 올릴 수 있어 언제 필요할지 모를 돈을 단기간 맡겨둘 수 있는 최선의 상품이다. 그리고 신종신탁형 상품은 단기 여유돈으로 큰 수익을 올릴 수 있는 투신상품이다.

금리전망이 불투명하거나 반등 가능성이 높으면, 일단 단기공사채형 상품이나 MMF에 돈을 넣어두었다가 고금리 추세로 전환될 때 장기상품으로 바꾸는 것이 바람직하다.

금리가 장기적으로 하락하거나 안정될 경우에는 단위형 장기상품에 가입하는 것이 가장 높은 수익을 올릴 수 있다. 추가형 상품은 펀드설정 후에도 추가 가입이 가능해 펀드규모를 늘려가지만, 단위형 상품은 설정한도를 정해두고 신탁기간 만료 때까지 계획적으로 투자·운용한다.

투신사 창구에서는 추가형과 단위형 상품에 거의 동일한 예상 수익률을 제시하고 있지만, 추가형보다 단위형이 금리변동에 따른 영향이 적다. 따라서 같은 장기형 상품이더라도 금리 하락기에는 단위형 상품의 수익률이 더 높아진다.

단위형 상품은 중도해약이 어려워 환금성이 크게 떨어지는 것이 단점이었지만, 최근 개발된 상품의 경우 중도인출도 가능하다. 장기공사채형 상품의 예상수익률이 회사채 수익률보다 높은 것은 투신사들이 미리 사놓은 고율 채권이 편입되기 때문이다.

한편 투신사 상품 중에는 원금보존형 상품, 스팟(Spot)형 및 전환형 펀드 상품이 있다. 원금보존형 상품이란 일정기간 자금을 예치할 경우, 최소한 원금은 돌려 받을 수 있도록 운용되는 펀드를 말한다. 물론 완전한 의미의 원금보장은 아니고, 단지 '원금보존'의 개념이다. 원래 주식형 투신상품은 실적배당을 원칙으로 하는 만큼 주식투자에 따른 손실은 모두 고객에게 귀속된다.

스팟(Spot)형 펀드는 최초 펀드설정(모집)시 목표수익률을 정해 놓고, 이수익률을 달성할 경우 중도환매 수수료 없이 조기 상환하는 수익증권이다. 목표수익률은 상품마다 다양하며, 폐쇄형 상품이기 때문에 만기가 되면 수익에 상관없이 무조건 상환된다. 또한 대부분의 스팟(Spot)형 펀드는 목표수익률이 달성되지 않으면 만기 전에는 환매가 되지 않는다.

전환형 펀드는 주식형의 고수익과 공사채형의 안전성을 동시에 만족시키는 상품이다. 이 상품은 보수적인 투자자가 주식을 통해 수익을 얻고자 할 때 유리하다. 전환되는 조건은 목표수익률이 달성되면 수익자의 의사와 상관없이 전환되는 펀드도 있고, 일정조건의 수익이 달성되면 고객의 신청에 의하여 전환되는 펀드도 있다. 주식형과 공사채형의 전환 가능한 횟수가 두

번 이상인 펀드도 있는데, 이를 카멜레온형 펀드라고 한다.

4.3 수익증권 투자 10계명

수익증권은 실적배당 상품으로 그 운용결과에 따라 수익률이 결정되므로, 대체로 은행예금보다 금리가 더 높은 투자상품이지만, 그만큼 위험도 적지 않다. 따라서 수익증권에 투자할 때에는 다음과 같은 점을 주의해야 한다.

① 수익증권은 확정금리가 아니라, 실적배당상품이라는 점을 명심하라.

② 사전에 금리와 주가흐름을 어느 정도 예측해야 한다.

③ 투자기간을 먼저 결정하고, 상품을 선택하라.

④ 약관과 투자신탁 설명서를 받는 것이 필요하다.

⑤ 운용내용을 수시로 점검하는 것이 중요하다.

⑥ 수익률 공시제도를 활용해야 한다.

⑦ 더 높은 수익률을 기록하는 상품이 있는지 확인하라.

⑧ 판매 담당자의 이름과 전화번호를 확인해 두어야 한다.

⑨ 신상품은 1호에 관심을 가질 필요가 있다.

⑩ 중도해약이 되지 않는 상품도 있음을 명심하라.

> ## 제**5**절 ●━● 보험회사의 금융상품*

보험회사는 일상생활에서 리스크가 증대되면서 새롭게 주목받고 있는 금융기관이다. 일반적으로 금융시장에서는 은행, 증권회사와 더불어 보험회사가 3대 축을 형성하고 있다. 지금까지 보험회사 상품은 위험시 대비용으로 활용되어 왔으나 이제는 재테크 상품을 파는 금융기관으로 등장하고 있다.

5.1 보험상품의 필요성

예기치 못한 사고를 당하거나 질병에 걸리면 공든 탑이 하루아침에 무너져 버린다. 우리나라의 40대 사망률이 세계적인 기록치를 보이고 있는 마당에, 자신과 가족을 보호하고 재산상의 예상치 못한 큰 손실에 대비하기 위해서라도 보장성 기능을 갖춘 보험 하나쯤은 가입해 둘 필요가 있다.

보험상품은 대부분 보장기능과 저축기능을 함께 갖추고 있다. 어느 쪽에 비중을 두느냐에 따라 결과가 많이 달라지므로, 생활설계사의 상담내용을 바탕으로 본인이 직접 따져 보고 가입하는 것이 바람직하다.

아직까지도 보험 가입 후 해약사태가 빈번한 것은 인맥을 이용한 후진적인 가입권유에다, 보험가입자 스스로도 깊이 생각하지 않고 무턱대고 보험에 가입하였기 때문이다. 따라서 보험에 대한 기본적인 지식을 가지고, 본인에게 가장 유리한 상품을 고르는 것도 재테크의 지혜라고 할 수 있다.

보험은 종류에 따라 보장기능에 중점을 둔 상품의 경우 수익률이 낮고, 저축기능에 중점을 둔 경우 보험 원래의 기능이 낮으므로 무차별적인 단순비교는 곤란하다. 더욱이 저축기능이 강화된 것이라고 해도 다른 금융기관의 수익률이 높은 상품과 비교하는 것은 의미가 없다.

특히 보장기능을 주로 하는 생명보험의 경우, 은행의 일반적금과 비교하거나 해약시 원금도 찾지 못한다고 흥분해서는 안된다. 기본적으로 보험은 위험과 재난에 대비한 상부상조의 성격을 갖기 때문에, 재해(災害)를 당하

---

* 한국능률협회(2001), pp.96~104 참조.

면 혜택을 보게 되지만, 그렇지 않은 경우 다른 상품에 비해 수익률이 떨어지는 것은 당연하다.

5.2 보험상품의 기본형태

생명보험상품의 기본형태는 사람의 사망을 대상으로 하는 사망보험과, 인간의 생존을 대상으로 하는 생존보험으로 크게 구분된다. 생명보험회사에서 판매하는 보험상품의 종류가 무수히 많은 것 같지만, 사실은 이 두가지 기본 요소를 변형시켜 각기 소비자의 욕구에 부응하고 있다. 두 종류의 보험을 가장 크게 변형시킨 상품으로는 양로보험을 들 수 있다.

사망보험은 재해 시에는 보험의 효력을 느낄 수 있으나, 재해가 발생하지 않을 때에는 만기보험금이 없거나 적은 관계로 매력이 적고, 아울러 현대사회는 의술의 발달 등으로 개인생명에 대한 재해율이 점차 감소하고 있는 추세여서, 보험가입자는 그 효용가치를 크게 느끼지 못하고 있다.

반면에 생존보험은 보험가입자가 살아 있으면 보험가입의 효용가치를 느끼지만, 사망시에는 보험가입의 목적이 상실되는 것이다. 이러한 사망보험과 생존보험의 장단점을 보완하여 발전한 것이 양로보험이며, 이를 생사혼합형 보험이라고도 한다.

따라서 개인보험을 기준으로 할 때 생명보험의 기본형태는 사망보험, 생존보험, 양로보험이 있으며, 직장이나 단체를 대상으로 하는 단체보험이 있다. 다시 사망보험은 정기보험과 종신보험이 있으며, 생존보험에는 연금보험과 교육보험이 있다.

1) 사망보험

(1) 정기보험

정기보험은 계약기간 중에 사망했을 경우는 보험계약 금액을 지급받지만, 계약기간 최종일까지 생존해 있을 경우에는 보험금이 지급되지 않을 뿐만 아니라, 납입된 보험료도 반환되지 않고 계약은 소멸된다.

그것은 정기보험의 보험료가 사망자에 대한 보험금 지급을 목적으로 하고 있고, 또 그것에 충당되는 '순수한 사망지급을 위한' 비용만을 기초로 산정되어 있기 때문이다.

따라서 정기보험은 보험료가 저렴하며, 보험금은 고액인 것이 특징이다. 즉 정기보험의 특징은 저렴한 보험료로 높은 보험금을 일정기간 동안에 보장받는 데 있다.

(2) 종신보험

종신보험은 피보험자의 일생을 담보하고, 피보험자가 사망하였을 때에는 언제든지 보험금을 지급하는 사망보험이다. 정기보험과 같이 일정한 기간을 정하지 않고, 피보험자가 어느 때 사망하더라도 보험금은 지급된다.

따라서 종신보험은 유족보장을 유일한 목적으로 하여 이용되고 있으며, 보험료를 피보험자 사망시까지 계속 납입하는 보통 종신보험, 보험료 납입을 일정 연수로 한정하는 유한납입형 종신보험, 보험료를 1회에 한정하여 납입하는 일시납 종신보험 등 보험료와 납입기간에 따라 3가지로 구분된다.

정기보험은 계약기간이 종료하면 만기보험금이나 해약 환급금이 없으나, 종신보험은 피보험자가 보험료 납입을 중단하기로 한 경우, 환급금이나 만기보험금을 지급받게 된다.

2) 생존보험

생존보험의 기본원리는 피보험자가 보험기간 만료일까지 생존하였을 때에만 보험금이 지급되는 보험이다. 국내에서 판매되는 생존보험에는 연금보험과 교육보험이 있다.

(1) 연금보험

연금은 일정기간 또는 지정된 피보험자의 생존기간 동안 이루어지는 주기적인 지급이라고 정의된다. 연금보험의 목적은 소득능력이 상실된 다음에도 생존하게 되는 경우를 대비하여 경제적 보장을 받기 위해 가입하는 것인데, 이는 피보험자가 조기 사망할 경우의 소득능력 상실에 대비하여 유족보장을 목적으로 가입하는 생명보험, 특히 사망보험과는 구별된다.

사망보험은 여러 사람이 분담금을 갹출하여, 매년 그들 중 사망한 사람의 유족에게 가장의 소득상실에 따른 경제적 보장을 해주는 공동부담제도임에 반해, 연금은 조기에 사망함으로써 더 이상 소득보장의 필요가 없는 사람이 분담금을 내어, 보다 오래 사는 사람들에게 그들의 분담금보다 더 많은 소득을 제공할 수 있도록 하는 공동부담제도인 점에 차이가 있다.

오늘날 연금보험은 생명보험회사의 대외공신력이 커지면서, 가입자의 재산에 대한 투자관리를 잘 해줄 것이라는 기대감과 함께, 확실하고 상당한 연소득을 보장한다는 점과, 소득이 상실될 경우 자녀에 대한 경제적 부담을 덜어줌으로써, 사망하지 않은 남편이나 부인에게는 재산상속과 같은 역할도 하는 것으로 이해되고 있다. 또한 연금 수령권자에게는 노후에 대한 불안과 공포에서 해방되게 함으로써, 결과적으로는 생명이 연장되는 효과도 가져오는 것으로 이해되고 있다.

(2) 교육보험

교육보험은 자녀의 교육자금으로 사용할 목적으로 개발된 저축성 생존보험이라 할 수 있다. 교육보험은 자녀가 사망하면, 보통 납입된 보험료를 반환해 주는 생존보험의 일종으로서, 우리나라에서는 높은 교육열 때문에 그 이용도가 아주 높은 보험종목이다.

최근에는 보험가입자를 피보험자로 하여 피보험자가 사망했을 때, 그 유족인 자녀들의 교육비 및 생활비까지 보장해 주는 보험도 개발되어 소비자들에게 많은 인기를 얻고 있다.

3) 양로보험(생사혼합형 보험)

앞에서 이미 기술한 바와 같이, 사망보험은 계약 만기시 보험금을 환급치 않는 단점이 있고, 생존보험은 사망시에 보험금을 환급치 않는 단점을 안고 있다. 따라서 이들 두 상품은 보험계약자들의 이해부족 등으로 매력을 잃게 되었는데, 이러한 단점을 보완하여 개발된 상품이 바로 생사혼합형 보험이라고 할 수 있는 양로보험이다. 즉 사망보장과 저축의 이익을 동시에 받고자 하는 사람에게는 꼭 필요한 상품이다.

양로보험은 저축수단으로, 또 노후 대비책으로, 그리고 특정목적을 위한 자금적립의 수단으로 많이 이용되며, 국내에서 가장 대표적으로 판매되는 상품으로서, 계약건수 면이나 금액 면에서 가장 큰 비중을 차지하고 있다. 따라서 국내 생보사들은 양로보험 상품을 주력상품으로 판매하면서, 동시에 서비스 측면에서도 많은 질적 개선을 보이고 있다.

특히 사망률이 저하됨에 따라 새로운 생명표를 사용하여 보험료를 인하시키거나, 배당금을 지급하여 실질보험료를 인하시키는 효과를 갖게 하는 한편, 해약 환급금의 범위내에서 계약자 대부를 해주는 등 다양한 서비스를 제공하고 있다.

4) 단체보험

단체보험은 특정의 공통된 성격을 가진 인적집단을 일괄하여 단일보험계약으로 담보하는 사보험을 의미한다. 원칙적으로 단체보험은 무진단으로 일괄하여 계약시키는 생명보험이다. 이는 일반적으로 종업원의 복리후생, 퇴직금 준비를 위하여 사업주가 계약하는 것으로서, 사업보험의 중요한 발전형태이다.

5.3 보험상품의 비교우위 요인

보험은 기본적으로 언제 본인에게 닥칠지 모르는 위험(risk)에 대비하기 위해 가입하는 상품이다. 불확실한 위험이 내재되어 있는 인생은 이자율과 수익성만 따지는 재테크만으로 해결되지 않는 측면을 가지고 있다. 풍요로운 노후를 기대하는 사람은 보험테크를 잘해야 한다.

보험테크의 성공은 얼마나 효율적인 생활안정대책을 세우느냐에 달려있다. 보험이 여타 금융기관의 상품에 대해 경쟁력을 가질 수 있는 비교우위 요인은 대략 다음과 같이 정리될 수 있다.

① 보험은 예금자보호법에 의해 보호받고 있으며, 필요시 언제든 해약 환급금 범위내에서 대출할 수 있는 약관대출제도가 있다. 만기에는 목돈 마련에도 도움이 된다.

② 타 금융기관과는 달리 자동이체로 보험료를 납입할 때에는 할인혜택이 부여되고, 건강진단서비스를 실시하는 등 많은 부가서비스가 있다.

③ 타 금융기관과는 달리 계약 하나로 부부가 동시에 보장 및 연금 수혜를 받을 수 있는 부부형 상품도 있다.

④ 연금가입시에 타금융기관 가입자는 일정기간이 지나면 연금지급이 종료되는 확정형에만 가입이 가능하나, 보험은 종신형 가입이 가능하다 (평균수명의 증가로 연금은 종신형이 유리하다).

⑤ 보험의 개인연금은 타 금융기관과는 달리 최저 확정금리가 보장되므로, 저금리시대에 상당한 이득을 보게 되는 상품이다.

⑥ 개인연금에 가입한 근로소득자 및 자영업자는 연말정산때 개인연금 소득공제 혜택으로 1개월분의 보험료만큼 절세효과를 볼 수 있다.

⑦ 3급 이상의 장해발생시 장해급여금이 지급되며, 차회 이후의 보험료가 납입 면제되고 연금혜택은 그대로 받게 된다.

⑧ 10년 이상 가입하면 보험차익에 대한 이자소득세가 면제되며, 10년 이상의 저축형 보험은 모두 비과세 상품이다.

⑨ 자녀에게 재산 증여시 증여세 면세점과 보험료 증여, 보험금 증여를 활용하면 효율적인 절세가 가능하다.

⑩ 보장성 보험에 가입한 근로소득자는 연말정산시 보장성 보험료 소득공제 혜택으로 2개월분 보험료만큼의 절세효과를 볼 수 있다.

⑪ 보험금의 효용은 매우 다양하여 유족의 생활자금 뿐만 아니라 상속재원이 될 수도 있으며, 특히 부동산 과다 소유자는 예상 상속세만큼 생명보험에 가입하면 보험금으로 상속세를 처리할 수 있다.

제6절 ●━ 신용협동기구의 금융상품*

재테크를 잘하기 위해서는 이자소득에 대하여 저율 과세되는 상품의 선택이 필요하며, 예금보호 여부도 중요하다. 신용협동기구는 비과세 혜택이 여타금융기관보다 뛰어나기 때문에 크게 유리하다. 따라서 신용협동기구의 금융상품에 대한 이해는 재테크전략 수립에 있어 필수적이다.

6.1 신용협동기구의 현황

현재 신용협동조합법에 의거해 설립된 금융기관은 농·수·축·임협 회원 조합, 인삼업협동조합, 신협, 새마을금고 등이다. 이들 금융기관은 판매하는 상품종류와 비과세 혜택, 예금보호내용 등이 서로 유사해 일반적으로 신용협동기구로 통칭되고 있다.

신용협동기구의 각종 예금상품에 가입하려면, 우선 해당 금융기관에 조합원으로 가입하는 것이 유리하다. 신협은 조합원으로 가입해야만 금융거래를 할 수 있으며, 농·수·축협 회원조합과 새마을금고는 비조합원도 거래는 할 수 있지만, 조합원에게는 예금과 대출시에 우대금리를 적용하는 등 혜택을 주고 있기 때문이다.

농·수·축협은 거래하는 조합이 중앙회소속 지점인지 회원조합인지 반드시 확인할 필요가 있다. 비과세 혜택과 예금보호내용이 중앙회와 회원조합간에 서로 다르기 때문이다. 통상 농·수·축협중앙회는 통장에 중앙회로 표기되어 있고, 회원조합은 농협, 수협, 축협만 적혀 있고, 통장이름도 중앙회는 예금, 회원조합은 예탁금으로 서로 다르다.

6.2 신용협동기구의 예금보호

예금자들이 신협 등 신용협동기구와 거래하기를 기피하는 가장 큰 이유

---

* 한국능률협회(2001), pp.101~110 참조.

가 바로 안전성 문제이다. 단위조합이 각각 1천개 이상이고, 이들 중에는 영세한 곳들도 많아 은행보다 퇴출될 가능성이 높다는 우려 때문이다. 특히 금융감독원 등 감독당국이 서민금융기관에 대한 본격적인 구조조정을 실시하고 있어 이런 불안감은 날로 가중되는 형국이다.

그러나 예금보호제도를 제대로 이해하면 신용협동기구와 거래하는 고객들도 불안해 할 필요가 없다. 신용협동조합 예탁금과 적금은 은행예금과 마찬가지로 예금자보호법에 의거 정부의 보호를 받아왔지만, 2004년 1월 1일부터는 신협에서 자체 조성한 안전기준으로 원금과 이자를 포함해 1인당 5천만원까지 보호해 준다.

새마을금고는 예금자보호제도가 신협과 마찬가지로 보장 주체가 정부가 아니라 민간이다. 즉 새마을금고연합회가 자체적으로 마련해 두고 있는 안전기금에서 보상해 준다.

이런 예금자보호제도를 알고 나면, 신협이나 새마을금고와의 거래를 안전하게 할 수 있는 방법을 찾을 수 있다. 즉 원금과 이자를 합친 금액이 1인당 5천만원 이하가 되도록 하면 안심할 수 있다. 만약 5천만원 이상을 예금하고 싶으면, 가족들 명의로 분산해 5천만원 이하씩 예금하면 된다. 특히 새마을금고나 신협 또는 농·수·축협 등 신용협동기구를 통틀어 1인 1통장, 2천만원까지는 세금감면 혜택도 있다.

6.3 신용협동조합

1) 신협상품의 특징

신협예금은 확정금리를 지급하면서도 안전성과 수익성 측면에서 서민 중산층의 재테크 수단으로 각광을 받고 있다. 특히 신협은 서민들을 위해 비영리로 운영되고 있는 금융기관이기 때문에, 정부에서 정책적으로 농특세 1.5%만 부과하고 있다(1인당 예금 2천만원 + 출자금 1천만원까지).

따라서 농특세 1.5%만 적용되는 신협상품과 일반 금융상품과의 실이자 차이는 매우 크다. 예컨대 일반 금융상품에 가입해 1백만원의 이자가 붙었다면 세금으로 16만5천원을 공제하지만, 신협상품은 1만5천원만 공제하므로 15만원을 더 받게된다.

신협의 모든 상품은 2003년 12월 31일 까지는 예금자보호법에 의해 정부가 예금을 보장해 주었다. 즉 2001년 1월1일 이후부터 예금보험사고가 발생할 경우, 원금과 소정의 이자를 합하여 최고 5천만원까지 지급을 보장받고 있다. 그러나 2004년부터는 예금보험공사의 보호대상에서 제외되었다.

2) 신협의 이용방법

신협을 이용하기 위해서는 출자 1좌(보통 1천원에서 1만원정도) 이상을 하고 조합원으로 가입하면 된다. 절차는 은행에서 처음 거래할 때 통장을 개설하듯이 출자금 통장을 개설하면 된다

3) 비영리보험 신협공제

공제는 협동조합에서 운영하는 비영리보험이다. 특히 신협공제는 서민들의 경제여건에 맞춰 운영하는 서민형 비영리보험이기 때문에, 공제료(납입 보험료)가 월등히 저렴하다. 그 이유는 신협공제는 민영보험사처럼 영업사원이 없어 인건비 등 영업비용이 들지 않는 데다, 공제상품 설계시 서민들의 경제여건에 맞춰 공제료 부담을 최소화하는데 초점을 맞추고 있기 때문이다. 또 신협공제는 이윤을 추구하는 것이 목적이 아니라, 서민들을 경제적으로 보호하는 것이 목적인 비영리 보험이기 때문이다.

6.4 새마을 금고

새마을 금고의 장점은 안정성 외에도 높은 수익성이 보장된다는데 있다. 은행권에 맡긴 예·적금에는 이자에 대하여 이자소득세와 주민세 등을 포함하여 총 15.4%의 세금이 붙지만, 새마을 금고의 세금우대상품은 3천만원까지 이자소득의 1.4%만이 농특세로 과세된다.

새마을금고의 수신상품은 금고별로 금리가 자율화되어 있으므로, 금고별

금리는 별도로 파악해야 된다. 대출면에서도 새마을금고는 신용위주의 소액 또는 서민가계자금 대출을 원칙으로 하며, 거래실적과 신용도에 따라 신용 대출은 최고 5천만원, 담보대출은 금고별로 최고한도를 설정해 두고 있다.

한편 새마을금고는 금융기관 최초로 1983년부터 예금자보호를 새마을금고법으로 명문화하여 새마을금고연합회에 안전기금을 설치 운영하고 있다. 이는 일선 새마을금고에서 회원의 예·적금을 환급할 수 없는 경우, 안전기금에서 우선하여 환급하도록 한 제도이다.

〈 새마을금고 수신상품 〉

상 품	특 징
자립예탁금	대월약정시 약정한도까지 자동대출
정기예탁금	일정기간 이상 예치시 높은 이자, 예탁금 범위내 대출가능
자유저축예탁금	가계자금 우대, 예치기간이 길수록 높은 이자
정기적금	최고 3천만원 신용대출
장학적금	미취학아동 및 초·중·고교생만 가능
자유적립적금	언제나 편리한 시기에 불특정 금액 납입 가능
듬뿍 자립적금	예치금액에 따라 단계별 차등금리
일일 자유적금	매일매일 적립으로 단기목돈마련이 가능한 저축
근로자우대저축	연간급여 3천만원 이하 근로자만 가입, 이자비과세

또한 1999년 2월8일 새마을금고법 시행령 개정안 공포로 새로운 예금자보호제도를 적용하고 있다. 1999년 2월7일까지 가입한 새마을금고 예금자의 경우 종전제도가 그대로 적용되어 원금과 이자 전액을 보호받는다. 그리고 1999년 2월8일부터 가입한 고객은, 원금의 경우 3천만원보다 적지만 이자를 더한 금액이 3천만원을 넘으면 원리금을 합쳐 3천만원까지만 보호받고, 원금과 이자를 합쳐 3천만원 이하일 때는 원금과 이자를 모두 돌려 받을 수

있다. 그리고 원금이 3천만원이 넘으면 이자를 보호받지 못하지만 원금은 전액 돌려 받을 수 있다. 그러나 지난 2001년부터는 원금과 이자를 합쳐 1인당 5천만원까지만 보호받고 있다.

제7절 ● 기타 금융기관의 상품*

소비자의 입장에서 재테크를 효율적으로 수행하기 위해서는 우체국과 상호신용금고 등 틈새시장에 대한 깊은 이해도 필요하다. 우체국 금융상품은 정부에서 직접 운영하기 때문에 안전성 측면에서 탁월하며, 신용금고의 경우에도 대부분 예금보호대상이기 때문에 만일의 경우 퇴출시에도 안전한 특징을 가지고 있다.

7.1 우체국

1) 우체국상품의 특징

우체국 예금의 최대 장점은 안전성이다. 정부가 직접 펼치는 국영사업이란 점에서 고객들에게 매력을 끌고 있다. 특히 금융기관의 구조조정이 진행되면서 안전성을 주목한 고객들의 예금이 몰리고 있으며, 최근 들어서는 다양한 예금목적에 맞춘 상품들을 골고루 선보이고 있다. 뿐만 아니라 온라인망으로 연결된 우체국이 전국에 2,800여개나 포진해 있어, 어떤 금융기관보다도 많은 지점을 갖추고 있다는 점도 고객들에게 편의 증진과 매력 요소가 되고 있다.

따라서 고객의 입장에서는 우체국이 안전성과 편의성, 다양성을 고루 갖춘 금융기관으로 인식되고 있다. 체신예금의 종류에는 목적에 따라 입출금이 자유로운 예금, 목돈 굴리기에 유리한 예금, 단기간에 고수익을 보장하는 예금, 목돈마련에 유리한 상품 등으로 구분될 수 있다.

2) 우체국의 예금상품

우선 입출금이 자유로운 예금으로는 보통예금, 저축예금, 자유저축예금을 이용할 수 있다. 보통예금이나 저축예금을 모계좌로 하여, 정기예금이나 적

---

* 한국능률협회(2001), pp.110~114 참조.

금을 이용할 수 있는 전자종합통장도 있다. 전자종합통장은 은행권의 종합통장과 마찬가지로 통장 하나로 보통예금, 저축예금, 정기예금, 정기적금 등 다양한 금융거래를 할 수 있는 다목적 통장이다. 급여이체는 물론 각종 세금과 공과금도 자동 이체할 수 있다.

여유자금을 운용하기 위한 상품으로는 정기예금이나 복리정기예금이 있다. 복리정기예금은 정기예금에 가입할 때 매월 이자를 지급받는 대신, 그대로 원금에 가산하여 복리로 이자를 불려 나가는 상품으로써, 월이자 지급식보다는 만기 때 더 많은 이자를 받을 수 있다. 이자율은 예치기간에 따라 달리 적용되고 있으며, 대체로 은행의 정기예금 금리와 비슷하다.

〈 우체국의 예금상품 〉

예금 종류	특 징
보통예금	입출금이 자유로운 요구불성 예금
저축예금	가계를 우대(실명 개인) 하기 위한 요구불성 예금
자유저축예금	예치기간별로 차등금리를 적용하는 요구불 예금
듬뿍 우대저축예금	입출금이 자유로운 요구불 예금으로서, 예치금액에 따라 금리를 차등 적용하는 고금리예금
정기예금	일정기간 약정기간을 정하여 그 기간내에는 지급청구를 하지 않고, 기간 만료시에 지급하는 조건으로 일정금액을 일시에 예입
정기적금	일정기간 일정액을 매월 일정일에 납입한 후 약정액을 지급하는조건의 적립식 예금
가계우대정기적금	가계의 목돈 마련을 위해 금리상 특별 우대하는 적금
근로자장기저축	모든 근로자를 대상으로 3년 이상 저축에 가입할 경우, 이자소득이 감면 과세되는 적립식 예금
근로자우대저축	연간 총급여액 3천만원 이하의 근로자를 대상으로 3년 이상 저축에 가입할 경우, 이자소득세가 면제되는 적립식 예금
학생장학적금	수시, 불특정 예입 후 일정기간 지급이 제한된 적립식 예금
환매조건부채권	정보통신부 보유채권을 매도한 후 일정한 수익을 가산하여 재매입하는 조건으로 취급하는 증권저축의 일종

단기고수익 상품을 원한다면 듬뿍 우대저축이 있으며, 은행권에서 취급하는 환매조건부 채권도 있다. 목돈마련형 상품으로는 가계우대정기적금, 근로자장기저축, 학생장학적금, 근로자우대저축 등이 있다.

3) 우체국의 보험상품

우체국 보험은 전국 우체국의 창구망을 통하여 농어촌 주민이나 서민계층의 복지향상을 위하여 정부가 정책적으로 시행하고 있는 비영리 공익사업이다. 따라서 보장성과 공신력이 높으며, 일반 보험회사에 비해 보험료도 저렴하다. 특히 가입할 때 건강상태를 조사하는 까다로운 절차를 거치지 않으므로 가입이 간편하다.

우체국에서 취급하는 보험상품에는, 자녀교육을 위한 상품으로 학자금보험, 장학보험 및 청소년 꿈보험 등이 있으며, 평균수명의 연장에 따라 풍요로운 노후생활을 대비한 연금보험으로는, 연금보험, 개인연금보험 및 백년연금보험 등이 있다.

그리고 다보장 보험, 건강보험, 암치료 보험 및 어린이 보험 등 불의의 사고나 질병으로부터 가정의 안정된 생활을 보장하는 보장성 상품이 있으며, 또 보장 및 저축을 겸한 생사혼합보험과 더불어, 단체가입을 통해 저렴한 보험료로 고액의 보장을 약속하는 직장인 전용의 보험상품도 취급하고 있다.

7.2 저축은행

저축은행은 지역밀착형 금융기관 중 신협과 더불어 예금보험공사의 보호를 받을 수 있어 안전성이 보장되는 금융기관이다. 대표적인 수신상품은 복리식 정기예금이며, 1인 1통장에 세금우대 혜택이 있고, 매월 이자를 원금에 가산하여 지급하므로 실질금리는 고시금리보다 높다.

저축은행의 단기예금 중에는 표지어음이 금리도 높아 인기를 모으고 있는 상품이다. 저축은행의 표지어음이란 저축은행을 통해 할인된 어음을 모아, 해당 저축은행 이름으로 새롭게 발행하는 상품이다. 당초에는 최저금액이 500만원 이상이었으나, 최근들어 금액제한이 없어져 발행금액이 소액화 되었으며, 이에 따라 일반서민들의 접근이 더욱 용이해졌다. 저축은행의 표지어음은 어음실물은 주지 않고, 그 내용을 기재한 통장만 지급한다.

<table>
<tr><td>제**8**절</td><td>파생금융상품*</td></tr>
</table>

8.1 파생금융상품의 기본개념

파생금융상품은 채권, 금리, 외환, 주식 등 기초자산으로부터 파생된 금융상품을 의미한다. 다시 말해 전통적인 금융상품 자체를 대상으로 한 상품이 아니라, 그러한 상품의 장래 가격변동을 예상하여 만들어 놓은 변형된 금융상품이다.

대표적인 파생금융상품으로는 선물(Futures), 옵션(Option), 스왑(Swap) 등을 들 수 있는데, 이들 파생상품을 대상으로 한 다양한 형태의 제2차 파생상품도 개발되고 있다.

또한 거래되는 장소에 따라 장내 및 장외 파생상품으로 구분할 수도 있는데, 장내 파생상품은 공적인 거래소 시장에서 거래되는 선물이나 옵션 등을 의미하며, 장외 파생상품은 장외시장에서 거래되는 것으로써, 개별 거래당사자간 별도의 계약에 의한 스왑, 옵션, 선도거래(Forwards) 등이 있다.

파생금융상품은 금리, 환율 등의 불안정에 따른 위험 증대와, 금융기관 예대마진의 축소에 따른 금융기관의 수익감소라는 금융환경에서, 위험회피와 수익증대를 목적으로 1980년대 후반이래 장내 및 장외상품 모두 비약적인 성장을 거듭하여 왔다.

특히 선물거래가 활성화됨으로써 현물시장의 유동성이 증대되었고, 스왑 등 장외상품 또한 위험회피 및 수익관리 수단이 됨으로써, 시장의 효율성 증대와 위험회피라는 본연의 기능을 다하고 있다.

또한 기존의 파생금융상품을 새롭게 혼합한 혁신적인 신상품이 계속적으로 개발되어 왔고, 앞으로도 그러하리라 예상되는데, 금융기관에서는 자체의 위험관리 수단으로서 뿐만 아니라, 고객의 다양한 금융수요에 부응한다는 차원에서 파생금융상품을 적극 개발하여 활용하고 있다.

우리나라의 파생상품시장은 사상 최고점을 찍었던 2011년에 세계 1위였던

---

* 한국능률협회(2001), pp.114~118 참조.

시장규모가 2013년에는 9위로 밀려났다. 가장 큰 원인은 규제강화 때문인데, 한국거래소는 이와 관련하여 파생시장 제도개선방안을 발표한 바 있다.

8.2 선물(Futures)

미래가격에 대한 예측을 바탕으로, 현시점에서 미래의 가격을 미리 결정하여 거래하는 것이 선물거래이다. 선물거래의 대상은 원유, 곡물 등의 상품 가격에서부터 현재는 금리, 통화, 주식, 채권으로 확대되고 있다.

선물거래에는 매입자와 매도자 쌍방이 교섭하여 결제일, 거래량을 결정하는 선도거래(Forwards)와, 불특정 다수의 참가자가 한 장소에 모여 일정한 규칙 하에 거래하는 선물거래(Futures)의 두 가지가 있다. 선도거래는 기간, 금액 등 거래방법을 자유롭게 정할 수 있는 주문자 생산형이다. 따라서 거래 당사자가 전화로 상대방과 계약하는 은행간의 외국환거래, 상품시장의 원유거래 등이 대표적인 사례이며, 이를 장외거래라고 부른다.

이에 반해 선물거래는 거래소가 결제기일을 월 단위로 지정하기도 하고, 거래의 수도(受渡) 및 결제가 매월 일정한 날에 행해지는 등 거래방법이 고정화되어 있다. 다수의 참가자들이 거래소에 모이고, 매매가 집중되기 때문에 거래가 원활하게 이루어지며, 이를 보통 거래소 거래라고 부른다.

〈 선물거래와 선도거래의 비교 〉

	선물거래(Futures)	선도거래(Forwards)
거래방법	공개 경쟁입찰 방식	거래 당사자가 직접 계약
경제적 기능	연속적인 헷징기능	불연속적인 헷징기능
시장 형태	조직화된 거래소	전세계에 걸친 은행간 전화망
시장 성격	완전 경쟁시장	불완전 경쟁시장
시장 참가자	시장 참가자 다수	한정된 수의 실수요자 중심
가격 형성	매일 형성	계약시 단 한번 형성
거래 조건	표준화되어 있음	고객의 요구에 따라 조정
이행 보증	청산회사가 보증	거래 당사자의 신용도에 좌우
인도 조건	2% 미만의 실물인도	99% 이상의 실물인도
증거금	초기증거금과 추가증거금 납부	원칙적으로 필요하지 않으나, 거래시 필요에 따라 징수
가격변동 제한	1일 최대 변동폭이 제한	제한 없음

8.3 옵션(Option)

옵션은 장래 일정시점 또는 일정기간 내에 특정자산을 정해진 가격에 팔거나 살 수 있는 권리를 의미한다. 옵션을 보유한 자(옵션 매입자)는 해당자산(기초자산)의 가격이 당초 약정된 가격(행사가격)에 비해 자기에게 유리하게 변동되면, 그 자산을 옵션을 발행한 자(옵션 매도자)가 사거나 팔도록 요구할 수 있다.

그리고 옵션을 발행한 자는 옵션 보유자가 권리를 행사할 때에는, 그에 따라 계약을 이행할 의무를 지는 대신, 일정한 대가 즉 옵션 프리미엄(option premium)을 받을 수 있다.

옵션은 권리의 내용에 따라 콜옵션(call option)과 풋옵션(put option)으로 구분된다. 여기서 콜옵션은 옵션 보유자가 기초자산을 살 수 있는 권리가 있는 옵션을 말하며, 풋옵션은 옵션 보유자가 기초자산을 팔 수 있는 권리가 있는 옵션을 의미한다.

한편 권리를 행사할 수 있는 시기에 따라 유럽식 옵션과 미국식 옵션이 있다. 유럽식 옵션은 옵션 보유자가 그 옵션의 만기일에만 권리를 행사할 수 있는 옵션을 말하며, 미국식 옵션은 옵션 보유자가 그 옵션의 만기일까지는 언제든지 권리를 행사할 수 있는 옵션을 의미한다.

8.4 스왑(Swap)

스왑(Swap)이란 말은 본래 교환이라는 뜻을 지니고 있으나, 국제금융거래에서의 스왑거래는 두 당사자가 통화 또는 이자율 등을 교환하는 거래를 의미한다.

스왑거래는 그 종류가 매우 다양하여 기준에 따라 여러가지 형태로 분류된다. 일반적으로 거래에 관련된 통화의 수에 따라 2개의 다른 통화가 관련된 통화스왑(Currency Swap)과, 거래에 관련된 통화가 하나 뿐인 이자율스왑(Interest Rate Swap)으로 구분된다.

1) 통화스왑

서로 다른 통화를 갖는 두 당사자가 환율 및 이자율변동에 따르는 자산과 부채의 가치변동 위험을 회피하기 위하여 연속적으로 현금흐름을 교환하는 거래를 의미한다. 대체로 거래 개시일 및 거래 만기에 원금을 교환하고, 스왑기간 동안 정해진 이자를 교환한다.

2) 이자율스왑

두 당사자가 가상 원금에 대한 이자지급 의무를 일정기간 동안 서로 바꾸어 부담하기로 하는 거래를 의미한다. 통화스왑과는 달리 원금교환은 없고, 이자만 스왑기간 동안 교환한다.

<table>
<tr><td>제**9**절</td><td>예금보험제도*</td></tr>
</table>

9.1 예금보험제도의 주요내용

예금보험제도란 예금보험에 가입한 금융기관이 예금의 지급정지, 영업인·허가의 취소, 해산 또는 파산 등으로 인하여 고객의 예금을 지급할 수 없게 되는 '예금보험사고'가 발생할 경우, 예금보험공사가 해당 금융기관을 대신하여 예금을 지급함으로써, 예금자를 보호하고 금융제도의 안정성을 유지하고자 하는 제도이다.

정부에서 공식적으로 보호하는 대상예금은 은행, 증권, 보험, 상호저축은행, 종합금융회사 등 5개 금융기관의 예금이 보호된다. 개인과 법인이 이들 금융기관에 맡긴 원금뿐만 아니라, 그 이자도 보호를 받을 수 있다. 확정금리 상품인 예·적금과 부금, 표지어음, 증권저축, CMA(어음관리계좌) 등은 안심해도 된다.

다만 달러 등으로 맡긴 외화예금과 채권성격이 강한 CD(양도성예금증서), 개발신탁과 은행발행 채권은 2000년 말까지만 한시적으로 보호를 받았으며, 증권사 예탁금 중에서 세금으로 낼 돈과 청약자 예수금, 주식을 빌리고 맡긴 돈 중 증권금융에 보관된 것도 마찬가지였다.

그러나 1998년말부터 고객들의 인기를 모으고 있는 회사형 투자신탁인 뮤추얼펀드는, 그 자체가 주식으로 간주될 뿐만 아니라, 이는 주주가 책임져야 하므로 보호대상이 아니다.

그리고 투자신탁(운용)회사가 운용하고 증권사 및 투신사에서 판매하고 있는 수익증권(계약형 투자신탁)도, 기본적으로 실적배당형 상품이므로 보호대상에서 제외된다. 이에 반해 우체국에서 취급하는 체신예금은 운영주체가 정부라는 점에서 정부의 보호를 받고 있다.

한편 예금보호 금액은 가입시기에 따라 그 보장금액이 달라진다. 1998년 7월31일 이전에 예금을 가입했다면 2000년말까지는 한도에 구애받지 않고

---

* 한국능률협회(2001), pp.118~122 참조.

저축해도 모두 보호받을 수 있었다.

　그러나 1998년 8월 1일 이후에 가입한 상품에 대해서는 상황이 크게 바뀌어, 2000년 말까지 2천만원 이상은 원금만 보호되었으며, 2천만원 이하는 원금과 이자가 모두 보장을 받았다. 하지만 2001년부터는 1인당 5천만원까지만 원리금을 보호받을 수 있게 되었다. 특히 한 금융기관에 여러 계좌를 갖고 있다고 하더라도 합해서 1인당 5천만원까지만 보호받을 수 있다.

9.2 금융기관별 보호대상 상품

구분	보호금융상품	비보호금융상품
은행	- 보통예금, 기업자유예금, 별단예금, 당좌예금 등 요구불예금 - 정기예금, 저축예금, 주택청약예금, 표지어음 등 저축성예금 - 정기적금, 주택청약부금, 상호부금 등 적립식예금 - 외화예금 - 원금이 보전되는 금전신탁 등 - 예금보호 대상 금융상품으로 운용되는 확정기여형 퇴직연금 및 개인퇴직계좌 적립금 등	- 양도성예금증서(CD), 환매조건부채권(RP) - 금융투자상품(수익증권, 뮤추얼펀드, MMF 등) - 특정금전신탁 등 실적배당형 신탁 - 은행발행채권, 농·수협 중앙회 공제상품 등
투자매매업자 투자중개업자	- 금융상품 중 증권 등의 매수에 사용되지 않고, 고객계좌에 현금으로 남아있는 금액 - 자기신용대주담보금, 신용거래계좌설정보증금, 신용공여담보금 등의 현금 잔액 - 원금이 보전되는 금전신탁 등 - 예금보호 대상 금융상품으로 운용되는 확정기여형 퇴직연금 및 개인퇴직계좌 적립금 등	- 금융투자상품(수익증권, 뮤추얼 펀드, MMF 등) - 청약자예수금, 제세금예수금, 선물 옵션거래예수금, 유통금융대주담보금 - 환매조건부채권(RP), 증권사 발생채권 - 종합자산관리계좌(CMA), 랩어카운트, 주가지수연계증권(ELS), 주식워런트증권(ELW) 등

보험	- 개인이 가입한 보험계약 - 예금보호 대상 금융상품으로 운용되는 확정기여형 퇴직연금 및 개인퇴직계좌 적립금 등 - 원금이 보전되는 금전신탁 등	- 보험계약자 및 보험료납부자가 법인인 보험계약 - 보증보험계약, 재보험계약 - 변액보험계약 주계약 등
종금	- 발행어음, 표지어음, 어음관리계좌(CMA)	- 금융투자상품(수익증권, 뮤추얼펀드, MMF 등), 환매조건부채권(RP), 양도성예금증서(CD), 기업어음(CP), 종금사발행채권 등
상호 저축은행	- 보통예금, 저축예금, 정기예금, 정기적금, 신용부금, 표지어음 등 - 상호저축은행 중앙회 발행 자기앞수표 등	- 저축은행 발행채권 등

주 : 1) 정부·지방자치단체(국·공립학교 포함), 한국은행, 금융감독원, 예금보험공사, 부보금융기관이 가입한 금융상품은 보호되지 않음.
   2) 보험상품은 보험계약자 및 보험료납부자가 법인이면 보호되지 않음(그러나 퇴직보험계약은 보호됨).
   3) 부보금융기관의 해외 지점이 조달한 금전으로서 해당 해외 지점이 소재한 국가의 예금보험제도 등에 의하여 보호되고 있다고 공사가 인정한 금전은 보호대상에서 제외됨.

9.3 보호한도

예금자보호제도는 다수의 소액예금자를 우선 보호하고 부실 금융기관을 선택한 예금자도 일정부분 책임을 분담한다는 차원에서 예금의 전액을 보호하지 않고 일정액만을 보호하고 있다.

우리나라에서도 예금자보호제도 도입시 1인당 2천만원(보험회사의 경우 1인당 5천만원)까지만 보호하여 왔다.

그러나 1997년말 IMF사태 이후 금융산업 구조조정에 따른 사회적 충격을 최소화하고 금융거래의 안정성 유지를 위하여 2000년 말까지 한시적으로 예금전액을 보장하였다.

2001년부터는 예금부분보호제도로 전환되어, 2001년 1월 1일 이후 부보금융기관이 보험사고가(영업 정지, 인가취소 등) 발생하여 파산할 경우, 원금과 소정의 이자를 합하여 1인당 5천만원까지만 보호받을 수 있다.

소정의 이자

약정이자와 공사 결정이자(예금보험공사가 시중은행 1년만기 정기예금의 평균금리를 감안하여 정한 이자)중 적은 금액

한편 예금보험공사로부터 보호받지 못한 나머지 예금은, 파산한 금융기관이 선순위채권을 변제하고 남는 재산이 있는 경우, 이를 다른 채권자들과 함께 채권액에 비례하여 분배받음으로써, 그 전부 또는 일부를 돌려받을 수 있다.

앞에서 설명한 보호금액 5천만원(외화예금 포함)은 예금의 종류별 또는 지점별 보호금액이 아니라, 동일한 금융기관내에서 예금자 1인이 보호받을 수 있는 총 금액이다. 이는 금융기관별 본·지점 거래를 모두 합하여 예금자 1인이 보호받을 수 있는 총금액이므로, 각 금융기관별 분할가입시 각각 보호받을 수 있다.

이때 예금자 1인이라 함은 개인 뿐만 아니라 법인도 대상이 되며, 예금의 지급이 정지되거나 파산한 금융기관의 예금자가 해당 금융기관에 대출이 있는 경우에는, 예금에서 대출금을 먼저 상환(상계)시키고 남은 예금을 기준으로 보호한다.

퇴직연금의 예금보호한도

확정기여형 퇴직연금에 가입하거나 개인퇴직계좌를 개설한 근로자(예금자)가 퇴직연금 적립금이 적립된 금융기관에 해당 근로자 명의의 다른 예금을 예치한 경우에는 퇴직연금 적립금과 다른 예금을 합산한 금액을 기준으로 1인당 5천만원까지 보호된다.

제**4**장

은행권 금융상품의 운용설계

은행권 금융상품의 운용설계

4

제1절 ◦━● 금융상품 운용의 개요*

1.1 재테크와 금융상품 운용

1) 재테크의 개념

경제사전적 의미의 '재(財)테크'는 Financial Technology로 기업의 재무활동기법의 고도화를 일컫는 말이다. 원래 이 용어는 일본의 대기업들이 경영여건의 변화로 생산·판매 등 일반적인 경영활동만으로 흑자유지가 어렵게되자, 기업성장의 새로운 돌파구를 마련하기 위하여 개발된 것으로 '기업의영업외 활동에 의한 수익창조'의 의미로 쓰였다.

이러한 재테크가 우리나라에 보편화되기 시작한 것은, 1980년대 후반으로그 무렵 주식과 부동산 투기가 활기를 띄면서 '재테크'로 받아들여져 당초용어 자체는 부정적인 의미로 시작되었다. 그 후 주식시장의 장기침체와 금융실명제 및 부동산실명제 실시 등 시대적인 변화를 겪으면서, 투기에 의한부의 축적은 거의 불가능하게 되었고, 정상적인 저축과 현명한 투자만으로자산을 늘리지 않으면 안되게 되었다.

---

* 한국금융연수원, FP(금융상품)1, 2003, pp.139~159 참조.

따라서 이제 '재테크'는 일상생활을 꾸려나가는 일반인들의 생활방편이자 수완으로 받아들여지면서 "보다 효율적인 투자(저축)의 선택"을 의미하는 말로 해석되고 있다. 아울러 노후에 대한 자립의식 중시와 삶의 질에 대한 욕구, 안전한 생애보장 등 국민의식의 변화 또한 재테크의 필요성을 가중시켜 그 의미를 넓혀 가고 있다.

(1) 기 업

기업에 있어서의 재테크는, 기업의 최대 목표인 이윤의 극대화와 가치의 극대화를 동시에 실현할 수 있도록 자금을 효과적으로 조달하여 여유자금을 효율적으로 운용하는 기술을 말한다.

(2) 개 인

가계 수입의 일부를 소비로 지출하는 동시에, 나머지 여유자금을 저축하면서 필요에 따라 차입금을 끌어들여 최대한의 재산증식을 꾀하는 방법이다.

■ 재테크의 요령

- 재테크를 잘한다는 것은 큰 흐름을 잘 보는 것이다.
- 나의 상황에 맞는 재테크 투자 대상을 찾는 것이 중요하다.
- 재테크는 빨리 시작하면 할 수록 유리하다.

■ 재테크의 계획수립 5단계

- 1단계 : 자신의 재정적 조건을 살펴보는 것이 중요하다.
- 2단계 : 재테크 목표를 잘 정해야 한다.
- 3단계 : 본인이 선택 가능한 재테크 실행방법을 파악해 본다.
- 4단계 : 자신의 선택 가능한 재테크 실행
- 5단계 : 재테크 계획과 실행방법은 계속적 보완

2) 재테크의 목적

(1) 수익성을 고려한 선택

① 수익성이란 일정금액을 투자함으로써 얻은 이득에서 매매 및 보관에 따른 비용을 차감한 후 최종적으로 거두어들인 부(富)의 증가분을 의미하며, 금리 이외에도 다음 사항을 고려해야 한다.
- 예치기간 : 자금사용시기에 따른 선택
- 이자계산방법 : 단리와 복리
- 금융상품의 이율관계 : 확정금리, 변동금리
- 세금관련 등

② 위험성과 상관관계를 갖는 것으로서, 위험이 높으면 수익도 높은 반면에, 위험이 낮으면 그만큼 수익도 낮다(High Risk, High Return).

(2) 안정성을 고려한 선택

① 안정성이란 투자원본이 지속적으로 경제적인 가치를 유지할 수 있는지, 또는 그로부터 이윤이 일정하게 향유될 수 있는지에 대한 정도이다.

② 대체로 수익성과 안정성은 서로 반대방향으로 움직이는 것이 일반적이므로, 저축자금의 성격 등을 고려하여 수익성과 안정성의 무게중심을 달리하여 선택해야 한다.

〈 라이프 단계별 재테크의 주요 목표 〉

인생 단계별 라이프 스테이지	일반적인 니즈 지출요인	기본특성		재테크요령
1기	독신, 신혼기 (25~30대 초반)	결혼, 레저, 자동차 등 내구재 소비	사회초년병	자 산 축 적 기	- 청약부금(주택청약권) - 근로자우대저축(비과세) - 세금우대 적립식 상품
2기	세대형성기 (30대 초반~ 30대 후반)	출산, 유치원, 주거비(전세)	- 근로소득이 주 수입원 - 가족의 안정 고려		- 연금상품(노후대비 시작) - 보장성보험(위급상황 대비) - 안정적 목돈운용(비과세, 세금 우대 최대 활용)

				- 지속적인 적립식상품 운용
3기	가족성장기 (30대 후반~ 40대)	- 교육비 - 주택취득 및 늘리기	- 사회적 역량 최고 - 급격한 지출 증가	재산증식기	- 주거와 투자를 고려한 주택 구입 - 생활안정을 위한 기본 재산은 안정적 운용 - 여유자금으로 부동산, 주식 등 적극적인 투자 시작(사회적 역량 최대 활용)
4기	가족성숙기 (50대)	- 자녀 대학 교육 - 자녀결혼	- 사회활동 원숙기 - 비정기적 목돈 지출 - 재산소득이 중요	안정적투자기	- 안정적인 목돈 운용 - 노후자금설계 (각종연금상품) - 유학자금, 자녀결혼비용 등 목돈지출 계획
5기	노후 (60대 이후)	- 정년퇴직 - 재취업, 신규사업 - 여행 등 취미생활	- 수입감소 - 제2의 사회 참여 - 풍요로운 노년	노후생활기	- 무리하지 않은 목돈운용 (연금) - 재취업 신규사업 등 제2의 인생준비 - 증여나 상속하기

(3) 유동성을 고려한 선택

① 유동성이란 원하는 시기에 손해를 감수하지 않고, 단기간내에 현금화 할 수 있는 용이 정도를 말한다.

② 현금으로 전환하는데 시간이 많이 소요되거나 비용이 많이 들수록, 또 는 가격면에서 큰 손실을 감수할수록 낮아진다.

③ 화폐가 가장 높고, 토지나 건물과 같은 실물은 상대적으로 낮다.

(4) 경기흐름과 재테크 포인트

	상승(팽창)	고점	하강(위축)	저점
경기변화				
금리	상승	횡보	하락	횡보
채권	하락	횡보	상승	횡보
주식(선행)	상승	횡보	하락	횡보
부동산(후행)	상승	횡보	하락	횡보

(5) 자금의 용도를 고려

① 각 개인별 다양한 재테크 목표와 니즈를 감안, 그에 적절한 상품을 선택할 수 있어야 한다

② 자금용도에 따라 목돈마련, 내집마련, 노후자금, 긴급자금 등이 있다.

Check Point

- 원금보장 유무
- 최저 예입금
- 적용금리와 세전후 이자
- 고정금리 또는 변동금리
- 최저 예입기간
- 중도해약조건
- 적용되는 세제

3) 재테크 수단의 장·단점

(1) 실물자산

(가) 부동산

① 종류 : 아파트, 단독주택, 상가, 오피스텔, 일반택지, 임야 등
② 가격결정요인
  - 일반적 요인 : 부동산 소재지역에 대한 사회적·경제적·행정적 측면
  - 사회적 요인 : 인구상태, 도시형성 및 공공시설, 교육 및 사회복지수준
  - 경제적 요인 : 투자수준, 세 부담상태, 재정 및 금융상태 등
  - 행정적 요인 : 토지이용계획 및 규제상태, 택지 및 주택정책 등
  - 개별적 요인 : 부동산의 위치·교통·구조·일조권·상하수도 상태, 공공시설·학교시설·상업시설 등의 접근정도, 위험시설·혐오시설의 접근정도, 환경성·쾌적성 등
③ 장점
  - 장기적으로 물가상승 방어기능, 즉 인플레이션 효과가 뛰어난데다, 수요가 늘어나도 공급이 빠르게 일어나지 못하여 투자 수익폭이 크고, 장기간에 걸쳐 상승 예상
  - 수익성과 안정성이 높음

(나) 동산

① 종류
  - 귀금속, 다이아몬드, 금, 사파이어 등 보석류
  - 골동품 고서화, 도자기, 우표 등
② 장점 : 세계적인 통용 재산으로 비실명 거래가 가능
③ 단점 : 감정 등에 전문성이 요구되며, 거래가 제한되어 유동성이 낮음

(2) 금융자산

(가) 확실성 자산

① 종류

- 예금(신탁)상품 : 은행, 농·수협, 투자신탁회사, 종합금융회사, 증권회사, 상호저축은행, 신용협동조합 등의 수신상품에 대한 저축
- 채권 : 정부·공공기관·특수법인·주식회사 형태의 기업이 투자자들로 부터 거액의 장기자금을 일시에 대량으로 조달하기 위하여 발행하는 확정이자부 유가증권의 매매
- 전환사채 : 보통사채와 마찬가지로 확정이자를 지급하지만, 일정시점이 지나면 주식으로 양도할 수 있는 권리를 가진 채권의 매매

② 장점

- 안정성과 환금성이 뛰어남
- 투자기간에 맞는 최적의 상품 선택시 수익성도 보장
- 상품 외의 다양한 서비스(사람, 시설, 사무기기 등)를 제공받을 수 있음

③ 단점 : 금리변동에 따라 인플레이션 효과에 대한 기대수익이 낮음

(나) 불확실성 자산

① 종류

- 주식 : 주권의 매매차액
- 주가지수 선물 : 미래의 종합주가지수를 예상하여 투자
- 기타 : 보장성보험, 복권, 경마, 경륜 등

② 장점 : 개별자산의 특징과 경우에 따라 고수익을 기대할 수 있음

③ 단점

- 개별주식의 특징이나 정보가 매우 민감하게 반영되며, 경기 변동에 대한 파악이 용이하지 않은 일반투자자의 수익기대 곤란
- 풍문에 대한 대처능력의 부족으로 내부거래자나 펀드매니저들의 담합에 의한 주가조작에 소액투자자들은 속수무책으로 손해를 볼 가능성 큼.
- 원본보전의 불확실성과 그에 따른 위험성 과다

〈 재태크 수단별 포트폴리오 구성기준 〉

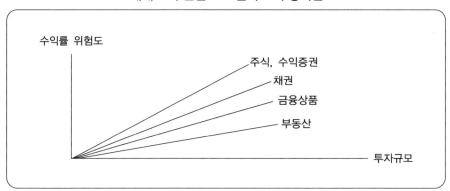

4) 금융상품 운용의 예비지식

(1) 경제정보

일상생활에서 경제정보가 차지하는 중요성은 하루가 다르게 높아가고 있다. 물가와 경제동향은 물론 시중의 자금사정, 수출과 국제수지동향, 환율과 세금 등의 경제관련 뉴스는 기업 및 가계 할 것 없이 개별 경제주체에게 지대한 관심의 대상이 아닐 수 없다.

특히 IMF 이후 각 개인의 금융자산에 대한 관심이 높음은 물론, 부동산이나 주식 등의 재테크에 관한 경제정보는 그 관심이 지대한 편이다. 딱딱한 전문용어의 경제기사를 이해한다는 것이 그리 쉬운 일은 아니지만, 그렇다고 무조건 멀리할 수도 없을 만큼 경제문제가 생활 속에서 차지하는 부분이 많으므로, 재테크에 대한 관심과 욕구충족을 위해 평소 꾸준히 경제관련 정보를 습득하고 경제의 흐름과 변화를 파악할 수 있는 능력을 키워야 한다.

(가) 관심분야

① 시중실세금리 및 환율 동향, 주가지수, 채권시세, 부동산 가격동향 등

(나) 경제정보 조달방법

① 경제관련기사 : 부동산, 실물경제, 주식시장, 금융시장변화 등
② 기타방법 : PC 통신, 인터넷, TV, 기타 경제관련 서적 등

(다) 정보의 활용

① 경제의 흐름을 파악하고 생활속에서 활용도 완성
② 새로운 정보를 받아들여 자산운용에 효과적으로 활용

(2) 목표 및 NEEDS 파악

(가) 저축 목적별

① 가족의 생활안정을 위한 생활안정자금
② 내집 마련을 위한 주택마련자금
③ 자녀의 앞날을 보장하기 위한 자녀교육 및 결혼자금
④ 안락한 노후를 위한 노후생활자금
⑤ 예기치 않은 상황에 대비하기 위한 긴급자금

(나) 저축가능 기간별

① 단기 : 6개월 이내
② 중기 : 1년 전후
③ 장기 : 3년 이상

(다) 저축금액 규모별

① 거액
② 소액

(라) 금융기관 선택기준

① 수익성, 금융기관의 건전성
② 이용편리, 대출용이, 은행원 및 주변의 권유, 기타

1.2 우리나라의 저축기관

일반 가계를 대상으로 금융상품을 판매하는 금융기관은 크게 은행, 종합
금융사, 투자신탁회사, 상호저축은행, 신용협동기구(신용협동조합, 농·수협
단위조합, 새마을금고), 증권회사, 생명보험회사, 우체국 등이 있다.

1) 은행

① 은행은 일반국민들로부터 예금 또는 신탁 등으로 조달한 자금을 자금 수요자에게 대출해 주는 업무를 취급하는 금융기관으로, 취급하는 금융상품의 수익률이 다른 금융기관에 비해 다소 낮은 반면 여러가지 장점이 있다.

② 공신력이 높고 안전하며, 광범위한 점포망과 온라인 시스템을 갖추고 있어, 전국 어느 곳에서나 입출금이 자유로울 뿐만 아니라, 취급상품이 다양하여 저축자들이 자신의 경제력이나 저축목적에 맞는 적당한 상품을 선택하기 쉽다.

③ 필요시 비교적 싼 금리로 대출을 받을 수 있고, 이밖에도 신용카드, 현금자동 입출금 등 각종 부대서비스도 이용할 수 있어 편리하다.

④ 취급하는 주요 저축상품은 예금, 금전신탁 외에 양도성예금증서(CD), 금융채, 환매조건부채권(RP), 방카슈랑스(보험상품) 등이 있으며, 부대서비스로는 신용카드, 지로, 타행환, 텔레뱅킹(자동응답서비스), 인터넷뱅킹, 대여금고, 야간금고 등이 있다.

2) 종합금융회사

① 외자조달을 원활히 하고 기업의 다양한 금융수요를 충족시키기 위해 설립된 금융기관이다.

② 현재는 예금과 보험을 제외한 단기금융, 증권투자신탁, 리스업무, 중장기대출업무, 외화조달 및 주선업무 등 거의 모든 금융업을 종합적으로 취급하고 있는 금융백화점이다.

③ 주요 저축상품으로는 기업어음(CP), 무역어음, 어음관리계좌(CMA), 발행어음 등이 있다.

3) 투자신탁 관련 회사

① 저축자가 주식이나 채권 등의 유가증권 투자에 관하여 전문지식이 부

족하거나 시간적인 여유가 없는 경우, 또는 증권투자를 하기에는 저축액이 부족한 경우, 소액 투자자들이 이용하기에 적합한 금융기관이다.

② 다수의 고객으로부터 받은 장·단기자금을 공동 기금화하여 이를 주식, 채권 등의 유가증권에 분산 투자함으로써 투자위험을 줄이고, 운용결과 발생하는 수익을 투자자들에게 되돌려주는 증권투자대행 금융기관이다.

③ 주요상품으로는 공사채형 수익증권, 주식형 수익증권, CBO펀드, 하이일드펀드, 엄브렐러펀드, 근로자 장기수익증권, MMF 등이 있다.

4) 증권회사

주식, 국공채, 회사채 등 증권의 매매, 인수 및 매출 등을 전문적으로 취급하는 기관이다. 이 밖에도 증권업 관련 부수업무로 증권저축, 고객에 대한 신용공여, 환매조건부채권 등을 취급하는 한편, 겸영업무로 양도성예금증서의 매매 및 중개, 해외증권 등의 업무도 수행하고 있다.

5) 한국증권금융

① 유가증권의 발행시장과 유통시장에 대하여 필요한 자금을 공급함으로써 증권시장의 건전한 발전에 기여할 것을 목적으로 설립된 증권금융 전담기관이다.

② 일반인을 대상으로 한 주요 저축상품으로는 실권주 청약예수금, 환매조건부채권 매매 등이 있다.

6) 생명보험회사

① 여러 사람들이 모여 서로 비교적 적은 금액을 부담하여 공동재산을 마련하고, 장래의 예기치 못한 불행에 대비하는 생명보험을 취급하는 금융기관이다.

② 생명보험은 보험계약자가 보험회사와 피보험자를 대상으로 보험계약

을 맺고, 약정기간동안 보험료를 납부하면, 보험기간내에 피보험자에게 손실이 발생하였을 경우, 보험회사가 계약금액을 보험계약자가 지정하는 사람에게 돌려주는 저축기능을 가진 제도이다.

③ 생명보험회사의 상품
- 피보험자가 누구인가에 따라 : 개인보험과 단체보험
- 지급조건에 따라 : 사망보험, 생존보험, 양로보험

7) 상호저축은행

① 영세상공인 및 서민의 금융편의와 저축증대를 도모하기 위하여 설립된 대표적인 서민금융기관으로서, 예금금리가 높으며 간편하고 신속한 절차로 대출을 받을 수 있는 것이 특징이다.

② 취급하는 상품은 은행의 예금과 거의 동일하나 그 종류가 다소 적다.

③ 주요 저축상품으로는 신용부금, 보통예금, 정기예금, 정기적금, 근로자우대저축, 표지어음 등이 있다.

8) 신용협동기구(농·수협 단위조합, 신용협동조합, 새마을금고)

① 영세소득자의 저축증대와 금융편의를 도모할 목적으로 조합원들에 의하여 운용되는 저축기관이다.
- 거주지역·직장 등 공동유대관계로 조직된 신용협동조합
- 도시·농촌 등 지역적 유대관계로 조직된 새마을금고
- 농·어촌지역의 농어민으로 조직된 농·수협 단위조합(상호금융)

② 신용협동기구의 저축상품으로는 출자금, 정기예탁금, 자립예탁금, 보통예탁금, 정기적금 등이 있으며, 상호금융은 이들 상품 외에 농어가목돈마련저축도 취급하고 있다.

③ 조합원들에 대해서는 금리·세제면에서 우대를 해주고 있다.

9) 체신금융(우체국)

① 정부기관인 우체국은 은행의 예금에 해당하는 체신예금과 생명보험회사의 보험에 해당하는 체신보험 외에 우편환 등 생활에 편리한 여러가지 금융서비스를 제공하고 있다.

② 취급하고 있는 상품으로는 은행의 예금과 거의 동일한 보통예금을 비롯한 각종예금을 체신예금으로 취급하며, 사망보험, 생존보험, 양로보험 등의 체신보험 외에 환매조건부 채권 등이 있다.

10) 투자운용회사

① 수익증권과 뮤추얼펀드 등에 예치된 고객의 자금 운용을 담당하고 있는 회사로서, 국내 지점망이 없어 고객유치는 판매대행 계약을 체결한 증권사의 지점망을 통해 판매하고 있다.

② 투자운용회사의 운용능력이 간접투자상품 투자수익률을 좌우한다.

1.3 저축기관 선택요령

1) 우량은행인지를 먼저 확인하라

단골은행은 한 번 거래를 시작하면 평생동안 유지한다는 생각을 가져야 한다. 따라서 안전하고 튼튼한 은행을 선택하는 것이 무엇보다 중요하다. 최근 들어 은행창구에서도 수익이 높다는 뮤추얼펀드와 수익증권을 살 수 있게 되는 등 금융권별 장벽이 서서히 허물어지고 있다.

특히 시중은행이 외국금융기관으로 넘어가는 등 외국계 금융기관의 등장으로 국내 금융계는 긴장하고 있다. 그만큼 금융기관간 고객유치 경쟁이 날로 치열할 것으로 보이는 만큼, 우량은행 여부에 따라 '부익부 빈익빈' 현상은 더욱 두드러질 것이다.

2) 단골고객에게 우대금리 혜택을 주는 금융기관을 찾아라

단골은행을 가지면서 얻게 되는 장점의 하나는 남들보다 높은 예금금리를 받을 수 있을 뿐만 아니라, 한 푼이라도 적은 이자를 물고 손쉽게 돈을 빌릴 수 있다는 점이다. 이같은 혜택이 전혀 없거나 상대은행에 비하여 적다면 굳이 그 은행을 선택할 필요가 없다.

최근 들어 일부 은행들간에 경쟁적으로 개인 고객에 대한 신용대출한도를 크게 늘리면서, 거래실적에 따라 우대혜택을 받을 수 있도록 개인고객의 단골화를 유도하고 있다.

단골고객에게는 각종 수수료의 면제는 물론 심지어는 타행환 수수료도 면제해 주고 있으며, 대출이자의 차등 징수와 대여금고의 무료사용 등 단골고객을 유치하기 위하여 다양한 인센티브를 내놓고 있다. 이를 꼼꼼히 따져 본 뒤 단골은행을 선택하는 것이 바람직하다.

3) 재테크 상담은 기본이다.

단골은행은 단순히 자주 거래하는 개념을 넘어 적극적으로 이용할 수 있는 방안을 강구해야 한다. 은행들은 고객의 재산을 어떻게 철저히 관리하는 것이 좋은지 보다 능동적인 서비스 기관의 개념으로 바뀌고 있다.

이는 고객의 라이프 싸이클에 따라 결혼자금 및 전세자금, 내집마련자금, 노후생활자금을 어떻게 조달해야 하는지를 꼼꼼히 조언해 줄 수 있는 '자신만을 위한 은행'을 선택해야 한다는 것이다.

〈 우량금융기관 판단지표 〉

저축 목적	주요 경영지표	공통사항
은행, 종합금융회사	BIS기준 자기자본비율, 부실여신비율	경영공시내용
증권회사	영업용 순자본비율, 재산채무비율	감독당국의 경영평가 결과
투자신탁회사	펀드수익률	국제신용평가기관의 신용등급
보험회사	지급여력비율	최근의 주가수준 등

더불어 부동산 투자나 세금 및 법률 상담 등 보다 전문적인 조언을 구할 수 있는 경우를 주변에서 쉽게 찾아볼 수 있다. 각 금융기관들은 개인고객 상담이나 프라이빗 뱅킹 개념의 서비스를 도입하여, 거액 예금자나 지속적인 거래를 유지한 고객들을 대상으로 전반적인 다양한 상담서비스를 무료로 제공하고 있다.

요즘처럼 저금리 때문에 마땅한 금융상품을 찾기 어렵다면 단골은행을 찾아가 재산을 분산 투자하는 요령과, 적절한 금융상품을 고르는 방법에 대하여 자문을 구하는 것도 위기를 극복하는 한 방법이라고 할 수 있다.

1.4 금융상품 선택요령

금융상품은 그 취급기관도 많고 그 종류도 무척 다양해서 어떤 기관의 상품을 선택해야 할지 판단이 잘 서지 않는 경우가 많다. 어떤 기준을 가지고 금융상품을 선택하는 것이 유리하고, 효과적인 저축을 유도할 수 있는지를 검토해 보아야 한다.

1) 저축목표의 설정

① 먼저 가계의 수입과 지출, 부채, 저축 가능액 등 재산상태를 정확하게 진단한 다음 이를 토대로 현실성 있는 생활설계를 세워야 한다. 일생을 사는 동안에 필요한 자금에 대비하여 꼼꼼한 계획을 준비해 두는 경우와 그렇지 않은 경우의 차이는 매우 크다.

② 라이프싸이클을 감안하여 3년, 5년, 10년 등으로 저축기간을 구분하여 장래에 대한 계획을 세운 다음, 언제 어디에 얼마만큼의 자금이 필요한지 소요금액을 산출해 보고, 소득과 지출을 가늠하여 적절한 저축목표를 설정하면, 자신의 목적에 부합하는 금융상품을 선택하기가 그렇게 어려운 것도 아니다.

③ 또한 자금이 필요한 시기에 따라서도 금융상품의 선택이 달라져야 하는데, 언제라도 찾아 써야 하는 경우에는 입출금이 자유로운 예금을,

그렇지 않은 경우에는 돈이 필요한 시기에 맞추어 금융상품의 계약기간을 정하여야 한다.

④ 그밖에 금융상품에는 저축할 당시 이미 원금과 이자가 확정되어 있는 상품과, 그 가격이 변동되어 해지시에 이익 또는 손실이 발생하는 상품이 있으므로, 투자하고자 하는 자금이 순수한 여유자금인지의 여부에 따라 선택을 달리해야 한다.

2) 금융상품의 기본지식 습득

(1) 금리계산방법에 따른 분류

(가) 단리와 복리

① 단리 : 원금에 대해서만 이자지급(표면금리가 동일하다면 복리상품이 실수익률 면에서 유리)

② 복리 : 이자에 대해서도 이자지급

(나) 표면금리와 실효금리

① 표면금리 : 증서나 계약서의 표면에 기재하여 이익계산의 기준이 되는 금리

② 실효금리 : 선지급·만기일 지급 등 지급시기, 단리·복리 등 이자지급 방법, 이자소득에 대한 세금부과율 등에 따라 실제 지급되는 금리

(다) 확정금리와 실적금리

① 확정금리(은행계정) : 가입당시의 금리를 만기까지 그대로 확정적으로 지급하는 금리

② 실적금리(신탁계정) : 회사채, 콜, 대출 등으로 운용한 실적에 따라 변동적으로 지급되는 금리

(2) 수익률의 종류

① 연이율 : 1년을 기준으로 지급되는 이율

② 연수익률(실효수익률) : 1년이라는 동일한 기간동안 얻을 수 있는 수익

을 같은 조건으로 재투자한다는 가정하에 재투자로부터 발생하는 이
자까지 포함한 수익률

③ 총수익률 : 운용기간동안 발생한 총수익을 원금으로 나눈 이율

④ 연평균수익률 : 총수익률을 가입년수로 나눈 수익률

(3) 저축방법

① 수시입출금식 : 요구불예금 등과 같이 수시로 입출금이 자유로운 방법

② 거치식 : 일정한 금액을 일정한 기간동안 예치하는 방법

③ 적립식 : 매월 일정금액(또는 자유금액)을, 일정한 날짜에 또는 자유롭
게 저축하는 방법

3) 운용방법에 따른 분류

(1) 가입기간별 상품운용 방법

구 분	운용 기간	운 용 방 법	주 요 상 품
단 기	6개월 이내	고금리 배당상품	CD, CMA, 표지어음, RP, CP, MMF,발행어음, 단기 특정금전신탁 등
중 기	1년 전후	확정금리와 실적금리상품을 병행	실세금리 정기예금, 신탁상품, 주식형 수익증권, 뮤추얼 펀드
장 기	3년 이상	안정적인 확정금리상품	정기예금, 신탁상품, 채권

(2) 원천징수 세율별 상품운용 방법

(가) 비과세 상품

구분	대상소득	관련법령	비고
신탁법 제65조에 다른 공익신탁의 이익	이자	소득세법§12 1	
장기(10년 이상) 저축성 보험의 보험차익		소득세법 시행령 §25	
국제금융거래에 따른 이자소득 등에 대한 법인세 등의 면제	이자	조특법 §21 ①	거주자와 내국법인 제외

개인연금저축(2000.12.31 이전 가입)		조특법 §86	소득공제 가능
장기주택마련저축	이자, 배당	조특법 §87	소득공제 가능 (2009.12.31이전 가입)
생계형저축	아자, 배당	조특법 §88의 2	저축원금 3천만원 이하
우리사주조합원이 우리사주조합을 통하여 취득한 우리사주를 증권금융회사에 예탁한 경우(자사주의 액면가액외 개인별 합계액이 1,800만원 이하)	배당	조특법 §88의 4 ⑨	예탁일로부터1년이내 이출시 과세
'농업협동조합법' 제21조의2 등에 따라 출자지분을 취득한 근로자가 보유하고 있는 자사지분 중 다음의 요건을 갖춘 경우의 배당소득 • 근로자가 소액주주일 것 • 자사지분의 액면가액의 개인별 합계액이 1천800만 이하일 것	배당	조특법 §88의 4 ⑩	취득일로부터1년이내 인출시 과세
장기주식형저축	이자, 배당	조특법 §91의 9	소득공제 '09.12.31까지 가입
장기회사채형저축	이자, 배당	조특법 §91의 10	'09.12.31까지 가입
미분양주택 투자신탁 등 (2012.12.3 이전에 받는 배당소득으로 해당 미분양주택투자신탁 등급별로 투자금액 1억원까지에서 발생한 소득)	배당	조특법 §91의 11	'10.12.31까지 가입
재외동포전용 투자신탁 등 (2012.12.3 이전에 받는 배당소득으로 해당 재외동포전용 투자신탁 등급별로 투자금액 1억원까지에서 발생한 소득)	배당	조특법 §91의 12	'12.12.31까지 가입
녹색저축 등 • 녹색투자신탁 등(납입한도 3천만원) • 녹색예금(납입한도 2천만원) • 녹색채권(납입한도 3천만원)	배당 이자 이자	조특법 §91의 13	'11.12.31까지 가입
농어가목돈마련저축	이자	조특법 §87의 2	

(나) 세금우대상품

- 세금우대종합저축은 다음의 요건을 모두 갖추어야 함
- '금융설명거래 및 비밀보장에 관한 법률' 제2조 제1호 각목의 어느 하나에 해당하는 금융기관이 취급하는 적립식 또는 거치식 저축(집합투자·증권저축·공제·보험·증권저축 및 채권저축 등을 포함)으로서, 가입 당시 저축자가 세금우대 적용을 신청할 것
- 계약기간이 1년 이상일 것
- 모든 금융기관에 가입한 세금우대종합저축의 계약금액 총액이 다음의 어느 하나에 해당하는 금액 이하일 것

구 분	계약금액 총액
만 20세 이상인 자	1인당 1천만원
거주자인 60세 이상인 노인	1인당 3천만원
'장애인복지법' 제32조의 규정에 의하여 등록한 장애인	
'독립유공자 예우에 관한 법률' 제6조의 규정에 의하여 등록한 독립유공자와 그 유족 또는 가족	
'국가유공자 등 예우 및 지원에 관한 법률' 제6조에 따라 등록한 상이자	
'국민기초생활보장법' 제2조 제2호의 규정에 의한 수급자	
'고엽제후유증 환자지원 등에 관한 법률' 제2조 제3호의 규정에 의한 고엽제후유증 환자	
'5·18민주유공자 예우에 관한 법률' 제4조 제2호의 규정에 의한 5·18민주화운동 부상자	

주 : 세금우대저축에서 발생하여 원금에 전입되는 이자 및 배당 등은 세금우대저축으로 보되, 계약금 총액의 1인당 한도를 계산할 때에는 산입하지 아니함

- **과세특례**

- 거주자가 세금우대종합저축에 2014년 12월 31일까지 가입하는 경우, 당해저축에서 발생하는 이자소득 및 배당소득에 대한 원천징수세율은

100분의 9로 하며

- '소득세법' 제14조에도 불구하고 종합소득에 대한 과세표준을 계산할 때 산입하지 아니하면, 그 이자소득 및 배당소득에 대해서는 '지방세법'에 의한 지방소득세 소득분을 부과하지 아니함

■ 세금우대종합저축을 계약일부터 1년 이내에 해지 또는 인출하거나 그 권리를 이전하는 경우

- 해당 원천징수의무자는 원천징수한 세액(9%세율 적용)과 소득세법 제129조(14% 세율)를 적용하여 계산한 세액의 차액을 원천징수
- 다만, 가입자의 사망·해외이주 등 부득이한 사유가 있는 경우에는 그러하지 아니함

(다) 소득 공제상품

구 분	취급기관	가입기간	공 제 금 액
개인연금신탁	전 금융기관	10년 이상	연간 저축액의 40%(최고 72만원) ※ 2000.12.31 이전 가입자에 한함
연금신탁	전 금융기관	10년 이상	연간 불입액 전액(최고 400만원 한도)
청약부금	전 은행 (청약저축은 국민은행)	5년	연간 저축액 또는 상환액의 40%(최고 300만원) ※ 2000.11.1 이전 가입자에 한함 ※ 청약부금, 청약저축, 장기주택마련저축의 소득공제액 합산, 최고 300만원까지
보장성보험	보험회사	-	최고 100만원

(3) 세무·부동산에 대한 기본지식 습득

① 상속세, 증여세, 양도소득세 등 세금관련 기본지식 습득
② 부동산에 대한 정보제공 역할을 위한 관심도 제고

4) 금융상품 선택시 고려사항과 상품선택 10계명

(1) 상품선택시 고려사항

〈 금융상품 선택시 고려사항 〉

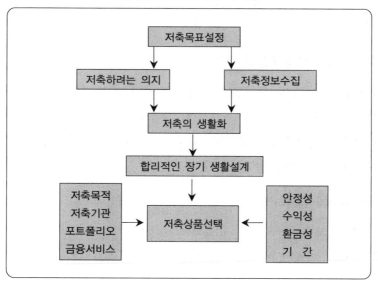

(2) 상품선택 10계명

금융환경 변화에 따라 재테크도 달라져야 한다. 특히 금융상품을 고를 때에는 상당한 주의를 기울여야 한다. 비슷한 상품이 많은 데다 금융기관이 제시하는 금리도 제각각이기 때문이다.

(가) 투자기간을 고려해야 한다.

금융상품이 넘쳐흐르는 요즈음 단순히 금리만을 보고 투자대상을 선택하는 것은 금물이다. 우선 투자기간을 고려한 다음, 상품을 선택해야 한다.

(나) 시장금리의 변동에 유의하라.

IMF 초기 연 30%대까지 치솟던 시장금리가 최근에는 한자리로 하락한 것처럼 앞으로 이와 유사한 현상이 일어날 가능성이 높다. 시장금리를 수시로 체크하여 재테크전략에 반영해야 한다.

(다) 중도해지 조건을 따져야 한다.

금융기관이 제시하는 고금리도 중간에 해지하면 당초에 제시한 금리를 보장받지 못한다. 투자대상 상품의 중도해지시 불이익을 파악한 다음 이용해야 한다.

(라) 확정금리인가? 변동금리인가?

확정금리는 가입당시 금리를 만기까지 보장하는 반면, 변동금리는 시장변화에 따라 배당률이 달라지는 실적배당 상품이다. 당초에 제시된 금리가 실적의 하향으로 낮아진 금리를 받을 가능성도 있다. 따라서 가입당시 확정금리인지 변동금리인지를 살펴보아야 한다.

(마) 절세상품을 활용하라.

이자소득에 세금이 매겨지는지의 여부에 따라 실질소득이 달라진다. 언제나 세금문제는 재테크 전략의 기본대상이다.

(바) 대출서비스는 얼마나?

어떤 일이 언제 일어나 긴급자금이 필요하게 될지 모른다. 이를 대비하기 위하여 금융상품 선택시 대출서비스가 주어지는지 체크해야 한다.

(사) 믿을 수 있는 금융기관을 선택하라.

앞으로도 금융산업의 구조조정이 계속적으로 진행될 것이고, 그에 따라 문을 닫는 금융기관이 나올 수 있다. 금융상품 가입시 안전한 금융기관을 선택하는 것이 중요하다.

(아) 주거래은행을 만들자.

개인도 주거래은행을 만드는 것이 기본이다. 은행거래를 가급적 한 은행에 집중시켜 송금 등 각종 은행거래시 부담하는 수수료를 면제받을 수 있는 길을 터놓자.

(자) 저축보다는 대출상환이 우선이다.

통상 대출금리는 예금금리보다 높고, 예금이자에 대해서는 세금을 물어야 하므로, 여유돈으로 저축을 하기보다는 대출금을 우선 상환하는 것이 낫다.

(차) 틈새시장을 노려라.

상호신용금고 등은 은행보다 높은 금리를 주고 있다. 상호신용금고 등도 튼튼한 곳이 있으므로, 이런 틈새시장을 두드릴 필요가 있다.

5) 업종별 금융상품의 장·단점 비교

(1) 저축상품의 조건

저축상품이 갖춰야 할 조건은 안전성, 수익성, 편리성 등 3가지로 이들 요소는 서로 상반되는 관계에 있어 각각의 장·단점을 보유하고 있다.

(2) 은행 저축상품의 장·단점

일반고객에게 가장 친근하고 가장 오래된 재산운용 수단으로서, 제2금융권의 상품에 비해 수익성 면에서 다소 불리하지만, 안전성, 편리성, 대출 등 다양한 서비스 등의 면에서 많은 장점을 갖고 있다.

(가) 안전성

① 원본보전에 가장 유리
② 수익률 높은 기타 금융기관 상품의 경우 원본보전 불안
③ 자세한 사항은 예금자보호 대상 예금 참조

(나) 수익성

① 제2금융권의 상품에 비해 다소 불리
② 그러나 향후 금리하락시 은행계정 상품이 유리
③ 수익성이 높은 기타 금융기관은 금리 리스크로 경영상태 악화초래

〈 인기 금융상품 변화추이 〉

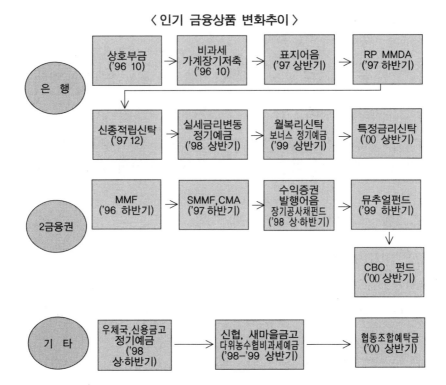

(다) 편리성

① 전국적인 점포망과 온라인 시스템으로 어느 곳에서든 손쉽고 편리하
   게 이용가능

② 가계 및 기업의 여유자금별 성격에 맞는 다양한 금융상품 구비

③ 신용카드, 현금자동지급기, 폰뱅킹, 인터넷뱅킹 등 다양한 금융서비스 제공

④ 필요할 때 대출을 받기에 가장 용이

〈 안전성 및 수익성 측면에서의 비교 〉

구 분	은 행	종합금융회사	투자신탁 관련회사	증권회사	보험회사
안정성	최고 안전	무담보배서 어음 안전 결여	주식형 상품 안전 결여	주가 하락시 위험	중도 해지시 원금보전 불가
수익성	상대적 열세 (단기상품)	단기투자 유리	장기 투자시 투자 수익 가능	주가 상승시 고수익 가능	낮은 수익률, 위험 보장

〈 편리성 측면에서의 비교 〉

구 분		은 행	종합금융회사	투자신탁 관련회사	증권회사	보험회사
편리성	점포망	전국적	-	소수	소수	소수
	온라인	전 점포	-	온라인화	온라인화	온라인화
	상품의 다양성	다양	소액 및 장기 상품 없음	요구불성 및 단기상품 부족	투자상품 다양	장기상품 위주
	대출 서비스	가능	-	일부 (은행과 제휴로 대출 가능)	가능(주식, 수익증권, ELS 등)	가능 (고금리)
	부대 서비스	다양	일부	일부	일부	일부

제2절 ● 입출금이 자유로운 예금[*]

은행상품은 크게 3가지로 분류하고 있다. 입출금이 자유로운 예금(수시입출금식), 거치식 예금, 그리고 적립식 예금으로 나누어져 있다.

구 분	은 행 계 정	기 타 계 정
수 시 입출금식	보통예금, 저축예금, 자유저축예금, 당좌예금, 기업자유예금	-
거 치 식	정기예금, 실세금리 정기예금, 주택청약예금	(신종)환매조건부채권, 국공채거래통장, 양도성예금증서, 표지어음
적 립 식	정기적금, 장학적금, 상호부금, 근로자장기저축, 장기주택마련저축, 근로자우대저축, 주택청약부금	-

2.1 예금과목별 분류

① 수시로 입금 및 출금을 할 수 있고, 예치기간을 정하지 않아 입출금이 자유로운 예금에는 보통예금, 저축예금, 자유저축예금, 기업자유예금, 가계당좌 및 당좌예금 등이 있다.

② 가입대상, 거치한도, 거래제한 등

구 분	가입대상	예치한도	거 래 제 한
보통예금	제한 없음	제한없음	없음
저축예금 자유저축예금	개인에 한함	제한없음	없음
기업자유예금	개인사업자 및 법인	제한없음	없음
가계당좌예금	따로 정하는 바에 의함	제한없음	전 금융기관을 통하여 1인 1계좌
당좌예금		제한없음	없음

---

[*] 한국금융연수원(2003), pp.160~163 참조.

2.2 저축목적별 분류

1) 종합통장

(1) 배 경

은행의 여러가지 상품 중에서 가장 편리하고 이용범위가 넓은 것 중의 하나가 종합통장이다. 지금 거래하고 있는 입출금이 자유로운 통장은 거의가 종합통장이지만, 일반인들이 종합통장 이용시의 편리한 점을 알고 거래하는 사람은 많지 않다.

각 은행은 고객들이 많은 통장 소지의 불편을 해소하고 자유로운 입출금 뿐만 아니라, 적금이나 정기예금, 대출금까지도 한 통장으로 이용할 수 있도록 종합통장제도를 운용하고 있다.

(2) 거래 대상자 및 형태

거래 대상자는 보통예금, 저축예금, 자유저축예금을 거래하는 실명의 개인으로서, 종합통장과 연결할 수 있는 상품은 정기예금을 비롯한 정기적금, 신탁상품, 그리고 대출금 및 각종 공과금 등을 모두 망라한다.

(3) 장 점

일반인이 금융기관 중에서 굳이 은행을 찾아가 예금을 하는 이유에는 여러 가지가 있겠지만, 가장 큰 이유 중의 하나는 대출일 것이다. 은행이야말로 개인들에게 예금은 물론 그 예금이나 신용 또는 담보를 제공하여 가장 손쉽게 필요한 자금을 대출받을 수 있는 기관임에는 의심의 여지가 없다.

종합통장 이용시 가장 큰 장점은 손쉬운 대출이라고 할 수 있다. 문턱이 높다는 은행의 대출도 일정한 요건만 갖추면 별다른 절차 없이 100만원까지의 이체자금 대출을 이용하여 각종 적금 등을 납입하거나 공과금을 납부할 수 있으며, 또 은행에서 정한 금액 이상의 평균잔액을 유지하면, 최고 5,000만원까지 자동대출제도를 이용하여 긴급자금으로 활용할 수 있다.

2) 시장금리부 수시입출금식 예금(MMDA)

(1) 상품개요

① 1997년 7월, 4단계 금리자유화를 계기로 3개월 미만의 금리가 자유화 되면서 선을 보인 예금상품이다.

② 시장실세금리에 의한 고금리와 자유로운 입출금 및 각종 이체, 결제기 능이 결합된 상품으로 단기간(1일) 목돈을 운용할 때에 유리한 예금이다.

(2) 대상예금

① 개인 : 입출금이 자유로운 저축예금

② 법인이나 기업 : 기업자유예금

(3) 예치한도

일반 저축예금이나 자유저축예금, 기업자유예금은 최저 예치한도의 제한 이 없으나, MMDA는 일부 은행에 따라 1백만원에서 5백만원으로 한도를 정 해놓고 있으며, 최저한도를 제한하지 않은 은행도 있다.

(4) 이자계산방법

① 이자계산 기준일은 은행마다 약간씩 차이가 있으나, 통상 이자계산 기준 일 및 원가일은 저축예금이나 자유저축예금과 동일하게 적용하고 있다.

② 계산방법

• 일복리 : 매일의 잔액에 대해 이자를 정산하여 원금에 산입

• 월복리 : 매월 평균잔액에 이자율을 곱하여 원금에 산입

• 3개월 복리 : 3개월 평균잔액에 이자율을 곱하여 원금에 산입

• 6개월 복리 : 6개월 평균잔액에 이자율을 곱하여 원금에 산입

제**3**절 ● 목돈마련을 위한 저축상품*

3.1 목돈마련을 위한 저축상품

1) 정기적금

① 가입대상 : 개인 및 법인

② 예치한도 : 제한없음

③ 예치기간 : 6개월~36개월

④ 특징
  • 세금우대가능
  • 만기금액 제한이 없음

〈 계약금액 산출방법 〉

계약금액 = 월 저축금 × {계약 월수 + (이율 × 총 운용월적수 × 1/12)}
* 총 운용월적수 = 계약 월수(계약 월수 + 1) / 2

2) 가계우대적금

① 가입대상 : 개인

② 예치한도 : 제한 없음

③ 예치기간 : 6개월~36개월

④ 특징
  • 우대금리 적용
  • 세금우대 적용
  • 은행에 따라 계약금액이 한정되어 있는 경우도 있음

---

* 한국금융연수원(2003), pp.164~174 참조.

3) 근로자 장기저축

① 가입대상 : 근로자
② 예치한도 : 1인당 월 50만원(급여액 범위내)
③ 예치기간 : 3년, 5년(2종류)
④ 특징
  • 이자소득세 절세(11% 징수)
  • 근로자만 가입가능(현재는 판매 완료된 상품, 신규가입 불가)

4) 근로자 우대 저축

① 가입 대상 : 연간 총 급여액 3천만원 이하인 근로자
② 예치 한도 : 매월 1만원 이상 50만원이내
③ 예치 기간 : 3년 이상 5년 이하 월 단위
④ 특징
  • 이자 소득세 비과세
  • 근로자만 가입 가능(현재는 판매완료, 신규가입 불가)
  • 전 금융기관을 통해 1인 1계좌

5) 적립식 펀드

① 가입대상 : 개인 및 법인
② 펀드종류 : 주식형, 채권형, 혼합형
③ 최저가입금액 : 입금건별 5만원 이상 1만원 단위
④ 중도환매수수료 : 90일 미만, 이익금의 70%(펀드별 차이 있음)
⑤ 특징
  • 보험부가서비스 제공
  • 장기 적립식 투자를 통한 위험분산 가능

3.2 목돈 운용을 위한 저축상품

목돈을 운용하기 위해서는 거치식 저축상품에 투자하게 되는데, 거치식 저축상품은 일정기간 동안 자금을 운용한 뒤 얼마만큼의 수익을 올릴 수 있는가가 관점이다.

따라서 거치식 저축상품을 선택하는 가장 중요한 기준은 수익률이다. 물론 이것은 실질적인 수익률을 말하는 것이므로 단순히 금리가 높고 낮은 것만으로 판단되는 것은 아니다. 즉 예치기간의 장·단기, 단리식인가 복리식인가, 또는 확정금리인가 변동금리인가 하는 문제와 유동성, 세금관계 등 여러가지 측면을 비교, 검토한 후 유리한 쪽을 선택해야 한다.

거치식예금은 예금주 명의를 표시하는 기명식 예금과 예금주의 명의를 표시하지 않는 무기명식으로 예치할 수 있다.

1) 1년 이내 운용상품

(1) 실세금리 연동형 정기예금

은행이 시장실세금리에 연동하여 가입당시 확정금리를 부여하는 정기예금
① 거래대상 : 제한 없음
② 가입한도 : 제한 없음(은행에 따라 500만원 이상)
③ 계약기간 : 1년 이내
④ 이자지급 방법 : 매월마다 이자지급 또는 이자를 원금에 가산(복리)
  ※ 실세금리 변동에 아주 민감한 상품으로서, 가입전에 금리의 흐름에 유의, 가입시기를 결정함이 바람직

(2) 주가지수연동형 정기예금

① 거래대상 : 개인 및 법인
② 예치한도 : 100만원 이상(금융기관별 차이가 있음)
③ 예치기간 : 6개월, 1년제 등(금융기관별 상품별로 차이가 있음)

④ 특징

- 주가지수의 변동에 상관없이 원금 및 최저금리 보장
- 세금우대 생계형 비과세 저축 가입 가능

(3) 양도성 예금증서(CD)

① 매출대상 : 제한 없음

② 발행형식 : 무기명 할인식으로 발행

③ 증서금액단위 : 제한이 없음(은행에 따라서는 500만원 이상으로 제한)

④ 발행기간 및 만기일

- 통상 발행기간은 30일 이상 1년 이내로 하며, 만기일에 공휴일이 되지 않도록 정한다.
- 발행일 다음날부터 기산하여 일수 해당일을 만기일로 한다.

〈 할인매출액, 할인액, 발행금액 산출방법 〉

① 할인매출액(원금) = 발행(액면)금액 − 할인액

② 할인액 = 액면금액 × 연이율 × 약정일수 / 365

- 할인매출액(원금) = 발행(액면)금액 × (1 − 연이율 × 약정일수 / 365)

③ 발행(액면)금액 = 365 × 할인매출액(입금요청액) / 1 − 연이율 × (발행기간)

(4) 표지어음

① 의의 : 금융기관이 할인하여 보유중인 상업어음 및 무역어음을 근거로 이를 분할 또는 통합하여, 자행을 발행인 겸 지급장소로 하여 발행·매출하는 어음

② 어음금액단위 : 제한이 없음(은행에 따라서는 500만원 이상으로 제한)

③ 발행기간 및 만기일

- 통상 발행기간은 30일 이상 1년 이내로 하며, 만기일에 공휴일이 되지 않도록 정한다.
- 발행일 다음날부터 기산하여 일수 해당일을 만기일로 한다.

(5) 환매조건부채권(RP)

(가) 개요

① 금융기관이 발행기관으로부터 매입·인수한 국공채 등을 근거로 발행한 채권을 일정기간 경과후 일정가격으로 환매수할 것을 조건으로 매도하는 업무
② 거래상대방 : 개인 및 법인
③ 매도대상채권 : 국채증권, 지방채 증권 및 특별법에 의하여 설립된 법인이 발행한 채권

(나) 환매수일

환매조건부 채권 매도시에는 그 환매수일을 정하여야 하며, 환매수일은 매도일로부터 30일 이상 1년 이내의 날로 정한다.

(다) 환매수가격

환매수가격 = 환매조건부채권 매도가격 × (1 + 약정일수 / 365 × 환매조건부 채권매도이율)

※약정일수 : 환매조건부 채권매도일 다음날부터 환매수일까지로 한다.

(6) 단기공사채형 수익증권

① 개요
 • 고객의 투자금액을 전문 펀드매니저가 국공채 및 회사채 등에 투자한 후 그 수익금을 고객에게 돌려주는 단기 실적배당형 상품
 • 위험도 낮은 공사채에 투자 운용되므로 6개월 미만의 일시 여유자금을 안정적 운용
② 취급기관 : 투자신탁회사, 증권회사 및 은행(대행판매)
③ 투자금액 : 제한 없음
④ 기간 : 6개월 이내(3개월 경과시 환매수수료 없이 수시출금 가능하며, 실적배당으로 세제혜택은 없음)
 ※기타 제2금융권의 어음관리구좌(CMA), 신종단기금융펀드(신종 MMF), 기업어음(CP) 등의 단기예금이 있음

2) 1년 이상 운용상품

(1) 정기예금

① 거래대상 : 제한 없음

② 예입액 : 1계좌당 1천원 이상 제한 없음(은행마다 약간 다를 수 있음)

③ 계약기간 : 1개월 이상 3년 이내에서 연, 월, 또는 월 및 일로 정함

④ 이자지급방법

- 월수로 지급 : 원금 × 약정이율 × 월수 / 12
- 일수로 지급 : 원금 × 약정이율 × 일수 / 365

(2) 금융채(은행, 증권회사 취급)

① 거래대상 : 제한 없음

② 투자단위 : 제한없음

③ 투자기간: 1년, 2년, 3년, 4년, 5년

④ 이자지급방법(채권종류에 따라 다름)

- 할인채 : 할인 발행 후 만기에 채권의 액면 금액지급
- 복리채 : 만기에 원금과 함께 지급(3개월마다 복리계산)
- 이표채 : 일정기간(1개월 / 3개월)마다 이자지급, 만기에 원금지급

(3) 장기공사채형 수익증권

① 개요 : 고객의 투자 금액을 주로 국공채 및 회사채 등에 투자, 그 수익을 돌려주는 실적 배당형 상품으로, 6개월 이상 중장기 자금의 안정적 운용

② 투자금액 : 제한 없음

③ 투자기간 : 6개월 이상

④ 취급기관 : 투자신탁회사, 증권회사, 은행

(4) 특정금전신탁

① 개요 : 금융기관이 고객으로부터 예탁받은 자금을 고객이 지정한 운용

　　방법·조건에 따라 운용한 후 운용수익을 배당하는 신탁상품

② 투자금액 : 2,000만원 이상(은행별 상이)

③ 투자기간 : 3개월 이상

④ 투자대상 : 특정기업의 주식이나 기업어음, 회사채 등

⑤ 중도해지 : 불가능

3.3 정기예금 및 단기상품 선택요령

1) 실세금리 정기예금의 개념

(1) 실세금리

실세금리라고 하면 보통 3년만기 회사채 유통수익률, 91일짜리 CD 유통수익률, 1일짜리 CALL금리 등을 말한다. 이중에서도 시중의 자금사정을 나타내는 대표적인 지표는 바로 3년만기 회사채 유통수익률이다. 한 마디로 자금의 수요와 공급에 의해서 자금시장에서 결정되는 금리가 바로 실세금리인 것이다.

따라서 실세금리는 그날 그날의 자금사정에 따라 금리의 변동이 크기 마련이다. 이에 반해 일반적인 예금금리는 한번 정해 놓으면 어느 정도 기간까지는 그 금리가 계속 지속되는 특성이 있다.

(2) 실세금리 정기예금의 특성

일반 정기예금은 한번 정해놓은 금리가 쉽게 변하지 않는 것이 특징이다. 반면 실세금리 정기예금은 가입시점에 따라 금리가 수시로 변한다. 단 금리는 수시로 변하지만 가입시점에서 정해진 금리는 예금의 만기까지 확정금리로 보장을 받게 된다.

2) 실세금리 정기예금 선택요령

(1) 이자율을 면밀히 살펴라

실세금리 정기예금이라 해도 은행에 따라서는 1년제에 초점을 맞추어 1년제에 고금리를 주는 경우가 있는가 하면, 1~3개월에 초점을 맞추어 고금리를 주는 경우 등 은행마다 제 각각이다.

이는 바꿔 말하면, 모든 기간 이를테면 1개월에서 1년제에 이르는 모든 정기예금을 다른 은행과 비교하여 고금리로 주는 은행은 찾기 힘들다는 얘기다.

따라서 예금자 입장에서는 '내가 예치하고자 하는 기간에 대하여 고금리를 주는 은행'을 선택해야 한다. 한편 일부 은행에서는 유동자금 부족을 메우기 위해 한시적으로 고금리를 주는 경우도 있다.

(2) 이자율 적용체계를 살펴라

정기예금에 가입하는 것이므로 신규 가입단계에서 예치기간을 정해야 한다. 즉 6개월제, 9개월제 등 예치기간을 정해야 한다. 이 경우 정해진 예치기간 이전에 중도해지하면 약정이율이 아닌 중도해지이율이 적용되어 이자를 적게 받는 불이익을 당하게 된다.

(3) 가입시기는 금리동향을 살펴 신중히 결정하라

실세금리형 정기예금은 말 그대로 금리 변동이 잦으므로 금리동향을 면밀히 검토하여, 금리가 높을 때 가입하는 것이 유리하다. 이를테면 오늘 금리 다르고 내일 금리가 다르다는 것이다. 그러나 가입시점에서 결정된 금리는 만기까지 확정된 금리를 보장받는다. 따라서 단기적으로 금리파도의 고점에서 가입하면 유리하다.

(4) 신탁상품보다 유리할 수 있다

실적배당을 하는 신탁상품은 시중 실세금리에 따라 배당률이 변화할 가능성이 있지만, 실세금리 정기예금은 확정금리상품이므로 경우에 따라 유리할 수 있다.

(5) 만기 3개월제보다 12개월제가 유리할 수 있다

금리동향에 따라 달라지겠지만 금리가 하락하는 경우는 단기상품보다 장기상품이 유리하다. 금리가 하락하는 경우는 단기상품의 만기가 되면 다소 떨어진 금리로 새로 가입할 수밖에 없으므로 장기상품보다 불리할 수 있다.

3) 단기금융상품 선택요령

단기간 여유있는 자금이 생겼을 때에는 금융상품을 고르기 전에 먼저 다음과 같은 선택요령을 숙지해 두는 것이 좋다.

(1) 얼마나 운용할지 기간예측을 먼저 하라

투자할 수 있는 기간이 1개월 미만인지, 3개월 정도인지, 아니면 6개월 이상인지를 먼저 판단해야 한다. 단기 고수익상품이 아무리 쏟아진다 해도 투자기간이 길면 길수록 더 높은 이자율의 금융상품을 선택할 수 있는 것이 일반적이다.

그러나 금리가 높다고 만기가 긴 상품에 무작정 돈을 맡기면 급히 돈을 써야 할 필요가 있을 때 낭패를 당하기 십상이다. 오랫동안 묻어둘 자금과 짧은 기간 동안 굴릴 자금을 구분해서 기간에 맞는 상품을 선택하는 '기간 일치전략'이야말로 재테크의 기본이다.

단기자금을 장기상품에 맡겼다가 되찾으면 중도해지 수수료를 내거나 중도해지 이자율을 적용받기 때문에 이자손실을 겪기 십상이다.

(2) 같은 상품도 금융기관별로 수익률이 다르다

같은 은행권에서도 은행별로 영업전략에 따라 유사상품의 금리가 제 각각이다. 이와 함께 한시적으로 특별 판매하는 상품은 다른 금융기관보다 높은 금리를 적용하는 경우도 많다.

(3) 입출금이 자유로운지 확인하라

단기금융상품이라고 해서 입출금이 무조건 자유롭다고 생각하면 오산이다. 언제 자금을 사용할지 모르는 경우라면 MMF, MMDA, CMA 등 입출금이 자유로운 상품 중에서 금리가 높은 것을 고르는 것이 바람직하다.

환매채(RP)와 기업어음(CP) 등 입출금에 어느 정도 제한이 있는 상품은 만기 이전에 돈을 찾게 될 경우 이자 손해를 보게 되므로 주의해야 한다.

(4) 예금금액에 따라서도 금리가 다르다

같은 금융상품이라 하더라도 예금금액에 따라 이자가 다른 경우가 있다. 은행의 MMDA 상품이 바로 그런 사례로서 거액일수록 높은 금리를 주고 그 예금금액이 작을수록 금리가 낮다.

은행의 MMDA상품의 경우 예금금액이 1억원 이상이면 연 3%이상의 이자를 지급하는 반면, 5백만원 미만이면 연 1%의 이자만을 지급하기도 한다.

고액예금에 적용되는 이자율을 믿고 무턱대고 가입했다가는 소액예금자의 경우 오히려 이자손실을 겪게 된다.

(5) 금융기관의 신용도를 감안하여 가입하라

과거에는 어느 금융기관에 예금하더라도 별로 문제가 없었지만 최근에는 금융기관의 부실여부에 대해서도 따져보아야 한다.

금융기관이 파산하더라도 예금자보호법에 의거 1인당 5천만원까지 저축 원리금을 보상받을 수 있는 길이 열려 있지만, 예금액이 많을 때에는 금융기관이 얼마나 건실한지 검토해 봐야 한다.

가장 손쉽게 금융기관의 안전성을 따지는 방법은 각 금융기관의 주가를 비교해 보는 것이다. 주가가 업종평균의 주가보다 높으면 안전한 금융기관이라고 볼 수 있다.

제4절 ⬤── 주택마련을 위한 저축상품*

4.1 주택청약저축

① 개요 : 국민주택 및 민간건설 중형 국민주택 청약권을 부여하는 적립
식 저축
② 가입대상 : 무주택세대주(1세대 1계좌)
③ 기간 : 국민주택 입주자로 선정되는 날까지
④ 월부금 : 2~50만원 범위내(5000원 단위)
⑤ 청약순위
  • 1순위 : 가입 후 2년 이상 경과하고, 매월 저축금을 연체없이 24회
  이상 납입한자
  • 2순위 : 가입 후 6개월 이상 경과하고, 매월 저축금을 연체없이 6회
  이상 납입한자

4.2 주택청약예금

① 개요 : 민영주택 및 민간건설 중형 국민주택 청약권을 부여하는 정기
예금의 일종
② 가입대상 : 만 19세 이상인 국민(법적 조건을 갖춘 재외동포 및 외국인
가능) 또는 세대주
③ 취급기관 : 2000.3.27부터 전 은행서 취급
④ 계약기간 : 1년(1년 경과시 자동 재예치)
  ※주택청약저축·예금·부금중 1계좌만 가능, 전 금융기관을 통하여
  1인 1계좌만 가능
⑤ 이자계산 : 매월 이자지급식, 만기이자 지급식

---

* 한국금융연수원(2003), pp.174~177 참조.

⑥ 청약우선순위

  • 1순위 : 지역별 해당 예치금액 예치후 2년이 경과된 자

  • 2순위 : 지역별 해당 예치금액 예치후 6개월이 경과된 자

⑦ 지역별 해당 예치금액

전용면적 지역별	85㎡이하 (약 25.7평)	102㎡이하 (약 30.8평)	102㎡～135㎡ (약 40.8평)	135㎡초과 (약 40.8평 이상)
서울 부산 광역시 시·군	300만원 250만원 200만원	600만원 400만원 300만원	1,000만원 700만원 400만원	1,500만원 1,000만원 500만원
청약 가능 평형	해당 평형은 물론 60㎡초과~85㎡이하 민간건설 중형 국민주택도 청약가능	해당 평형은 물론 85㎡이하 민영주태도 청약가능	해당 평형만 청약가능	해당 평형만 청약가능
일반분양 면적환산*	전용 25.7평이하 (약 31~34평이하)	전용 30.8평이하 (약 35~38평이하)	전용 40.8평이하 (약 39~48평이하)	전용 40.8평초과 (약 48평 초과)

주 : *는 전용면적을 일반적인 주택거래 시 이용되는 평형으로 환산한 면적을 의미하며, 주택건설업체에 따라 상기표의 분양면적이 다소 차이가 있음.

4.3 주택청약부금

① 개요, 가입대상, 취급기관, 청약우선순위는 주택청약저축과 동일

② 계약기간 : 2~5년(각 은행별 상이)

③ 적립방법 : 자유 적립식, 정액 적립식

4.4 주택청약종합저축

① 가입대상 : 개인, 외국인거주자

  • 미성년자, 주택소유자, 세대원도 가입 가능

  • 주택청약종합저축, 청약저축, 청약예금, 청약부금 중 전 금융기관 1

　　　인 1계좌

② 가입방법 : 각급 창구, 인터넷뱅킹, 스마트폰뱅킹

③ 월저축금

- 잔액이 1,500만원 미만인 경우 : 1,500만원에 도달할 때까지 일시 예치 가능
- 잔액이 1,500만원 이상인 경우 : 매월 약정납입일에 2만원~50만원 내에서 5천원 단위로 자유롭게 적립
- 선납회차 : 정상 납입회차에 추가하여 최고 24회까지 선납 가능

④ 납입방법

- 월 저축금은 매월 약정납입일(신규일자)에 납입하는 것이 순위산정에 유리하므로, 자동이체를 권유한다.
- 세금우대(생계형) 한도초과시 자동이체 중지되므로, 잔액이 세금우대(생계형) 한도 도달시 내점하여 일반과세로 전환해야 한다.
- 저축금을 매월 신규일자에 입금하지 못한 계좌는 순위산정일이 미루어진다.
- 한달에 한번만 납입인정이 되므로 한달에 두 번 납입할 경우 납입인정일은 다음달로 이연된다.

⑤ 이율 : 가입일로부터 해지일까지의 저축기간에 따라 적용

- 원금 및 이자는 해지시 일시지급
- 정부고시에 따라 변경될 수 있으며, 금리 변경시 변경일로부터 변경 후 금리 적용

⑥ 저축기간 : 가입일로부터 입주자로 선정된 날까지

⑦ 가입서류 : 실명확인증표

- 가족이 대리 가입하는 경우, 가족관계확인서류와 대리인 실명확인증표
- 외국인 거주자(화교포함)는 외국인 등록증

⑧ 소득공제 : 세법에서 정하는 무주택 세대주인 근로자(일용근로자 제외)로서, 영업점에 무주택확인서(영업점 비치)와 주민등록등본을 제출한 분에 한하여, 서류를 제출한 과세연도 납입금액부터 소득공제 가능

- 한도 : 해당 과세연도 납입금액(연 120만원 한도)의 40% 공제
- 추징 : 가입 후 5년 이내에 중도해지 하거나, 국민주택규모(전용면적 85㎡)를 초과하는 주택에 당첨된 경우에는, 납입금액(연 120만원 한도) 누계액의 6%를 추징

제5절 ●━━● 기타 저축상품*

5.1 노후자금 마련을 위한 저축상품

1) 개인연금저축(개인연금신탁, 개인연금투자신탁, 개인연금보험)

① 개요 : 노후대비 장기저축상품, 세제상 특별우대, 실적배당 또는 금리 연동형

② 취급기관 : 은행, 보험회사, 투자신탁회사, 농수협 단위조합, 우체국

③ 가입대상 : 만 20세 이상 국내 거주자

④ 저축금액 : 매월 또는 분기별로 월 기준 100만원(분기별 300만원)까지 1만원 단위로 자유적립 또는 일시에 정액납입

⑤ 저축기간 : 적립기간 + 연금지급기간

  • 적립기간 : 10년 이상 1년 단위로 수익자가 만55세(보험회사는 62세) 가 넘을때 까지

  • 연금지급기간 : 적립기간 만료일부터 5년 이상 1년 단위로 정함

⑥ 세금혜택 : 비과세(10년 이상 가입시), 소득공제(연간 적립액의 40% 범위내, 최고 72만원까지)

⑦ 2000년 12월 31일 이전 가입자에 한함(2001.1.1부터 연금신탁 시판)

2) 생계형 저축

① 가입대상 : 만 60세이상, 장애인 복지법에 등록된 장애인, 국가유공자, 국민기초생활 보장법 수급대상자, 고엽제 후유의 증 환자, 5.18 민주화 운동 부상자

② 저축금액한도 : 원금기준 3천만원

③ 저축기간 : 제한 없음(자유로이 정함)

④ 예금과목 : 제한 없음

---

* 한국금융연수원(2003), pp.178~185 참조.

⑤ 특징
- 이자소득세 면제
- 예치기간에 상관없이 비과세혜택 부여

5.2 대출을 받기 위한 저축상품

1) 종합통장

① 대출조건 : 예금평잔(보통 3개월), 정기예·적금 및 부금의 납입액, 급여(연금) 이체액, 최근 2년간의 신용카드 이용액, 공과금 납부액, 외환거래 등 은행 거래실적과 거래기간을 종합적으로 고려하여 산정
② 대출한도 : 보통 3천만원 이내
③ 대출기간 : 1년 이내(거래실적에 따라 3년까지 가능)
④ 대출방법 : 대출한도 범위내에서 필요할 때마다 수시로 인출하는 회전식 자동대출로서, 대출기간 만료시에는 대출금액을 전액 상환한 후에 다시 대출 가능

5.3 대여금고 및 보호예수

1) 대여금고

① 이용대상자 : 거래실적이 양호한 고객 및 전결권자가 인정하는 고객
② 대여금고 종류 : 일반대여금고, 지문인식 대여금고, 전자동 대여금고
③ 이용대상물
- 대여금고 이용대상에는 제한이 없다.
- 보관이 적합치 않은 위험물질, 부패성 물질 등은 확인후 거절할 수 있다.
④ 대여금고 원장에 신청인 서명 날인과 본인 확인후 접수하며, 임대보증금 및 수수료는 별도 징구함
⑤ 약정기간 : 금고의 약정기간은 1년으로 하고, 약정기간 경과시 임차인의 별도의사가 없을 경우, 5년 범위 내에서 1년씩 자동 연장
※ 금고의 임차권은 양도, 질권을 설정할 수 없다.

2) 보호 예수

① 이용대상자 : 대여금고와 동일

② 종류 : 개봉 보호예수와 봉함 보호예수 2종으로 한다.

③ 이용대상물

- 국채, 지방채, 공사채, 주권, 기타 유가증권
- 예금증서 및 통장
- 계약서, 권리증서, 기타 중요문서
- 화폐(기념화폐 포함), 귀금속 및 보석 등 귀중품
- 기타 해당 금융기관이 적당하다고 인정하는 물품

④ 보호예수 기간 및 수수료

- 보호예수 기간은 6개월로 하며, 보호예수품의 만기일이 6개월을 초과하는 경우는 예외로 할 수 있다.
- 보호예수 수수료는 각 금융기관이 별도 정하는 바에 따른다.
- 보호예수품의 액면금액 산정은 예수품의 합계금액으로 하고, 액면 백만원 미만의 단수는 백만원으로 절상하여 계산한다.

⑤ 보호예수 수수료 면제대상

- 국가 및 지방자치단체, 학교, 외국 공공기관 및 외국의 비영리 단체
- 해당 금융기관 발행, 유가증권 및 통장(증서), 해당 금융기관과 원리금 지급대행 계약이 체결된 한국토지개발공사 발행채권을 보호예수품으로 하는 경우
- 해당 금융기관의 영업점장이 승인하는 경우
  ※ 보호예수품의 일부 반환청구도 가능함

5.4 인터넷 뱅킹시스템

1) 주요 대상고객

(1) 기업

21세기 성장산업을 이끌 첨단 핵심기술을 확보하고 있거나, 새로운 비지

니스 모델로 업계를 선도하는 기업

(2) 개인

디지털 문명시대에 뛰어난 적응력을 발휘하여 미래의 선도계층으로 성장한
잠재력이 높은 사람 : 지식전문가, 첨단 N세대, 신감각파 여성, 뉴시니어 세대

〈 인터넷 확산에 따른 개인고객의 시장포지션 변화 추이 〉

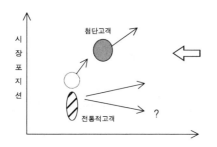

사회전반의 정보화 수준이 진전됨에 따라
인터넷뱅킹 System을 이용하는 고객의 규
모도 확대될 것이며, 영향력 측면에서도
사회전반의 주도적인 역할을 할 것임

금융에 대한 니즈

거래의 주도권을 은행이 아닌 자신이 행사하려고 하며, 합리적인 구매의사 결정능
력이 뛰어나 기대 수준이 높다. 즉 디지털시대의 고객은 "나를 이해해 주는 금융
기관과 거래" 하게 된다는 것이다.

※ 인터넷 인구 추이 : 1994년 20만, 1996년 70만, 1997년 160만, 1999년 700만

2) 미국은행의 인터넷뱅킹 이용고객 변화도

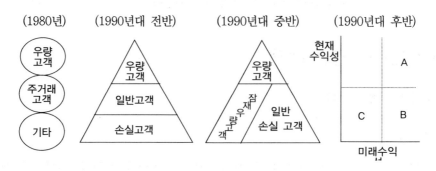

판단기준

•거래관계	•총거래 잔고	•고객의 현재수익성	•총거래 잔고
•속성정보	•상품별 잔고	•고객의 행동 패턴 예측	•상품별 잔고
•연령	•고객의 잠재성	•고객의 수익성	•가계상황

※ 고객이 인터넷뱅킹을 이용하는 가장 큰 이유
 • 적시에 적합한 채널에서 상품을 제공받을 수 있는 환경
 • 영업점과 사이버 공간에서의 Community 형성이 가능

3) 인터넷뱅킹 서비스의 종류 및 특징

(1) E-Banking 서비스

① 최신 금융정보의 제공(각종 시장금리 및 환율 등)

② 거래계좌 조회 서비스

   • 예금/대출 만기일, 대출/카드 연체유무, 이자/월부금 납입일

③ 계좌별 거래내역 조회 서비스

   • 유동성계좌의 거래내역 조회 및 이체 서비스

   • 어음/수표의 교환, 회수내역 조회 및 사고신고 등

④ 대출계좌에 대한 거래내역 및 이자납입 조회

⑤ 외환거래에 대한 대부분의 정보 제공

   • 수출입 계좌의 기일·결제관리, 거래명세 등

   • 외화예금/대출의 거래내역 및 이자 조회

⑥ 각종 카드에 대한 조회 및 이용대금 명세 조회

(2) Business Banking 서비스

Business Banking (기업뱅킹)	
• 기업 자금관리에 대한 종합서비스	• 각종 최신 금융정보 제공(금리, 환율 등)
• 은행거래를 사무실에서 직접 수행	• 전 은행거래 정보의 완벽한 조회 서비스
• 각종 은행거래 관련 데이터를 기업파일로 직접이용	• 대출이자, 사고신고 등 일부 은행거래의 지원
• 외환거래 신청업무를 사무실에서 수행	• 외환거래에 대한 모든 조회 서비스
인 터 넷	

4) 전자결제 시스템

(1) 구매대금 지급

① 구매기업 : 물품 구매 후 결제명세서를 은행에 일자별 혹은 기간별로 전송하고, 대금결제는 기업의 자금사정에 따라 자유롭게 결제할 수 있다.

② 협력업체 : 물품 공급 후 은행의 납품내역 DB에 수시로 인터넷 접속하며, 자금운용 일정에 따라 선택적으로 대출을 실행할 수 있다.

(2) 판매대금 수금

① 판매기업 : 물품 판매 후 판매 데이터를 은행에 전송, 매출채권을 자금 운용상황에 따라 선택적으로 자금화한다.

② 대리점 : 구매대금 결제를 위해 어음·수표 등의 발행없이 대금청구 명세에 의해 만기지급, 선결제가 가능하다

5) Cyber Loan

(1) 신청절차

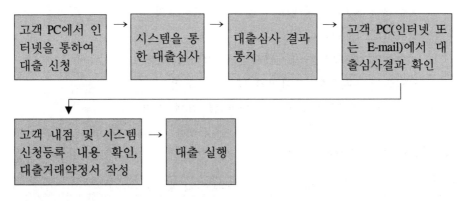

(2) 특징

① 24시간 신청 가능

② 개인 신용(부동산 담보대출 포함)만으로 대출가능

③ 대출상담 절차의 불편함과 어색함을 해소

은행권 신탁상품의
운용설계

은행권 신탁상품의 운용설계

신탁총론*

1.1 신탁의 정의

신탁 설정자(위탁자)와 신탁을 인수하는 자(수탁자)와의 특별한 신임관계에 기하여 위탁자가 특정의 재산권을 수탁자에게 이전하거나 처분을 하고, 수탁자로 하여금 수익자의 이익을 위하여 또는 특정의 목적을 위하여 그 재산권을 관리, 처분하게 하는 법률관계를 말한다.

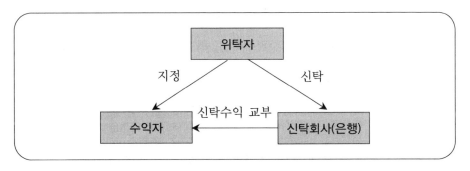

---

* 한국금융연수원(2003), pp.198~200 참조.

1.2 신탁행위

① 신탁을 설정하기 위한 법률행위를 말하며, 신탁계약이나 유언으로 이루어진다.

② 위탁자는 신탁할 재산의 소유자로서 처분할 능력이 있는 자이어야 하며, 위탁자가 수익자를 지정하지 아니한 때에는 위탁자를 수익자로 본다.

1.3 신탁회사(은행)의 신탁업

(1) 신탁업의 영위

① 신탁업은 신탁업법에 의하여 금융감독원의 인가를 받지 아니하고는 이를 영위할 수 없다.

② 신탁업법에 의하여 신탁회사는 신탁으로 인수할 수 있는 재산이 정해져 있다.

신탁으로 인수할 수 있는 재산

- 금전   • 유가증권   • 금전채권
- 동산   • 토지와 그 정착물
- 지상권, 전세권 및 토지 임차권

③ 신탁회사는 신탁업에 부수하는 다음의 영업을 영위할 수 있다.

- 보호예수   • 채무의 보증   • 부동산의 중개,
- 금전 또는 부동산 대차의 중개
- 공채·사채 또는 주식의 모집, 그 불입금의 수입 또는 원리금 배당금

(2) 신탁의 구분

수탁재산별	반환재산별	운용방법 지정여부	신탁과목
금전신탁	금전의 신탁	불특정금전신탁	- 단위금전신탁 - 추가금전신탁 - 퇴직신탁
		특정금전신탁	- 특정금전신탁
	금전신탁 이외의 금전의 신탁		- 지주신탁 - 주택건설신탁 - 택지마련신탁 - 기타 금외신탁
재산 신탁	- 유가증권의 신탁 - 금전채권의 신탁 - 동산의 신탁 - 토지 및 그 정착물의 신탁(부동산 신탁) • 부동산 관리신탁 • 부동산 처분신탁 - 지상권의 신탁 - 전세권의 신탁 - 토지 임차권의 신탁		

개념 정의

① 금전신탁

　신탁인수시 신탁재산의 금전을 수탁하여 신탁종료시 금전으로 수익자에게 교부하는 신탁

② 금전신탁이외의 금전의 신탁

　신탁인수시 신탁재산으로 금전을 수탁하여 신탁종료시 현상 그대로 수익자에게 교부하는 신탁

③ 불특정금전신탁

　위탁자가 신탁재산인 금전의 운용방법을 정하지 아니하고 수탁자에게 위임하는 신탁

④ 특정금전신탁

　신탁계약 또는 위탁자의 지시에 따라 신탁재산의 운용방법을 정하는 신탁

제2절 ⊙━ 금전신탁*

2.1 정의

　신탁이라 함은 신탁설정자인 위탁자와 신탁을 인수하는 자인 수탁자 사이의 특별한 신임관계를 기초로 하여, 위탁자가 특정의 재산권을 수탁자에게 이전하거나 또는 기타의 처분을 하고, 수탁자로 하여금 수익자의 이익 또는 특정목적을 위하여 그 재산권을 관리 처분케 하는 법률관계를 말한다. 즉 위탁자가 수탁자에게 수익자를 위하여 신탁재산을 관리·처분토록 위탁하는 것이라고 할 수 있다.

　신탁행위는 위탁자와 수탁자간 쌍방의 계약에 의하여 이루어지는 신탁계약과 위탁자의 단독행위인 유언신탁으로 나눌 수 있다.

　그리고 신탁으로 설정된 재산은 강제집행 또는 경매를 할 수 없으며 신탁재산에 속하는 채권과 신탁재산에 속하지 아니하는 채무와의 상계를 금지하는 등 법률상의 보호를 받고 있다. 금전신탁이 예금과 다른 점은 다음과 같다.

〈 금전신탁과 예금의 차이점 〉

성 격	금전신탁	예 금
재산 관계	신탁재산(신탁계정)	고유재산(은행계정)
계약 관계인	위탁자, 수탁자, 수익자(3면관계)	예금주, 은행(2면관계)
계약의 성질	신탁행위(계약, 행위) : 신탁법	소비임치계약 : 민법
운용방법	신탁계약 및 법령 범위내에서 정함	제한없음
이익배달	운용수익－신탁보수＝배당	약정이자(확정이율)
원본 보전 및 이익 보족	원칙적으로 원본 및 이익에 대하여 보증할 의무가 없음	원금과 약정이자의 지급의무 있음
특약	가능	불가능
감독	신탁업법(기획재정부, 금융감독원)	은행법(금융감독원)
이익발생요인	수수료(신탁보수)	운용수익－지급이자(예대 마진)

---

* 한국금융연수원(2003), pp.201～210 참조.

2.2 신탁재산의 관리방법

1) 합동운용

다수의 위탁자가 신탁한 금전을 수탁자가 합동하여 운용하고 그 운용수익을 신탁금액과 신탁기간에 따라 수익자에게 평등하게 배당하는 방법을 말한다.

불특정금전신탁	• 불특정금전신탁(합동운용) - 일반불특정금전신탁 - 적립식목적신탁(약정배당) • 개발신탁(합동운용) • 가계금전신탁(합동운용) • 노후생활연금신탁(합동운용) • 기업금전신탁(합동운용) • 국민주신탁(단위형신탁별 합동운용) • 적립식목적신탁(실적배당, 합동운용) • 개인연금신탁(합동운용) • 가계장기신탁(합동운용) • 근로자우대신탁(합동운용) • 신종적립신탁(합동운용) • 단위금전신탁(합동운용) • 추가금전신탁(합동운용) • 퇴직신탁(합동운용) • 신개인연금신탁(합동운용) • 신노후생활연금신탁(합동운용) • 부동산투자신탁(합동운용) • 연금저축신탁(합동운용)
특정금전신탁	• 특정금전신탁 • 퇴직연금신탁

주 : '자본시장과 금융투자업에 관한 법률'에 의거하여 2004.07.05 이후 신규가능
　　금전신탁은 특정금전신탁, 연금저축신탁, 퇴직연금신탁이며, 그 외 신탁은 신
　　규 불가능

2) 단독운용

위탁자의 신탁재산을 개별적으로 운용하고 그 운용 수익을 각각 배당하는 방법을 말한다(특정금전신탁).

3) 원본의 보전과 이익보족

신탁회사(은행)는 운용방법을 특정하지 아니한 금전신탁에 한하여 원본보전, 이익보족 계약을 체결할 수 있으며, 이 경우 원본에 손실을 초래하였거나 또는 일정한 최소액의 이익을 얻지 못한 때에는 이를 보전, 보족하여야 한다.

4) 고객 배당률의 결정

(1) 실적배당신탁

① 적용 수익률 = 평균기준 복합수익률 − 신탁보수율
  - 수탁일(또는 직전 신탁 이익계산일 다음날)부터 해지일 전일(또는 금번 신탁 익계산일)까지 이익계산일에 적용되는 실적 배당률
② 기준복합수익률
  - 제2영업일 전에 운용한 개별운용자산(신탁대출, 유가증권, 은행계정대 등)의 투자 수익률에 가중치를 적용하여 산출한 당일의 운용 수익률
  - 산식 = $\sum$(개별운용자산 × 투자 수익률) / 합동별 운용자산 총액
③ 평균기준 복합수익률
  - 수탁일 또는 이익계산일 다음 날부터 해지일 전일 또는 이익계산일까지의 평균 운용 수익률
  - 산식 = 이익계산 기간동안 매일의 기준복합수익률 합계 / 이익계산일수

(2) 확정배당신탁

연금배당률(만기 보족이익률) = 가입시 지급할 배당률을 정하여 만기까지 적용

(3) 신탁보수

① 신탁보수란 신탁업을 영위하는 은행(수탁자)이 신탁재산을 관리, 운용, 처분하거나, 취득케 해 준 대가로 받는 수수료 성격으로서 신탁은행의 주 수익원이다.

② 약정상품과 실적상품의 신탁보수 취득 방법 : 실적배당상품은 신탁보수율을 별도로 정해놓고, 운용결과 발생된 운용수익에서 신탁보수를 공제한 후 나머지를 고객에게 배당하게 되나, 약정 배당상품은 운용결과 발생된 수익에 관계없이 수탁시 약정이율로 배당을 하고, 나머지를 신탁보수로 취득한다.

(4) 신탁보수율의 결정

① 실적상품의 신탁보수율은 은행이익과 대고객배당률 사이에서 역의 상관 관계를 갖는다. 즉 은행이익을 크게 하려면 고객배당률이 낮아지고, 고객배당률을 높게 하려면 은행이익이 적어진다.

② 각 행은 전략상품에 대하여는 신탁보수율을 낮게 하여 고객배당률을 높임으로써 규모증가에 따른 은행수익증대를 꾀하고 있다.

5) 수익률의 개념(금리)

(1) 개념

수익률(이자율)이란 화폐나 재화의 현재가치와 미래가치의 교환비율이다. 즉 수익률은 상대적으로 더 큰 가치를 지니고 있는 현재의 효용(투자 금액 또는 예금)을 희생한 대가, 즉 기회비용을 말하며, 통상 금융시장에서 자금의 수급을 결정하는 주요인이다.

(2) 단리와 복리

① 단리 : 명목 이자율을 투자 기간만큼 산술적으로 더하여 적용하는 것을 말한다.

단리의 산식

$$원리금 = 원금 + (원금 × 이자율 × 기간)$$
$$S = P + (P × r × n)$$

② 복리 : 일정금액의 원금이 투자되어 이자계산 단위기간의 제1기에 이자가 발생하면, 그 다음 기에는 원금뿐만 아니라, 이미 발생한 이자에 대해서도 이자가 발생한다. 이러한 과정을 반복함으로써 단위기간마다 발생한 이자를 원금에 가산하는 것을 복리라 하며, 이는 이자의 이자, 즉 이자의 재투자를 고려한다는 점에서 중요한 특징이 있다.

　　복리계산에서는 복리단위 기간이 문제가 된다. 복리체계는 이자계산의 단위계산마다 발생한 이자를 다시 원금에 가산하는 방식이므로, 단위기간을 짧게 하여 복리 횟수를 늘릴수록 원금에 가산된 이자가 많아지고, 이자에 대한 이자도 많아지므로 만기원리금도 당연히 많아질 것이다.

복리의 산식

$$원리금 = 원금 × (1 + 이자율 / 연간복리횟수)^{기간(연) × 연간복리횟수}$$
$$S = P × (1 + r / m)^{n × m}$$

(3) 단리와 복리의 비교

① 단리는 이자의 재투자(이자의 이자)가 없으나, 복리는 이자의 이자가 이자율만큼 재투자되기 때문에 단리보다 유리하다.

② 복리는 이자가 재투자되므로 투자기간이 길수록 이자가 기하급수적으로 증가하여 단리와의 차이가 더 커진다.

③ 복리의 경우 같은 이자율이라 하더라도 이익의 계산단위가 짧을수록 복리횟수가 많아져 유리하다.

6) 수익률의 종류

(1) 표면금리

이익계산의 기초가 되는 기준금리를 말하며 이익계산의 방법이나 이자를 지급하는 방법에 상관없이 통상 "연 ××"라고 통칭한다.

(2) 총 수익률

표면금리를 기준으로 각 금융상품의 이익계산방식에 따라 총수익을 산출하여 이를 원금에 대한 비율로 표시한 수익률을 말한다. 이는 표면금리가 높을수록, 연간 복리횟수가 많을수록, 예치기간이 길수록 더욱 커진다.

(3) 실효 수익률

예금의 원금, 표면금리에 따른 이자 및 이자의 재투자 수익률을 모두 계산한 총 수입금액의 증가율을 실효 수익률이라 한다.

이는 일정기간 중 표면금리에 따른 이자수입, 이자를 복리운용(재투자)하여 발생하는 수익 등을 모두 합산하여 총 수입금의 원금(원본)에 대한 연복리증가율로 나타낸다.

즉 1년 시점에서의 수익을 원금으로 나눈 실질적인 수익률 지표로 타상품과의 수익률 비교에 널리 활용되고 있으며 이론적으로도 가장 합리적이다.

(4) 세후 수익률

① 매 이익계산 때마다 세금 공제후 원가하는 경우의 세후 수익률
② 대상과목 : 가계금전신탁, 기업금전신탁 등

7) 신탁상품의 배당률 산출

(1) 만기배당률

① 실적배당상품

> 만기배당률(적용 수익률) = 평균 수익률 - 신탁 보수율

② 확정배당상품
- 표면이자가 만기배당률(이자지급식)임

(2) 중도해지 수수료율

① 중도해지 수수료율
- 각 은행별 계정과목별로 차이가 있음
② 중도해지 수수료의 연율 환산
- 중도해지 수수료율은 산정기준이 해지 금액이므로 이를 연율로 환산하여야 중도해지 배당률을 연율로 구할 수 있음

> 중도해지 수수료율(연율) = 중도해지 수수료율 × 365 / 경과일수
> 중도해지 수수료율(연율) = 중도해지 수수료율 × 12 / 경과월수

(3) 중도해지 배당률

중도해지 배당률은 만기배당률(적용 수익률)에서 중도해지 수수료를 차감하여 산출한다.

> 중도해지 배당률(연율) = 만기배당률 - 중도해지 수수료율(연율)

제3절 ● **채권시가평가제도**[*]

3.1 시가평가제도의 개념

① 채권시가평가제도란 은행 신탁상품, 투신사 수익증권과 같은 금융상품에 편입된 채권을 장부가격이 아닌 실제 시장에서 거래되는 가격(시가)으로 평가하는 제도로, 시장금리 변동에 따른 채권가격의 등락이 펀드가치에 즉시 반영되도록 하는 제도이다.

② 즉 편입된 주식을 매일 시가로 평가하여 펀드가치에 반영하는 것과 같이 채권에 대해서도 동일하게 적용하는 것이다.

③ 지금까지 장부가 평가방식의 은행 신탁상품과 투신사 수익증권은, 해당 펀드내에 편입된 채권을 매입 당시 가격(장부가)에 매일의 이자를 더해 평가함으로써, 금리변동에 따른 채권가격의 등락은 반영되지 않았다.

• 금리 상승 ⇒ 채권가격 하락 → 펀드가치 하락
• 금리 하락 ⇒ 채권가격 상승 → 펀드가치 상승

④ 시가평가형 신탁상품

채권시가평가제도의 시행과 함께, 장부가 평가형 신탁상품의 신규설정이 중지됨에 따라, 추가금전신탁과 단위금전신탁 등 시가평가형 신탁상품이 신규 설정되어 판매되었다.

그러나 이 또한 '간접투자자산운용업법'에 따라, 연금신탁이나 퇴직신탁 등 원본보존 특약이 있는 일부 원본보존형 신탁을 제외하고는 2004년 7월 4일부터 신규 가입이 중지되었으며, 퇴직신탁은 퇴직연금제도의 시행으로 인하여 2005년 12월 1일부터 가입이 중지되었다.

---

* 한국금융연수원(2003), pp.211~219 참조.

3.2 시가평가제도 시행으로 달라지는 점

① 해지시 해지신청일 포함 제3영업일(채권형) 또는 제4영업일(주식형)에
   원리금을 지급
② 고객의 해지에 대비한 준비자금으로 신탁기간중 불필요한 유동성을
   확보하면 펀드수익률이 낮아짐
③ 고객의 해지신청 → 고객의 지급자금 마련을 위한 보유유가증권의 처
   분 → 3~4영업일 소요 → 고객에게 해지자금 지급

3.3 시가평가제도가 신탁상품에 미치는 영향

1) 기존 장부가 평가방식 신탁상품

① 시가평가와 무관하므로 현행과 같이 안정적 수익을 계속 얻을 수 있음
② 시가평가 대신 자산건전성 분류에 따라 채권평가충당금을 적립해야
   하므로, 부실발생 또는 부실자산의 회수에 따라 종전보다 배당률 등락
   이 있음

2) 시가평가를 적용 받는 신탁상품

① 금리 하락시 : 채권가격 상승으로 인한 자본이득 발생 → 펀드의 수익
   률 추가 상승
② 금리 완만한 상승시 : 기간경과에 따른 채권이자의 발생분이 금리상승
   에 따른 채권가격 하락분을 상쇄하므로 수익률에 별다른 변동이 없음
③ 금리 급격한 상승시 : 채권가격 하락으로 인한 자본손실 발생 → 펀드
   의 수익률이 하락, 극단적인 경우에는 원금의 일부 손실도 가능
   • 시가평가 상품이 일견 기존 장부가 평가상품에 비해 변동성이 크고
     불안하게 보일 수 있으나
   • 시가평가 상품은 새롭게 설정되는 펀드로서, 안정된 운용으로 채권
     의 부실발생 가능성이 낮기 때문에, 장부가 평가상품에 비해 자산건

전성이 상대적으로 높다고 볼 수 있다.

3.4 시가평가 채권형 상품의 특징

① 우량회사채 및 CP, 국공채로 운용하므로 안전성이 높음
② 주식형 펀드와 달리 급격한 금리상승이 없을 경우 원금손실 가능성은
  적음
  • 채권형 펀드라고 해서 금액 전부가 채권에만 운용되는 것은 아니며,
    기업어음(CP), 대출 등 시가평가를 받지 않는 금리변동과 무관한 자
    산으로도 일정부분이 운용되고 있음
  • 채권에서 발생되는 이자가 누적되어 금리상승에 따른 손실을 상쇄
    시키는 역할을 하게 됨
  • 따라서 급격한 금리상승이 없을 경우, 원금손실 가능성은 적음
③ 안정적인 채권이자수익과 함께 금리차에 따른 추가적인 매매익 실현
  이 가능함

제4절 ● 특정금전신탁*

4.1 정의

특정금전신탁이란 신탁자금의 운용방법을 위탁자와 신탁계약에 의해 특정하고 그 정한 바에 따라 운용하고 그 수익을 배당하는 금전신탁을 말한다.

4.2 가입 대상자

① 위탁자는 정부와 사업자등록번호를 소지한 법인, 각종 기금 등으로 하며, 개인 및 개인사업자도 가능하다.
② 수익자는 위탁자 본인 또는 위탁자가 지정하는 자로 한다.

4.3 신탁 금액

이 신탁의 신규금액은 2천만원 이상으로 한다(은행에 따라서 신탁금액의 차이 있음).

4.4 배당률

특정금전신탁은 총 운용수익에서 신탁보수 및 신탁업무 처리에 필요한 경비를 차감한 실적을 배당한다.

4.5 운용 방법

특정금전신탁은 위탁자의 운용지시에 의하여 단독 운용한다.

---

* 한국금융연수원(2003), pp.256~258 참조.

4.6 신탁이익의 계산

1) 신탁이익

① 이익계산일은 신탁종료일로 하고, 그 이익은 신탁종료시에 원금과 함께 지급한다. 다만 이익계산일을 개별 신탁계약서에 별도로 정하였을 경우에는 그날을 이익계산일로 한다.

② 이익계산일 이전에 발생된 운용수익에 대한 지급요청이 있는 경우에는 이를 지급할 수 있다.

2) 만기해지

① 신탁기간이 만료되어 해지요청이 있는 경우에는 통장 및 청구서를 받고 신탁원본 및 이익을 지급한다.

② 신탁재산을 환가하지 못한 경우 또는 수익자가 요청하는 경우에는 채권양도, 명의개서 또는 부동산의 이전등기 등의 방법으로 운용현상 그대로 교부할 수 있다.

3) 중도해지

특정금전신탁은 원칙적으로 중도해지할 수 없으나 다음 사유에 해당될 때에는 해지할 수 있다.

① 계약만료전 원본 및 수익금 전액이 완전 회수되어 신탁목적이 달성되었을 때

② 원본의 운용에 있어서 일부 회수된 범위내에서 해지를 신청한 때

③ 수익자가 위탁자의 동의를 얻고 그 사정이 부득이하다고 인정될 때

4) 만기후 해지

① 만기후 배당률은 실적배당에 의한다.

② 만기후 해지는 만기일부터 해지일 전일까지의 신탁이익을 해지시 일괄 지급한다.

제5절 ● ━━ 연금저축신탁

5.1 신탁관계인

① 위탁자 : 국내거주자인 개인에 한함
  • 국내거주자란 가입당시 소득세법상 거주요건을 충족한 국민 및 외국인을 말함
② 수익자 : 위탁자와 동일인이어야 한다(타인신탁 가입은 불가능).

5.2 신탁금액

매회 적립금은 1만원 이상 원단위로 자유롭게 적립할 수 있으며, 연간 1,800만원을 초과하지 못한다.
  • 기존 개인연금신탁, 신개인연금신탁의 불입금액과 별도 산정하며, 다른 금융회사에 개설한 연금계좌[연금저축계좌 및 퇴직연금계좌(DC, IRP)의 자기부담금]와 합산하여 1,800만원

5.3 소득공제(2006.1.2 개정)

당해 연도의 저축불입액과 400만원 중 작은 금액을 당해 연도의 종합소득금액에서 공제한다.
  • 기존 개인연금신탁, 신(新)개인연금신탁의 소득공제와 별도 산정함.

5.4 신탁기간

① 신탁기간은 적립기간과 연금지급기간을 포함한 기간으로 한다.
② 적립기간은 최소 5년 이상으로 가입자의 연령이 만55세 이상이 되는 때까지로 정한다.

③ 연금지급기간은 아래의 각 호를 모두 충족한 때로부터 10년 이상으로
정한다.
- 가입자가 만55세 이후
- 연금계좌 가입일로부터 5년이 경과한 이후

④ 적립기간 및 연금지급기간은 위탁자의 요청에 따라, 관계법령이 정한
범위내에서 변경할 수 있다.

5.5 연금수령

① 연금수령이란 연금계좌에서 다음 각 호의 요건을 모두 갖추어 인출하
는 것을 말한다.
- 가입자가 만55세 이후 은행에 연금수령 개시를 신청한 후 인출할 것
- 연금계좌의 가입일부터 5년이 경과된 후에 인출할 것

② 연금소득세율

나이(연금수령일 현재)	적용세율
만55세 이상 만70세 미만	5.5%
만70세 이상 만80세 미만	4.4%
만80세 이상	3.3%

주 : 위 세율은 지방소득세(원천징수세액의 10%)를 포함한 세율임.

5.6 연금저축상품의 종류

연금저축상품은 판매 회사의 종류에 따라 연금저축신탁(은행), 연금저축
보험(보험사), 연금저축펀드(자산 운용사) 등으로 구분된다. 각 연금저축상
품은 운용 주체에 따라 특성이 다르며, 장단점 또한 서로 다르다. 이를 정리
해보면 다음 <표>와 같다.

한편 판매 회사별로 연금저축 가입현황을 살펴보면, 보험사(생명보험사,
손해보험사)의 가입비중이 전체의 80.4%를 차지하고, 은행과 자산운용사가
그 뒤를 잇고 있다. 그러나 연도별 적립식 규모를 살펴보면, 자산운용사의
적립액 증가율이 25%로 가장 높고, 그 다음이 보험사 16.06%, 은행 1.51%로

거의 정체되어 있다.

< 연금저축상품의 종류와 차이점 >

구분	연금저축신탁 (은행)		연금저축보험 (보험사)		연금저축펀드 (자산 운용사)		
	채권형	안전형	생보사	손보사	채권형	혼합형	주식형
자산 운용	채권	채권, 주식 10% 미만	제한 없음		채권 60% 이상	채권, 주식	주식 60% 이상
적용 금리	실적 배당		적용 금리		실적 배당		
납입 방식	자유 납입 (매월 정액납입 가능)		매월 정액납입만 가능		자유 납입 (매월 정액납입 가능)		
연금 수령	확정기간형 (기간 제한 없음)		확정기간형 종신형	확정기간형 (최장 25년)	확정기간형 (기간 제한 없음)		
원금 보장	보장		보장	보장	비보장 (주식 등 고위험 투자대상에 따른 원금손실 가능)		
예금 보호	보호		보호	보호	비보호 (예금보호대상은 아니지만, 펀드재산을 신탁회사에서 별도로 위탁·보관함)		

제**6**장

은행권 대출상품 활용과 대출설계

은행권 대출상품 활용과 대출설계

제1절 ━━● 은행대출 총론*

　예금이자를 많이 받는 것도 중요하지만 대출을 받을 때 대출금리를 낮게 내는 것도 재테크의 한 방법임을 잊지 말아야 한다. 기존 대출이 있는 상태에서 여유자금이 생기면, 또 다른 예금을 하기보다는 대출부터 상환하는 것도 훌륭한 재테크이다.

1.1 낮아진 대출 금리

　금융기관들이 대출세일 경쟁에 나서고 있다. 과거의 예금유치경쟁은 사라지고, 대신 빌려주기 경쟁이 치열하다. 돈 많은 예금고객을 유치하는 것보다, 이자를 잘 내는 대출고객을 많이 확보하는데 은행들이 혈안이 되어 있다.

　대출경쟁이 전혀 새로운 것은 아니다. 그러나 과거와는 양상이 다르다. 한 푼이라도 더 벌겠다는 차원에 그치지 않는다. 사활이라도 걸린 듯하다. 파격적인 대출상품이 많다.

　특히 개인고객에 대한 대출에 중점을 두고 있다. 기업대출에는 별 관심이

＊ 한국금융연수원, FP(금융상품)2, 2003, pp.235～244 참조.

없다. 과거 부실대출의 대부분이 기업대출인 탓도 있다. 이런 대출경쟁의 배경에는 외국은행들이 국내에 본격적으로 진출하기 전에 시장을 미리 선점하겠다는 포석이 깔려 있다. 게다가 갈수록 대출수요가 줄어들고 있는 것도 금융기관들에겐 큰 고민거리다. 돈 굴릴 데가 없다는 것이다.

은행의 저축성예금은 최근들어 크게 증가하고 있다. 그런데 이렇게 돈이 들어와도 마땅히 운용할 데가 없어 은행들은 대출 늘리기에 나서고 있는 것이다. 자산운용대상 중 대출이 그나마 고수익을 은행에 안겨주기 때문이다.

은행대출이자는 보통 시장금리에 가산금리를 더해 적용한다. 은행계정대출 시장(조달)금리는 은행마다 다소 차이는 있지만, 대략 5.1~5.6% 수준이며, 가산금리는 신용등급에 따라 다르나 보통 2.4~6% 수준이나, 일반적으로 주택담보대출일 경우 4.1~5.5% 수준이고, 신용대출의 경우는 6~12% 수준이다.

종전에는 신탁대출의 경우 은행계정대출보다 1.0~2.0% 포인트 가량 높았으나, 현재는 금리차이가 거의 미미하며, 신탁대출이든 은행계정대출이든 담보여부에 따라서 대출금리가 차이가 난다. 즉 주택담보대출과 같이 담보가 확실한 경우에는 대출금리가 우선금리 수준이고, 순수한 신용대출의 경우에는 우대금리 +3.0~4.0% 수준이다.

우대금리(prime rate)란?

은행들이 가장 우량한 고객에게 적용하는 최우대금리로 보통 '대출우대금리'라고 부른다. 이 말은 미국 대공황 직후 은행이 손실을 입지 않는 최저대출금리라는 의미에서 시작되었다.

우대금리는 은행이 기업 신용도에 따라 차등금리를 적용할 때, 가장 낮은 금리를 나타내는 것으로 모든 대출금리의 기준이 된다.

우대금리가 오르면 신규대출은 물론 이미 대출을 받은 고객의 금리도 자동적으로 올라간다. 반면에 신용가산금리는 신규대출자에게만 적용되고 기존 대출자는 종전금리가 적용된다.

대출금리는 이런 우대금리(시장조달금리)에 고객신용도를 반영한 신용 가산금리를 더한 뒤 기간 가산금리 등을 추가해 결정된다.

또한 가산금리폭도 종전보다 1~2% 포인트 올린 경우가 많아, 종전 신용도를 유지하지 못하거나, 일정 수익이 없는 고객이 연장 신청할 경우 확대된 폭만큼 대출금리가 추가로 오른다고 생각하면 된다.

1.2 자금용도·만기를 따져라

대출을 받으려는 사람들이 부쩍 늘고 있다. 은행들의 대출금리 인하와 증권투자 등 개인의 투자 선호도에 따라 대출을 받아 보겠다고 생각하는 사람들이 많아지고 있는 것이다.

그러나 대출을 받을 때에도 원칙이 있어야 한다. '남들이 하니까 나도 한다'는 식의 대출은 금물이다. 원리금은 언제 어떻게 갚을 것인가, 부대비용은 얼마나 들어가는지 등을 따져보아야 한다.

특히 자금용도나 만기 등을 따져보지 않고 대출을 받았다가는, 중도상환에 따른 수수료 때문에 뜻하지 않은 손해를 감수해야 하는 경우도 생긴다. 게다가 지금은 한자리수 금리시대이다.

예금을 맡겨도 수익이 보잘 것 없는 상황에서 현명한 대출방법은 중요한 재테크 수단이다. 재테크는 같은 조건에서 보다 많은 수익을 남기는 것이며, 반대로 같은 조건이라면 비용을 적게 지출하는 것도 재테크의 한 방법이다.

1) 대출의 종류

은행대출은 우선 담보대출과 신용대출로 대별할 수 있다. 담보대출은 주택 등을 담보로 하는 부동산 담보대출과 예금을 담보로 하는 예금담보대출로 구분된다. 담보없이 개인의 신용만으로 돈을 빌리는 것이 신용대출이다. 신용대출은 다시 보증인을 세우는 보증대출과 보증인이 필요없는 무보증대출로 나눈다.

> **연대보증의 제한 및 부분 연대보증제도**
>
> 1992년 12월부터 운용되는 제도로 보증금액을 제한하여 보증인의 피해를 축소하기 위해 제정된 것이다. 이 제도의 도입으로 기존의 연대보증대출은 주채무자가 채무를 상환하여 연대보증채무가 상환될 때까지 기존의 연대보증제도를 유지하고, 이후 취급분은 다음과 같이 제한적으로 운용된다.
>
> ① 연대보증의 제한 : 개인이 보증할 수 있는 보증책임 금액을 여신 건별 1인당 1천만원 이하로 운용한다. 단 기업여신의 경우 과점주주 등 기업의 실질적인 소유관계에 있는 개인은 적용을 배제한다(거액의 동일 여신을 1천만원 이내의 소액여신으로 분할 취급금지).
> ② 부분연대보증제도 : 가계여신의 경우 개인이 연대보증시 채무자의 신용여신한도 초과분에 대해서만 보증채무를 부담한다.

2) 담보가액 산정

부동산담보대출을 받을 때 시가만큼 대출을 받을 것으로 생각하면 오산이다. 담보가격을 평가하는 기준은 감정가격이다. 이외에도 선순위저당권설정금액과 소액임차보증금을 차감한다.

- 정규담보가액 = 감정가액 × 정규담보비율
- 유효담보가액 = 정규담보가액 − 선순위설정금액 및 선순위권리금액

3) 담보설정비용

근저당권설정 비용과 인지대, 담보조사 수수료 등을 합치면 대략 대출금액의 1~2%가 소요된다. 신용대출은 이만한 비용을 절약할 수 있어 유리하다(대신 신용대출은 은행의 신용리스크 부담이 있으므로, 그만큼의 높은 금리를 부담해야 함).

일단 근저당권을 설정했으면 대출금을 상환하더라도 추후 추가대출을 염두에 둘 경우, 한동안 근저당권설정을 해지하지 않는 것이 좋다(2011년 7월 1일부터는 근저당권설정비용을 은행에서 부담하게 됨).

(1) 근저당권설정비용

부동산을 담보제공하는 경우의 저당권 등기 설정비용은 다음과 같다.

즉, 설정비용 = 등록세 + 교육세 + 채권매입 + 법무사수수료

① 등록세 : 설정금액 × 2/1,000

② 교육세 : 등록세 × 20/100

③ 채권매입 : 설정금액 × 10/1,000(단 설정금액이 1천만원 미만은 제외)

④ 법무사 수수료(기본수수료 + 보수누진액)

- 기본수수료 : 기본보수액 + 특례 등 규정에 의한 가산액(50,000원 이내)
- 보수누진액 : 설정액 기준

(2) 수입인지대

모든 대출에 공통적으로 4천만원 초과시 대출금액에 따라 인지세법 제3조1항에 의하여 부과되는 수입인지대는 다음과 같다.

약정서	약정금액	인지세액
대출거래약정서 (카드론약정서 포함)	4천만원 이하 4천만원 초과 ~ 5천만원 이하 5천만원 초과 ~ 1억원 이하 1억원 초과 ~ 10억원 이하 10억원 초과	비과세 40,000원 70,000원 150,000원 350,000원
지급보증서	1매당	10,000원

(3) 감정수수료

담보물 감정수수료는 일정금액 이하의 주택담보 대출시에는 금융기관이 자체 감정하여 건당 수수료를 징수하지만, 금액이 크거나 주택이 아닌 경우 등의 사유로 감정평가기관을 이용하게 되면 감정업자의 보수에 관한 기준에 의하여 감정수수료를 부담하여야 한다.

> • 일반 감정수수료 = 기본수수료 + (초과금액 × 초과수수료율) + 실비
> • 특수 감정수수료 = 기본수수료(50,000원) + (초과금액 × 초과수수료율 × 1.5) + 실비
> ※ 산림 등 특수물건 감정경비는 일반감정의 초과수수료의 1.5배 부담

4) 상환방법

만기일시상환, 매월 원리금 균등분할상환, 매월 원금균등상환방식 등

5) 조기상환 수수료

조기상환 수수료도 고려해야 한다. 일부 금융기관은 약정대출기간 이전에 대출금을 미리 상환하면 수수료를 물린다. 앞으로 언제 얼마나 여유돈이 생길지 알 수 없다.

또 훨씬 싸고 조건 좋은 대출상품이 나타났을 경우, 신규대출로 바꿔치기를 할 수도 있다. 이런 경우를 위해 대출자는 조기상환 수수료가 없는 상품 (통장대출 등)을 찾는 것이 최선이다.

6) 대출금리

고정금리와 변동금리로 나뉜다. 대부분의 금융기관이 프라임 레이트(우대금리)에 연동되는 변동금리를 적용하고 있다.

1.3 주거래은행 선정은 필수

은행들은 예금을 유치하기 위해 고객들이 예금상품에 가입할 경우 다양한 대출서비스를 제시하고 있다. 따라서 예금을 하나 들더라도 금리뿐만 아니라 부대조건을 찬찬히 따져봐야 한다는 얘기다. 더 좋은 방법은 주거래은행을 만들어 놓는 것이다.

고객들이 금리를 찾아 여기저기 많은 금융기관을 거래하다 보면, 앞으로 남고 뒤로 밑지는 경우가 발생하기 쉽다. 급전이 필요해 대출을 받으려 할 경우 어려움에 처하게 되기 때문이다. 이에 따라 고객들은 언제든지 대출을 받을 수 있는 은행을 확보해 두는 것이 좋다.

이를테면 급여이체, 각종 공과금 수납, 카드사용 등을 한 은행으로 집중시켜 두는 것이 바람직하다. 앞으로 닥칠 기회나 위험에 대비해 주거래은행을 만들고 그 은행의 자금으로 기회를 살릴 수 있어야 한다.

중요한 재테크 수단의 하나는 기회가 왔을 때 고객이 가진 모든 힘을 한 꺼번에 쏟아 부을 수 있는 기반을 만들어 가는 것이다. 현금을 확보할 수 있는 능력을 미리 확보하는 것이 이 시대를 살아가는 현명한 방법의 하나이다.

일부 은행의 경우 가족명의의 실적과 환전 등의 실적도 포함하여 대출한도에 고려하고 있기 때문에, 본인은 물론 가족도 한 은행으로 집중하는 주거래은행 선정이 필요한 시점이다.

1.4 대출은 이제 자산이 아니다

은행에서 대출을 받을 수 있다는 것이 한동안 고객의 신용도를 파악하는 중요한 수단이었다. 하지만 지금은 이같은 원칙은 통하지 않는다. 요즘도 대기업들은 과다한 차입경영으로 생존의 위협을 받고 있다.

개인에게도 상황은 마찬가지이다. 이같은 불안정한 경제상황하에서는 자기자본비율을 높여 두어야 한다. 은행들은 최근 BIS(국제결제은행) 자기자본비율을 높이느라 혈안이 되어있다. 일반고객들도 이에 신경을 곤두세워야 한다.

제**2**절 ●━━● **긴급자금대출**[*]

2.1 마이너스 통장대출

일반인들이 가끔씩 생활비가 부족할 때 손쉽게 접하는 것이 신용카드 현금서비스이다. 신용카드 현금서비스는 별도의 대출절차 없이 가장 편리하게 은행돈을 빌려쓸 수 있다는 장점을 가지고 있는 반면에, 매월 일정한 한도가 정해지고 금리도 일반대출금리보다 훨씬 비싸다는 단점이 있다.

일부에서는 여러 개의 카드를 가지고 있으면 되지 않느냐는 생각을 하는 사람도 있지만 잘못된 생각이다. 매월 카드대금을 막느라 이 은행 저 은행을 전전하는 사태가 올 수도 있으며, 다른 대출에 비해 금리 면에서도 월등히 비싸다.

이런 경우 은행 종합통장의 마이너스 대출을 이용하면 이자율도 낮을 뿐만 아니라, 상환방법에 있어서도 훨씬 유리하다. 은행에 따라 '종합통장대출' 혹은 '통장자동대출' 등으로 불리는 마이너스 대출은 통장잔액이 마이너스(−)일 때에만 그 기간에 해당하는 금액만큼 대출금이자를 내는 대출방식으로 되어 있다.

개인은 물론 개인사업자인 경우에도 이용할 수 있으며, 계약기간 내에서는 언제든지 인출할 수 있고, 대출금을 상환할 수도 있다. 예를 들어 1천만원을 마이너스 대출로 받기로 약정했다면, 통장잔액이 -1천만원을 넘지 않는 범위에서 마음대로 돈을 인출할 수 있으며, 통장에 돈을 입금하면 그만큼 대출금액이 줄어들어 대출이자 부담도 줄어든다.

1) 대출자격

현재 거래하고 있는 은행에 종합통장 계좌가 있어야 하며, 은행에서 정한 기준에 따라 은행에서 정한 범위 내에서 대출이 가능하다. 거래은행이 없는

---

[*] 한국금융연수원, FP(금융상품)2, 2001, pp.81～109 참조.

경우, 입출금이 자유로운 통장을 개설하여 거래실적을 쌓아야 한다. 한편 담보제공이 가능한 경우는 거래실적에 관계없이 통장대출이 가능하다.

2) 대출액을 늘리는 방법

(1) 봉급생활자의 경우 급여를 통장에 자동이체 하라

은행과 거래하는 기간이 길어지면 일반적으로 대출한도도 그만큼 높아지게 된다. 거래기간별로 적용하는 우대율이 차등화하기 때문이다. 각 은행에서 가장 우대하는 것이 급여이체 실적이다.

거래기간은 물론 이체금액에 따른 우대율을 다른 예금상품보다 훨씬 유리하게 적용하고 있다. 그 이유는 주거래은행을 지정하여 계속적인 거래를 유도하기 위한 방편의 일환으로 급여이체 거래자를 우대해 주는 것이다.

(2) 거래기간을 늘려라

마이너스 대출을 받기 위해서는, 원칙적으로 그동안 거래해 온 은행과 지속적으로 거래하는 것이 가장 유리하다. 대부분의 은행들은 최근 3개월간의 거래실적을 대출한도 산정의 기본토대로 삼고 있지만, 거래기간이 짧을수록 대출한도를 적게 책정하는 등 거래기간에 따른 가중치를 부여하고 있다.

따라서 거래기간이 길수록 대출한도 산정에 유리하므로, 마이너스 대출을 많이 받으려면 거래기간을 최대로 하여야 한다.

(3) 신용카드 사용실적도 추가로 가산점을 받을 수 있다

본인 및 가족회원의 최근 6개월간 신용카드 결제실적의 3배 또는 최근 1년간 결제실적 등의 기준에 의해 대출한도를 산정하되, 현금서비스 이용실적은 제외한다.

(4) 환전실적이 있을 때에도 가산점을 받을 수 있다

해외출장이나 여행시 환전을 하는 경우 그 금액에 따라 일정액의 가산점을 받을 수 있으므로, 환전한 기록(영수증)을 꼼꼼히 챙겨야 한다. 외화송금시에도 가산점을 인정해 주기도 한다.

(5) 대출받기 직전 3개월간 거래실적에 대한 집중관리가 필요하다

통상 마이너스대출을 산정할 때 최근 3개월간의 이용실적으로 따지는 경우가 대부분이다. 따라서 일정액을 예금으로 유지하는 것은 물론 각종 이용실적도 대출받기 직전 3개월을 집중적으로 관리하여야 한다.

(6) 모든 거래를 1개 은행으로 집중하라

마이너스 대출의 기간은 대부분 1년으로 통일되어 있지만, 대출을 받을 수 있는 한도는 개인별로 1천만원에서 5천만원까지로 천차만별이다(담보제공시 담보가용가 범위내에서 한도제한 없음).

또한 대출한도를 산정하는데 있어, 거래실적은 입출금이 자유로운 예금뿐만 아니라, 적립식예금, 외화예금 등 예금상품도 포함됨은 물론, 급여이체, 신용카드 결제대금(사용실적이 아님), 공과금 자동이체 실적, 외화 환전실적 등 모든 은행거래실적을 종합적으로 합산해 산출한다는 점에 유의해야 한다.

이 점이 모든 거래를 한 은행으로 집중해야 하는 이유가 되며, 마이너스 대출을 받으려면 자신에게 유리한 특정은행을 지정하여 거래를 집중시켜야 유리하다.

(7) 온 가족의 거래은행도 통일시켜야 한다

대부분 은행은 본인의 예금실적 뿐만 아니라, 가족의 예금실적까지 합산해 대출한도를 산정하고 있으므로, 본인뿐만 아니라 온 가족의 주거래은행을 하나로 정해 두는 것이 유리하다.

3) 마이너스 대출의 장점

(1) 다른 신용대출에 비해 금리가 저렴하다

일반대출로 1년간 대출을 받으면 무조건 대출받은 금액에 대하여 1년간 대출이자를 지불해야 하지만, 마이너스 대출은 대출금의 사용기간과 실제사용 금액에 따라 이자금액이 달라진다. 따라서 일반대출금리보다 유리하다고 할 수 있다.

또한 신용카드 현금서비스와 비교하면 마이너스 대출은 훨씬 금리가 낮아진다. 즉 신용카드대출로 현금서비스를 받아 30일이후 결제하면 사용금액의 2.1%를 수수료로 부담하여야 하는데, 연 이자율로 환산하면 무려 25%의 높은 금리를 부담하여야 한다.

(2) 연장시 장기대출 가산금리가 붙지 않는다

일반적으로 은행대출의 경우 가산금리제도가 있지만, 대부분의 은행들이 마이너스대출 만기시 재산정한 대출한도가 기존 대출금액보다 큰 경우 가산금리 없이 연장을 해주고 있다.

(3) 무보증 대출이 가능하다

일반대출은 거래가 없으면 담보제공이나 보증인을 세워야 하나, 마이너스대출은 주거래은행의 거래실적이 있으면 보증인 없이도 본인의 실적만으로 대출한도 산정이 가능하다. 은행별로 고객의 직업이나 신용도, 그리고 거래상태에 따라 무보증으로 해줄 수 있는 경우가 각각 다르다.

(4) 이자부담이 줄어든다

대출을 받은 뒤 자금여력이 있어 대출금의 일부를 갚으면, 나머지 부분에 대하여만 이자를 부담하면 된다. 추후 또 다시 대출을 받을 경우, 은행의 창구를 통하지 않고 통장에서 꺼내 쓰면 된다.

4) 기타 유리한 점

(1) 연장이 편리하다

마이너스 대출은 대개 1년 단위로 대출이 이루어진다. 그러나 이미 대출받은 금액보다 만기시점에서 산출한 대출한도가 더 많은 경우에는 대부분 3~5년까지 1년 단위로 계속 대출기간을 연장할 수 있으므로 편리하다.

(2) 제출서류가 간단하다

대출을 연장하는 경우에는 제출서류가 간편할 뿐만 아니라 대출을 받을 때 납부해야 하는 수입인지대도 절약할 수 있어(2천만원까지 면제), 일석이조의 이득을 보게 된다.

특히 신용대출인 경우에는 '대출연기 신청서'만 제출하면 대출금을 상환하지 않은 상태에서 그대로 대출기간을 연장할 수 있는 경우가 대부분이다. 그러나 연대보증인을 세웠을 때는 대출기간을 연장할 때 연대보증인의 동의를 다시 받아야 한다.

(3) 가산금리 부과여부 확인

대출기간을 연장할 때에는 가산금리가 부과되어 대출이자율이 높아지는지의 여부도 따져보아야 한다. 대부분의 은행들이 대출기간을 연장할 때마다 대출금액보다 대출한도가 높다고 하더라도 0.5~1.0% 포인트씩 가산금리를 부과하고 있다.

따라서 이들 은행에서는 만기시 산정된 대출한도가 기존의 대출금액보다 많을 경우에는 일단 대출금을 상환하고, 새로이 대출을 받는 것이 이자율 면에서 유리하다.

(4) 대출한도 등

만기 산정시 가산금리를 부과하지 않는 은행들도 만기시점의 대출한도가 대출금액보다 많을 경우에는 가산금리 없이 대출을 연장해 주지만, 대출한도가 대출금액보다 적은 고객에게는 대출연장에 제한을 두거나, 가산금리를 부과한다는 사실을 염두에 두어야 한다. 더불어 대출기간을 연장할 경우 신용카드의 연체나 대출금 및 이자의 연체가 없어야함은 최소한의 기본적인 조건이다.

5) 부작용

조건이 좋고 자기 돈을 쓰는 것으로 착각을 일으키게 하는 대출인 만큼

씀씀이가 헤퍼질 수 있다. 그러나 더 큰 문제는 부실비율이 높아질 가능성이 크다는 것이다. 일반대출의 경우, 은행은 대출이자가 입금되지 않으면 사후관리를 강화하지만, 마이너스 대출은 이자를 합한 총 대출금이 한도를 초과하지 않으면 연체로 잡히지 않기 때문에 중간에 대출자가 파산하더라도 은행으로서는 파악할 수가 없다.

2.2 신용대출

돈 관리를 계획적으로 한다 해도 갑작스럽게 많은 돈이 필요할 때가 있는데, 이때 물론 담보나 보증인이 있으면 은행으로부터 돈을 쉽게 빌릴 수 있다. 하지만 보증인 찾기가 쉽지 않는 요즘에는 자신의 신용만으로 대출을 받아야 하는 경우가 많다.

각 금융기관에서는 보증인 등을 세워 필요한 자금을 신용으로 대출해 주고 있지만, 일정한 자격을 갖추면 보증인 없이도 신용으로 대출을 받을 수 있다.

금융기관에서 요구하는 신용대출 자격은 개별 은행마다 다소간의 차이가 있으나, 대체로 신청인의 직업과 연봉, 근무경력 등이 대출한도와 금리를 결정하는 가장 중요한 요건으로 고려되고 있다.

같은 상장사라도 워크아웃 대상기업에 소속된 직원은 신용대출 대상에서 제외되는 경우도 있다.

공무원이나 대형 공기업체 직원들은 보다 나은 조건으로 대출을 받을 수 있으나, 각 은행들이 전산화된 개인신용평가시스템(Credit Scoring System : CSS)을 도입하면서, 점차 거래실적이 더욱 중요한 요건으로 등장하고 있다.

CSS(Credit Scoring System)이란?

고객이 '융자상담 및 신청서'에 기재한 내용과 각종 신용정보를 항목별로 점수화하고, 이를 바탕으로 대출가능 여부와 대출가능 금액을 시스템에 의해 바로 알 수 있는 가계대출 심사방법

▶ 대출프로세스

상담 및 신청서 접수 → 신청서 내용 전산입력 → 시스템 판정(대출가부 및 한도)

→ 필요서류 징구 및 확인 → 승인통지 → 대출거래 및 약정

▶ 대출신청방법

영업점 방문 및 FAX 또는 전화로 신청이 가능하며, 대출 가부를 신속히 통보 받을 수 있음

▶ 신용대출금리

• 신용대출금리는 고시금리 변동에 따라 수시로 변경됨

▶ CSS대출의 장점

• 보증인 없이 개인 신용만으로 대출 가능

• 거래실적이 없어도 대출 신청이 가능

• 마이너스 통장대출로도 신청이 가능

• 금리를 우대

주의할 점은 타 금융기관에 1천만원 이상의 대출이 있는 경우, 은행연합회를 통해 이 사실을 통보 받기 때문에, 그만큼 차감하여 대출을 받게 된다는 것이다.

특히 마이너스 통장대출로 1천만원의 한도만 잡아 놓아도 이미 대출을 받은 것으로 나타난다는 점에 유의해야 한다. 따라서 다른 금융기관에 1천만원의 대출이 있다면, 자신의 신규대출 한도는 1천만원 낮아진다고 보면 된다.

신용대출은 저당권 설정비용 및 법무사 수수료가 들지 않기 때문에, 1년 이내로 단기간 돈을 빌릴 때에는 대체로 신용대출이 유리하다. 대신 각 은행에서는 신용대출에 따른 리스크 부담분 만큼 금리를 높여 받기 때문에, 그 점을 감안한다면 신용대출이 반드시 유리하다고 할 수는 없다.

특히 요즘 각 은행에서는 주택담보대출의 경우, 3년 이상 대출시 설정비 면제 등 여러 가지 혜택을 주고 있기 때문에, 경우에 따라서는 오히려 담보대출이 더 유리할 수도 있으므로, 대출 상담시에 충분한 검토가 선행되어야 할 것이다.

신용대출은 채무자의 신용을 평가함에 있어 미래의 대출상환 가능성을 중시하므로 채무자의 현재 재산상태와 수입의 안정성 등을 중점적으로 따지게 된다.

그렇기 때문에 대부분의 금융기관에서는 신용한도 설정방법에 있어 매월 일정한 수입을 보장받고 있는 봉급생활자와 전문직 종사자를 선호하는 경향이 있는데, 금융기관들이 일반적으로 신용대출 자격을 부여하는 기준에는 다음과 같은 것들이 있다.

① 연간소득이 얼마나 되는가?(직전 년도 소득증명자료로 평가)
② 소득의 안정성은 어느 정도인가?(직업, 직장 안정성, 공무원 등 선호)
③ 연간소득 외의 재산능력과 부채를 고려할 때, 장래의 부채상환능력은 어느 정도인가?
④ 가족관계 등을 볼 때, 무모한 소비행위로 대출금 상환불가 상태가 될 가능성은 없는가?(기혼여부, 자녀관계 등 파악)
⑤ 월 소득에서 생활비를 공제한 다음, 이자부담 능력이 되는가?
⑥ 해당 금융기관과의 거래실적과 기타 금융기관과의 거래에서 신용을 상실한 거래상황은 없었는가?(대출금 연체경력 등 파악)
⑦ 타행 신용카드의 과다사용은 없는가?(특히 현금서비스 등)
⑧ 대출신청은행과 과거 대출거래시 연체횟수는 얼마나 있었는가?
⑨ 과거 적금불입시 불입연체는 없었는가?

이러한 요소들을 중심으로 따져보면, 결국 금융기관에서 규정하는 신용대출 대상자는, 대체로 안정된 직장에서 오래 근무하고, 사회적으로 신용이 있다고 인정되며, 일정한도 이상 수입이 보장되는 직업 종사자로 한정된다.

일반적으로 공무원, 공공기관, 교육기관, 언론기관, 상장대기업 근무자 등과 의사, 변호사, 회계사 등 전문직 종사자가 그 대상이 되고 있다.

신용대출 신청시 구비서류
- 본인확인 서류 : 주민등록증(또는 여권이나 운전면허증)
- 자격확인 서류 : 재직증명서(또는 사업자등록증, 근로소득원천징수부, 자격증사본, 재산세납부영수증, 종합소득세납부영수증 등)

2.3 예·적금 담보대출

갑자기 돈이 필요한 경우, 은행에 예치한 예적금을 해지할 것인가, 아니면 이를 담보로 대출을 받을 것인가로 고민하는 경우가 종종 있다. 은행에 예치한 예적금 범위내에서 대출받는 것을 예적금 담보대출이라 하는데, 이때는 상담을 통하여 예적금을 중도 해지하는 것이 유리할 것인지, 아니면 이를 담보로 대출을 받는 것이 유리할 것인지를 면밀히 검토할 필요가 있다.

1) 잔여기간을 감안한다.

예적금의 만기가 3년인데 가입한지 1년정도 밖에 되지 않을 경우에는 예적금을 해지하여 필요한 자금을 마련하는 것이, 이를 담보로 대출받는 것보다 훨씬 낫다. 이는 바꾸어 말하면 예적금 담보대출은 예적금 만기까지의 잔여기간이 짧을 때 활용하는 것이 유리하다는 것이다.

2) 대출이율

예적금 담보대출 금리는 일반적으로 해당예금 금리에 1.2% 포인트 가량 더한 수준에서 결정된다(은행별 상이). 따라서 예적금을 중도 해지할 때 적용받는 중도해지이율과 담보대출금리의 수준을 비교하여 결정하는 것이 바람직하다.

2.4 현금서비스

신용카드의 할부수수료와 현금서비스, 연체요율은 아직도 상당히 높은 편이다. 금리수준도 높지만 회사마다 요율 차이가 심하다. 회사마다 자금조달비용이 다르기 때문에 고객에게 적용하는 금리도 차이가 나게 마련이다.

각 개인들이 긴급하게 자금을 조달할 수 있는 현금서비스의 수수료도 다른 대출에 비하면 상당히 비싼 편이다. 대략 연리기준으로 25%이상의 금리가 적용된다. 따라서 가급적 사용하지 말아야 하지만, 며칠간 급전을 사용할 때에는 일반인들이 유용하게 사용하는 방법 중의 하나이다.

2.5 사이버대출

1) 사이버대출이 확산되고 있다

최근 폭발적인 인터넷붐을 타면서 사이버대출이 모든 은행으로 확산되고 있다. 신한은행을 시작으로 국내에 도입된 사이버대출이 최근 전 은행으로 급속히 확산되고 있다.

은행들이 이처럼 사이버대출을 앞다투어 취급하고 있는 것은, 인터넷붐을 타고 사이버대출 고객수가 급증하고 있기 때문이다. 국내 은행뿐만 아니라 씨티은행도 최근 대대적인 사(私)은행까지 열며, 인터넷을통한 사이버대출 고객잡기에 가세했다.

2) 사이버대출 실적이 창구실적을 앞선다

사이버 대출을 취급한 이후 일부은행은 신용대출 사이버 고객수가 창구 고객수를 앞지르고 있거나 급증추세를 나타내고 있다.

3) 사이버대출은 금리가 싸다

사이버대출의 강점은 창구인력이 절감되어 금리가 싸다는 것이다. 고객들이 인터넷을 통해 대출을 신청하는 가장 큰 이유는, 창구보다 싼 이자를 주고 대출을 받을 수 있기 때문이다.

인터넷 대출금리를 창구보다 낮게 적용하면서 고객들이 몰리자 대부분 시중은행들이 사이버대출 금리를 인하하고 있다. 그러나 금리체계는 은행별로 차이가 있다. 일부 은행의 경우 신용도에 따라 금리를 차등 적용하고 있지만, 어떤 은행은 승인고객에게 동일하게 금리를 적용하기도 한다.

4) 사이버대출은 편리하다

사이버대출은 싼 금리나 낮은 수수료 외에도 편리하다는 장점이 있다. 지금까지 창구에서 신용대출을 받으려면, 대출한도나 자격을 놓고 창구직원과 한참 상담을 해야 하는 것이 관행이었다.

그러나 사이버대출은 인터넷을 통해 대출을 신청하면 대출 승인여부가 컴퓨터나 전화로 통보되기 때문에 이런 불편이 없다. 고객들은 실시간으로 대출 승인여부를 알려주기 때문에 기다릴 필요도 없다. 대출신청서를 작성한 후 빠른 시간내에 대출한도와 승인이 판가름난다.

2.6 결혼자금 대출

결혼을 앞두고 있는 결혼 예정자들이 결혼식 비용과 혼수비용 등의 자금을 대출받을 수 있는 상품이다. 자금의 사용용도는 결혼을 위한 예식장비용과 혼수비용 등으로 제한된다.

사회생활에서 저축이 충분하지 않은 사회초년생이 부족한 결혼자금을 대출받아 활용하고, 나중에 대출금을 상환하도록 하는 대출상품이다.

대출기간은 보통 1~3년으로 운용되며, 분할상환의 경우가 아니라면, 만기 이후에는 연장이나 대환이라는 방법을 통하여 대출금 사용기간을 연장할 수 있도록 하고 있다.

1) 결혼자금대출의 유형

결혼자금대출은 대부분 1,000만원 이하의 대출한도로 운영되는 소액대출 중심이며, 담보없이 보증대출이나 신용대출로 취급이 가능하다.

현재 운영되는 대부분의 상품은, 종합통장과 같이 저축상품의 실적조건에 따른 대출과, 실적과 관계없이 일정한 자격조건을 충족하는 경우(직장인, 개인자격심사기준 등) 대출자격을 부여하는 대출로 구분될 수 있다.

대출신청 시점은 결혼을 위하여 예식장을 계약한 이후부터 결혼 후 1개월까지 정도이다.

2) 결혼자금대출을 부대서비스로 하는 저축상품 종류

① 종합통장 종류 : 주로 자동대출 형식으로 1,000만원 이하의 소액대출 중심의 대출이 제공됨

② 기타 : 상호부금 종류나 일부 저축성보험 상품의 경우, 결혼자금대출을 부대서비스로 하기도 함

3) 대출 신청시 준비할 서류

① 저축상품 실적과 관련된 대출상품의 경우 저축상품의 통장과 도장
② 예식장 계약서나 청첩장 등 결혼예정자임을 확인할 수 있는 서류
③ 신용카드회원 등의 자격제한이 있는 경우 신용카드(신용카드사의 경우)
④ 본인확인(보증인 포함)을 위한 주민등록증(여권, 운전면허증), 그리고 금융기관 요청시 주민등록등본 첨부
⑤ 신용대출의 경우, 자격확인을 위한 재직증명서와 소득증명서
⑥ 보증대출의 경우, 보증인 자격확인을 위한 재직증명서, 원천징수영수증 또는 재산세영수증, 부동산등기부등본, 기타 금융기관이 요청하는 서류

2.7 학자금 대출

대학생 자녀를 둔 학부모나 대학생 본인이 등록금 등 학비에 사용할 목적으로 대출을 받을 수 있는 상품이다.

자금의 사용용도는 학교에 내는 등록금 등에 충당하기 위한 자금으로 제한되고, 대출 받은 후 일정기간 분할 상환하도록 하거나, 졸업 후까지 거치기간(대출금상환 유예기간)을 두어, 취직한 후 소득으로 상환할 수 있도록 하고 있다.

1) 학자금대출의 유형

학자금대출은 대부분 등록금 범위내에서 운영되며, 담보없이 보증대출(채

무자가 대부분 소득이 없는 학생이기 때문에)로 취급하고 있다.

2) 학자금대출의 신용요건

현재 운영되는 대부분의 상품은 종합통장, 장학적금과 같은 저축상품의 실적조건에 따른 대출과, 실적과 관계없이 학교의 추천서 등을 필요로 하는 특별대출, 그리고 일정한 조건없이 대출자격을 부여하는 대출 등으로 구분될 수 있다.

그리고 대출신청시점은 등록금 납부고지서 수령 등 자금사용 사유가 발생한 때이며, 증빙서류를 필요로 한다.

3) 대출 신청시 준비할 서류

① 특별대출의 경우 학교의 추천서
② 저축상품 실적과 관련된 대출상품의 경우 저축상품의 통장과 도장
③ 등록금 고지서 사본 등 사용용도를 확인할 수있는 서류
④ 본인확인(보증인 포함)을 위한 주민등록증(여권, 운전면허증), 주민등록등본 등
⑤ 보증인 자격확인을 위한 재직증명서, 원천징수영수증 또는 재산세영수증, 부동산등기부등본, 기타 금융기관이 요청하는 서류

제**3**절 ● 주택담보대출*

주택을 장만하기 위해서는 모든 구입자금을 본인의 자금으로 마련하는 것이 가장 좋은 방법이다. 하지만 주택을 장만하면서 모든 자금을 본인의 자금으로 마련하는 경우는 극히 일부분에 지나지 않는다. 따라서 남의 돈을 빌리는 데 관심을 가져야 한다.

주택자금을 대출해 주는 금융기관은 은행을 비롯하여 보험회사, 신용금고, 할부금융 등 다양한 금융기관이 있지만, 가장 대출이 쉬운 곳은 은행을 이용하는 방법이다.

특히 최근 들어서는 각 은행들마다 주택담보대출을 늘리기 위해 많은 노력들을 하고 있으므로, 대출절차나 구비서류가 과거에 비하여 많이 간소화되었다. 그러나 대출 결정 시 다음 사항에 대하여는 충분히 고려되어야 할 것이다.

3.1 주택담보대출시 고려사항

(1) 대출금리가 낮은 곳을 골라라

금융기관마다 주택담보대출금리가 차이가 나므로, 대출금리가 최대한 낮은 금융기관을 택해야 금리부담을 줄일 수 있다.

(2) 장기가산금리를 폐지한 금융기관을 택하라

주택담보대출은 장기대출이므로 장기가산금리를 폐지한 기관에서 대출을 받는 것이 다소나마 금리부담을 줄일 수 있다. 장기가산금리란 1년 이상 장기로 대출을 받을 경우, 은행이 부담하게 되는 기간 리스크에 대한 패널티 금리로 최고 2%까지 부담하고 있다.

---

* 한국금융연수원, FP(금융상품)2, 2003, pp.261~272 및 FP(금융상품)2, 2001, pp.118~119 참조.

(3) 거래실적이 있는 은행을 택하라

대부분 금융기관들이 거래실적이 전혀 없어도 주택담보대출을 실시하고 있지만, 거래실적이 있으면 일반적으로 적용되는 금리보다 더 낮은 우대금리로 대출을 받을 수 있다. 따라서 평소 거래실적이 있는 은행을 택하여 대출을 받는 것이 유리하다.

3.2 모기지론

주택구입자가 금융기관에서 주택에 대한 근저당권을 설정하여 장기저리로 자금을 빌릴 때 금융기관이 주택을 담보로 한 주택저당증권(MBS ; Mortgage Backed Securities)을 발생하여 중개기관에 팔아 대출자금을 회수할 수 있도록 하는 제도이다.

중개기관은 주택저당증권을 다시 투자자에게 판매하고 그 대금을 금융기관에 지급하게 되므로 일반 대출이 만기가 될 때까지 자금이 묶이는 것과는 달리 금융기관은 대출시 취득한 저당권을 담보로 증권을 발행·유통시켜 또 다른 대출자금을 마련할 수 있게 된다.

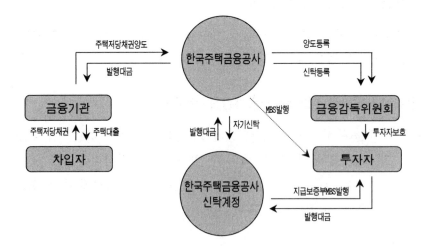

① 은행 등 금융회사들이 주택구입자에게 주택을 담보로 구입자금을 대출해주고 주택저당채권(주택에 근저당이 설정된 대출채권)을 보유하게 된다.

② 은행 등 금융회사들은 주택저당채권을 주택금융공사에 팔고, 주택금융공사는 이를 담보로 MBS를 발행하여, 자본시장의 투자자들에게 판매되면서 금융회사에게 돈을 지급한다.

③ 금융회사들은 장기간에 걸쳐 주택구입자들로부터 상환 받아야 할 돈을 한번에 회수하여 그 돈으로 다시 주택 구입자들을 위한 대출 재원으로 사용할 수 있게 한다.

④ 2004년 3월 25일 출시되는 주택금융공사의 모기지론은 만 20세 이상 무주택자 또는 단독세대주에게 국민주택규모(전용면적 25.7평이하)에 한해 집값의 70%, 최대 2억원까지 대출시점 금리(고정금리)로 20년 만기 대출을 받을 수 있다.

⑤ 장점 : 장기주택자금 대출을 받아 집을 산 뒤 장기간 동안 고정금리로 원금과 이자를 분할하여 갚을 수 있어 목돈 없이 주택을 마련할 수 있다.

증권분석과 주식투자설계

증권분석과 주식투자설계

제1절 ● 주식의 변동요인*

주가는 시시각각 변화하는데, 그 요인은 다양하다. 최대의 포인트는 기업의 이익동향 때문이라는 점은 두말할 나위 없지만, 소위 '거품붕괴'에 따른 90년 이후의 주가하락에서도 볼 수 있듯이 시장 전체의 동향이 개별기업의 주가에 영향을 미치는 일도 적지 않다. 시장 전체에 영향을 미치는 변동요인을 크게 나누면 경제적 요인, 경제외적 요인, 시장의 내부요인 등 3가지를 들 수 있다.

1.1 경제적 요인

1) 경기

경기의 확대(후퇴)는 기업의 실적 호전(악화)을 통해 주가의 상승(하락)요인이 된다. 이 때문에 거시적인 경기변동의 장래를 정확하게 예측하는 것이 필요하다. 또 주식의 상승(하락)이 기업의 이익이나 마인드를 통해 경기를 좌우하는 요인이 된다는 점도 유의해야 할 필요가 있다.

---

* 한국능률협회, 금융상품운용설계, 2001, pp.40~60 및 한국금융연수원, FP(금융상품)3, 2002, pp.78~84 참조.

경기변동과 주가

— 경기는 국민경제의 전체적인 활동수준 표시

— 호황기에는 주식, 불황기에는 채권 선호

— 주가지수는 경기변동의 선행지표

— 주가와 경기는 밀접한 관계가 있으므로, 정확한 주가예측을 위해서는 정확한 경기진단이 필요

〈 경기의 순환 〉

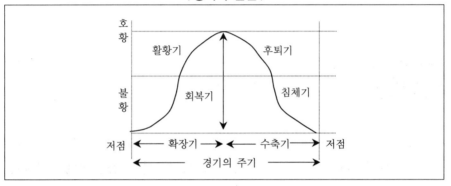

〈 경기와 주가와의 관계 〉

구 분		경 기	주 가
호황	활황기	생산·판매활동 증가→순이익증가 생산시설 확장→과잉투자 소비증가, 물가상승 임금 상승률>노동생산성 상승률 자금수요<자금공급 금융긴축(금리인상, 재정지출억제)	경기 정점 도달전에 다가올 경기후퇴를 미리 반영하여 하락세로 반전
	후퇴기	내구소비재 수요감퇴, 금융긴축지속, 자금사정 악화, 생산위축, 기업수지악화, 기업도산 증가, 실업률증가	실질이자율 상승, 금융긴축 영향 하락세 지속
불황	침체기	재고·실업률 최고수준, 신규투자활동 위축, 자금수요감퇴, 금융긴축완화 (금리인하)	완만한 하락세 이후 경기부양 및 긴축완화 기대로 회복세 반전
	회복기	자금수요감퇴, 물가안정, 유효수요증대, 설비투자확대, 민간소비지출 증대	금리인하, 경기회복 기대심리로 상승세 전환, 증자·기업수지 호전 기대로 상승가속화→ 금융장세 시현

〈 경기순환과 주가지수의 변동 〉

〈 경기동행지수 순환변동치와 주가등락률 추이 〉

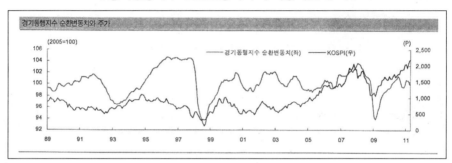

경제성장과 주가

경제성장률 변동은 주가변동에 탄력적으로 작용, 경제성장이 높으면 주가가 상승하고, 경제성장률이 낮아지면 주가가 하락한다.

〈 GDP와 주가 〉

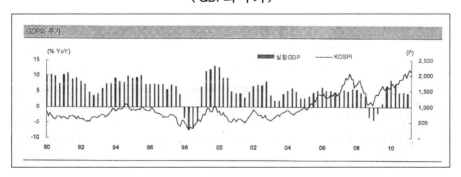

2) 금리

일반적으로 금리하락은 기업의 자금조달 코스트의 저하에 따른 기업수익의 증대 기대 및 채권이율 저하에 따른 투자매력의 상대적인 향상 등을 통해, 주가의 상승요인이 된다. 금리상승의 경우에는 역으로 주가 하락요인이 된다.

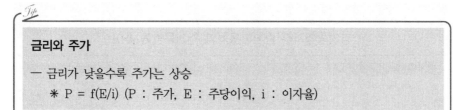

금리와 주가

— 금리가 낮을수록 주가는 상승

　＊ P = f(E/i) (P : 주가, E : 주당이익, i : 이자율)

〈 주가와 금리 추이 〉

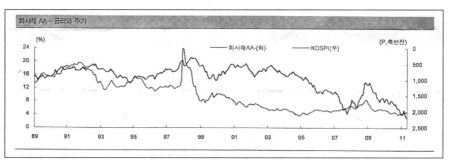

3) 재정수지 및 통화량

재정수지의 증가는 수요를 증대하는 효과가 기대되어 통상은 주가에 플러스 요인으로 작용한다.

다만 정부부문의 자금수요 증대라고 하는 측면도 함께 가지고 있어, 크라우딩 아웃(crowding out : 국채가 대량 발행된 결과, 민간자금이 핍박되고 경기가 후퇴하는 일)이 발생하는 경우에는, 역으로 마이너스요인이 되는 경우도 있기 때문에, 통화량의 증가 속도와 함께 자금수급이라는 관점에서 종합적으로 판단할 필요가 있다.

통화량과 주가

— 통화량의 변동은 주식시장에 직접적으로 영향을 미치기도 하고, 채권시장의 이
 자율 조정을 통해 간접적으로 영향을 미치기도 함
— 통화량의 증가는 주가를 상승시키되, 통화증가율이 주가에 다소 선행

〈 통화량과 주가 추이 〉

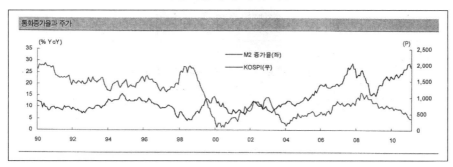

4) 물가

인플레이션은 주식시장에 대체로 마이너스 요인으로 작용하는 것으로 알
려지고 있는데, 인플레이션 헤지 기능도 동시에 갖고 있기 때문에 그 영향
은 각양각색이다.

인플레이션 초기 단계에서는 명목적인 기업수익의 증대를 부르기 때문에
플러스 요인이 되지만, 인플레이션이 고수준 또는 장기간에 걸쳐 진행되면
'금리상승 → 기업수익의 압박'이라는 형태로 나타나 마이너스 요인이 되므
로, 일반적으로 명목금리에서 인플레이션을 뺀 실질금리에 주의를 기울일
필요가 있다.

※ 물가와 주가

 • 물가안정시 주가는 크게 상승

〈 인플레이션과 주가수익률 〉

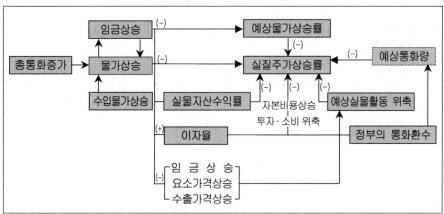

〈 소비자물가 상승률과 주가 추이 〉

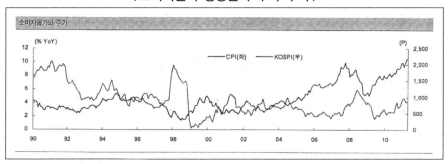

※ 부동산과 주가

• 주가와 부동산은 단기적으로 상호 대체적이나 장기적으로는 동행
• 주가는 부동산에 다소 선행

〈 부동산 경기와 주가 〉

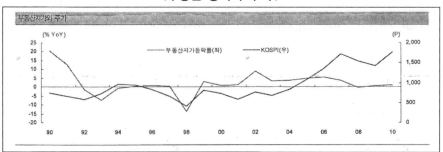

5) 무역수지

무역수지는 상품의 수출입 금액을 집계한 것으로 경기동향을 강하게 반영하고 있다. 일반적으로 무역수지가 흑자를 기록하면 시중의 유동성이 풍부해져 주가에 플러스 요인으로 작용한다.

※ 경상수지와 주가

- 경상수지 흑자시 주가는 큰 폭으로 상승

〈 경상수지와 주가 〉

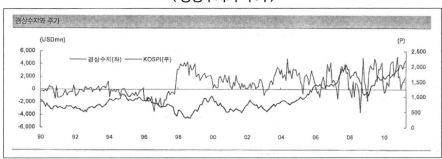

6) 환율

급격한 환율인하, 즉 평가절상은 수출비중이 높은 기업의 수출경쟁력을 떨어뜨려 기업의 매출을 감소시키고 기업수익을 악화시켜 주가를 하락시키게 된다.

그러나 실제에 있어서는 '평가절상 → 수출감소 → 기업수익 악화 → 주가하락'이라는 단순논리와는 달리, 평가절상과 주가상승은 같은 추세를 갖게 된다.

왜냐하면 평가절상(환율인하)은 한 나라의 경제가 안정되고 수출이 수입보다 많아지면서 경상수지와 종합수지의 흑자폭이 증가할 때에 나타나는 것이 일반적이기 때문이다.

이를테면 국제수지 흑자의 증가로 인해 해외부문으로부터의 자금유입이 증대하면서, 시중의 유동성이 풍부해져 주식의 매입수요를 증가시키므로,

안정적 환율인하는 주가를 상승시키는 요인으로 작용한다.

즉 환율과 주가는 기본적으로 국가의 경제상황이라는 공통요인에 의해 결정되기 때문에, 높은 경제성장률과 국제수지 흑자 등은 환율인하(평가절상)와 더불어 주가상승도 동반하게 되는 것이다.

또한 외환자본시장이 개방되어 있는 경우에는, 평가절상은 환율의 평가차익을 노린 국제투기자금(hot-money)을 끌어들이고, 이 자금이 다시 증시에 유입됨으로써 결과적으로 주가상승 요인으로 작용할 수 있다.

※ **환율과 주가**

- 안정적인 환율인하(평가절상)는 한 나라의 경제가 안정되고 수출경쟁력이 강할 때 나타나는 현상으로, 시중유동성 증대로 주가를 상승시키는 요인이 된다(환율과 주가는 역의 관계).

〈 **우리나라의 환율과 주가** 〉

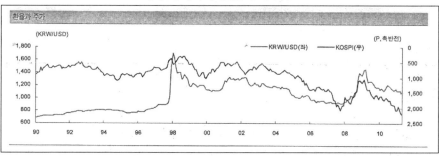

7) 기술혁신

기술혁신에 의한 획기적인 신제품개발은 기업의 업적에 반영되어 주가의 상승요인이 되는 케이스가 많다. 특히 경기후퇴 국면에서의 기술혁신 동향은 향후 경제성장의 열쇠를 쥐고 있는 중요한 요인이다.

8) 해외경기

해외 미국의 경기동향이 한국 주식시장에 커다란 영향을 미치는 것은 두말할 나위도 없고, 최근 중국이 경제대국으로 성장하면서 빼놓을 수 없는 영향요소이다.

중국이 외환보유고 다변화 차원에서 우리나라 국채 뿐 아니라, 주식 부동산 등 자산에도 눈을 돌려 중국자금(차이나 머니)의 원화자산 매입규모가 얼마나 늘어날지 관심이 모아지고 있다.

이 외에도 전세계의 경기동향은 빼놓을 수 없는 영향요소이다.

9) 해외증시

금융의 글로벌화가 진전됨에 따라 세계의 주식시장은 매년 연동성(連動性)이 강해지고 있는 추세로서 해외주식의 급등이 한국 주식시장에 큰 영향을 미치고 있다.

1.2 경제외적 요인

1) 국내정세

정국의 불안정은 뒤늦은 정책대응과 불안심리로 인해 주가에 마이너스 요인으로 작용한다. 그러나 경제외적인 돌발사태는 일시적인 영향으로 그치는 경우가 대부분이다.

2) 국제정세

금융의 글로벌화에 따라 한국의 금융·자본시장도 국제정세의 영향을 받게 된다. 지구촌 각 지역에서 빈발하고 있는 국지분쟁 등이 모두 주가에 큰 영향을 미치는 것은 아니지만, 걸프전과 같이 유가에 영향을 줄 수 있는 분쟁은 유가라는 가격변수의 추이에 따라, 2002년도의 9.11테러 사태나 아프칸전쟁 등은 미국 주식시장의 추이에 따라 국내주가에도 영향을 미친 바 있다.

3) 국제 머니 플로(money flow)

미국의 뮤추얼 펀드나 헤지 펀드 등 세계시장을 누비는 투기자금의 규모가 최근 들어 막대해지고 있다. 이러한 자금은 주식, 채권, 단기 금융상품, 선물상품 등을 활발하게 오가고 있는데, 이들 움직임을 예측한다는 것은 주가를 전망함에 있어 경제 펀드멘털(fundamental) 요인을 파악하는 것 이상으로 중요한 요인이 되고 있다.

1.3 시장의 내부요인

1) 투자자 동향

주식시장에서 실제로 매매를 하는 투자자는 개인투자자, 은행·보험·신탁·투신·사업법인 등 기관투자자, 외국인 투자자로 크게 나눌 수 있는데, 각각의 동향이 상호 관련되면서 주가 형성에 큰 영향을 미치고 있다. 따라서 투자자 동향에 대해서는 끊임없이 주목할 필요가 있다.

〈 주식시장의 변동요인 〉

시장전체의 변동요인			기업의 개별요인
경제적 요인	경제외적 요인	시장내부 요인	
경기 물가·금리 재정수지 및 통화량 무역수지 환율 기술혁신 해외경기 해외증시 해외금리	국내정세 국제정세 국제 머니 플로	투자자동향 신용거래 차익거래 규제 지분이동의 움직임 에퀴티 파이낸스	증자·감자 등 M&A 배당정책 임원인사 신제품개발 생산·수익동향 주주구성의 변화

2) 신용거래 · 차익거래

신용거래란 일정한 신용거래 설정 보증금을 담보로 증권회사가 고객에게 신용을 주어 이루어지는 거래를 일컫는 말인데(구체적으로 주식 매수의 경우에는 매수대금을, 주식 매도의 경우는 대주(貸株)를 빌려준다), 통상 3개월 이내에 대차(貸借)를 청산해야만 하는 매매기법이다. 주식매매시 차지하는 신용거래의 비중이 높을 때는, 주식시장의 단기적인 움직임은 신용거래의 잔고 수준에 영향을 받게 된다.

또한 최근에는 차익거래가 주가에 미치는 영향이 커지고 있다. 차익거래란 현물을 사는(파는) 동시에 선물(先物)을 팔아(사는), 양자의 가격 동향에서 시세 차이를 취해 나가는 것을 일컫는다.

현물 동향과 선물 동향이 완전히 평행한 것은 아니므로 주가 전체에 미치는 영향도 같지 않기 때문에, 차익거래의 규모가 커지면 커질수록 단기적으로 주가의 교란요인이 된다.

3) 규제

공정한 주가형성이라는 점에서, 과당 투기에 의해 주가가 적정하지 못한 움직임을 보일 우려가 있을 때는 증권거래소가 위탁증거금률 개정 등 다양한 규제를 통해 과열분위기를 진정시키는 경우도 있다.

4) 지분이동의 움직임

회사간의 제휴 강화를 위한 상호 주식보유, 한 회사의 계열로 편입시키려는 회사의 주식 매집 등은 주식의 수급관계에 영향을 미쳐 주가급등·급락의 요인이 될 수 있다.

5%룰의 적용(한 회사 발행주식의 5% 이상을 소유하는 경우에는 당국에 보고토록 함)에 따라, 투명도는 늘어나고 있지만, 아직도 일부에서는 유사한 움직임이 있음에 주의해야 한다.

5) 에퀴티 파이낸스(Equity Finance)

에퀴티 파이낸스(증자, 전환사채·워런트채의 발행)에는 상반되는 면이 있기 때문에 주의해야 한다. 에퀴티 파이낸스는 기업의 업적이 금후에도 순조롭게 성장할 것이라는 사실을 시사하는 반면, 한 주당 이익의 희석화, 유통주식의 증대라는 측면도 있기 때문이다.

제2절 ●━━● 주식의 종목 선택

2.1 종목의 발굴

　종목 선택의 포인트는 우선 해당 기업을 이해하는 것에서부터 시작된다고 보아도 무방할 것이다. 이를 위해서는 가능한 한 많은 정보를 수집할 필요가 있는데, 거래대상이 되고 있는 종목 전체를 모조리 조사·검토한다는 것은 막대한 시간을 소비할 뿐만 아니라, 개인 능력의 한계를 뛰어넘는 일이다. 이러한 면을 보완해 주는 것이 증권회사의 정보라든가, 신문·잡지 등의 정보, 텔레비전·라디오 등 매스미디어 정보 등이다.

　또 한편으로는 하루의 활동 속에서 "이 제품은 편리하다"든지, "이 제품은 소비자들에게 공전의 히트를 치고 있다"와 같은 사실을 통해서도 주가를 예측할 수 있다. 왜냐하면 신제품의 폭발적인 판매증대가 기업실적에 크게 기여하여 주가상승으로 이어지는 경우가 많기 때문이다.

　한 회사에 관심을 가지고 있다는 것만으로는 투자를 위한 참고자료라 할 수 없고, 그 종목선택을 위해서는 해당 기업의 실적 등을 조사하여 동업종 타사의 데이터와 비교하여 금후의 실적을 예측하는 작업이 선행되어야 한다. 이를 위한 데이터 북으로서는 한국신용평가사와 매일경제신문사 등에서 만들어 각 증권사를 통해 제공하는 '상장기업분석'이 애용되고 있다.

　이들 자료가 공히 한 회사당 한 페이지 정도로 기업내용을 정리해 놓아 읽기 쉽고, 또 반기별 1회 발행을 통해 그 시점의 최근 데이터 및 상황이 기재되어 있으므로, 회사의 개괄적인 상황을 객관적으로 파악함에 있어 용이하다. 이하에서는 유망종목 발굴을 위한 판독방법상의 몇 가지 포인트를 제시하고자 한다.

1) 사업내용

　기업은 우리들이 상상하는 것 이상으로 사업을 다각적으로 전개하고 있기 때문에, 종래의 이미지만으로 업무형태를 판단하는 것은 위험천만한 일이다. 현재의 주요 업무 및 사업전체에서 차지하고 있는 비중, 업계 내에서의 위치, 또 주요업무가 시대 조류에 부응하고 있는지의 여부 등을 살펴보는 것이 필요하다.

2) 자본금 · 총자산 · 자기자본

총발행주식수에 따라서도 회사규모를 파악할 수 있다. 대형주는 주식수가 많아 유동성이 확보되지만, 소형주는 때때로 유동성이 문제되는 경우가 발생할 수도 있다. 사업의 활동력을 보려면, 자본금보다는 총자산에 주목하는 편이 낫다. 또한 총자산과 자기자본 등을 비교하면, 결과적으로 부채비율을 알 수 있다. 부채비율이 높은 기업은 금리동향에 영향을 받기 쉽다.

3) 실적

길게 설명할 필요도 없이 실적, 즉 매출액을 통해 사업의 규모 및 이익 등의 현상을 파악할 수 있다. 주가를 판단하는 경우, 과거 또는 현재의 실적보다는 미래의 예상실적을 추정하는 것이 중요하다.

또한 이익의 절대규모, 이익률 이외에도 이익의 추세를 살펴볼 필요가 있다. 적자회사가 흑자로 전환되면, 설령 이익률이 나빠도 주가가 급상승하는 경우가 있기 때문이다.

따라서 무엇으로 이익을 올렸는가, 혹은 어떤 일로 손실을 냈는가 등에 대하여 충분히 조사할 필요가 있다. 특별이익이나 특별손실은 당해 회계년도에만 적용되기 때문이다. 일과성의 요인으로 안이하게 실적을 판단하는 일은 피해야 할 것이다.

4) 주요 주주(株主)

주주명부를 통하여 보통주 지분율이 높은 주주명과 그 지분율을 알 수 있다. 대주주의 지분율이 낮을 경우 M&A의 대상이 될 수 있다. 또한 대주주의 지분율이 높을 경우, 실제로 시장에서 유통되는 유통주식수가 적어 유동성 확보에 문제가 발생할 수 있다.

5) 증자사항

증자는 상반되는 측면을 가졌다는 사실은 전술한 바 있으므로, 기업실적 등과 병행해서 증자의 성격을 파악할 필요가 있을 것이다.

6) 자본준비금

시가(時價)발행 증자에 따라 주식의 발행가액 중 자본금으로 편입되지 않는 금액(주식발행 초과금)과 감자차익, 합병잉여금 등이 자본준비금이다.

자본준비금은 대차대조표상 자본항목에 계상되어 결손의 보전 또는 자본에의 편입과 같은 경우를 제외하고는 전입이 불가능하다.

자본준비금은 무상증자의 재원으로 이용되기 때문에, 이것이 많은 기업은 무상증자의 기대가 높아지게 된다.

2.2 투자의 척도

투자를 판단하는 척도에는 여러가지 종류가 있는데, 대표적인 것으로는 배당수익률, 주가수익률(PER), 주가 현금흐름비율(PCR), 주당순자산비율 (PBR) 등을 들 수 있다. 이것들은 주가와 펀드멘탈 등을 명시적으로 비교한 것이다.

그러나 항상 명심해야 할 일은 주식의 투자가치를 구한다는 것은 매우 어려운 일이고, 또 투자를 결정함에 있어서 절대적이고도 유일한 것은 없다는 사실이다. 따라서 각각의 척도에 대한 특징을 잘 이해하고, 투자목적, 상황 등에 따라 이들 척도를 조합시켜 종합적으로 활용하는 것이 필요하다.

1) 배당수익률

배당수익률이란 1주당 연간 배당금을 주가로 나눈 것이다. 증권시장지에 발표되는 배당수익률은 전기(前期)의 실적배당금을 사용하지만, 투자목적을 위해서는 전기(前期)의 실적 배당금이 아닌 금기(今期)의 예상 배당금을 사용할 필요가 있다.

배당금은 주주의 이익배당청구권에 기초하여 결산기마다 수령할 수 있는 현실적인 가치로서 배당의 다소(多少)·증감이 주가를 움직이는 요인이 되고 있다.

1998년 12월 현재 배당을 한 국내기업의 평균 배당수익률은 1.6%이다. 한국은 시가배당이 아닌 액면배당이기 때문에 배당수익률이 대단히 낮아, 지금까지는 배당수익률이 주식투자의 재료로 이용되는 일은 없다고 보아도 무방했다.

그러나 요즘과 같은 저금리시대에는 종목에 따라 단기금리를 크게 상회하는 배당수익률 종목이 점차 많아지고 있어, 앞으로는 배당수익률이 투자 척도로서의 역할을 할 수 있을 것으로 예상된다.

최근에 들어서는 투자자들(특히 외국인)의 배당에 대한 요구가 거세지고 있으며, 삼성전자의 시가배당을 시작으로 점차 시가배당에 대한 요구가 늘고 있다.

※ 산식

$$배당수익률 = \frac{1주당\ 배당금}{주가} \times 100(\%)$$

※ 평균 배당수익률

- 단순평균 배당수익률(유배·전종목) :

$$\frac{대상종목의\ 1주당\ 배당금\ 합계}{대상종목의\ 주가합계} \times 100(\%)$$

- 가중평균 배당수익률(전종목) :

$$\frac{대상종목의\ 1주당\ 배당금\ 합계}{대상종목의\ 주가합계} \times 100(\%)$$

2) 주가수익률(Price Earnings Ratio ; PER)

주가수익률(Price-Earnings Ratio)이란 주가가 법인세, 주민세 등을 공제한 후 1주당 순이익의 몇배인가를 나타내는 지표이다. 주가를 1주당 연간 세후 이익(EPS ; Earnings Per Share)으로 나누어 구하는데, 주가가 1주당 수익의 몇 배나 되는지를 나타낸다.

여기서 PER가 높다는 것은 주당이익에 비해 주식가격이 높다는 것을 의미하고, PER가 낮다는 것은 주당이익에 비해 주식가격이 낮다는 것을 의미한다. 따라서 PER가 낮은 주식은 앞으로 주식가격이 상승할 가능성이 크다고 하겠다.

기업은 내부유보를 새로운 사업에 투자함으로써 성장할 수 있고, 그것은 장래의 배당 성향과 캐피탈 게인(Capital Gain)의 기대로 이어진다. 여기에서 목전의 배당만이 아닌 장래의 성장도 가미하기 위해, 배당의 원천인 이익을 베이스로 한 PER을 생각하게 된 것이다.

PER를 활용할 때, 다음 2가지에 주의할 필요가 있다. 첫째는 계산의 기초가 되는 세후 이익의 내용에 대해서이다. 일시적인 토지매각이나 유가증권 매각에 따른 특별이익은 그 회사의 장래 실적을 보장하는 것이 아니다.

둘째는 기타 투자척도와 마찬가지로 PER도 절대적 기준이 아니라는 점이다. 시장평균 PER, 업종평균 PER 등을 통해 상대적으로 판단한다든지, 개별 종목 PER의 시차별 데이터 등을 감안하여 종합적으로 판단할 필요가 있다.

※ 산식

$$PER = \frac{주\ 가}{1주당\ 세공제후\ 순이익}(배)$$

※ 평균주가수익비율

- 산식 $= \dfrac{대상종목의\ 주가합계}{대상종목의\ 1주당\ 세공제후\ 순이익\ 합계}$ (배)
- 산출대상종목 : 전년도 결손사 제외한 보통주 / 전종목

3) 주가현금흐름비율(Price Cash-flow Ratio ; PCR)

최근들어 자주 사용되고 있는 척도이다. 이것은 주가가 1주당 현금흐름비율(순이익에 감가상각비 등 사외로 유출되지 않은 비용을 합한 금액)이 몇 배인가를 보는 지표이다.

기업 성장을 위해 반드시 필요한 설비투자의 자금원은, 내부유보만이 아니라 감가상각비도 장래 대비를 위한 선행투자적 성격이 있다. 따라서 PER를 보완하는 척도로서 PCR을 보는 셈이다.

주식회사의 대차대조표에 나타난 사내유보금과 사외로 유출되지 않는 비용인 감가상각비의 합계를 그 회사의 현금흐름이라 하며, 이를 발행된 주식 수로 나눈 것을 1주당 현금흐름이라 하고, 특정시점의 주가를 1주당 현금흐름으로 나눠 비율로 표시한 것이 주가현금흐름비율이다.

현금흐름은 회사의 이익잉여금이나 자본잉여금이 많을수록, 또 감가상각비가 클수록 많아지기 때문에, 주당 현금흐름은 회사의 자기자금력을 나타내는 지표라 할 수 있다.

따라서 주가를 1주당 현금흐름으로 나눈 PCR이 낮을수록, 주가와 비교한 회사의 자기자금력이 큰 회사로 볼 수 있고, 그만큼 재무안정성이 높으며, 부도위험이 낮은 기업이라 할 수 있다.

주가현금흐름비율(PCR)이 낮으면, 일단 저평가되어 있다고 볼 수 있다. 특히 주가수익비율(PER)이 높은 경우에도, 이 비율(PCR)이 낮으면 해당주식에 대한 현재의 주가가 낮은 것이고, 반대로 주가수익비율(PER)이 낮은 경우라도 주가현금흐름비율(PCR)이 높다면, 현 주가가 낮다고 할 수 없다.

4) 주가순자산비율(Price Book-value Ratio ; PBR)

PBR(Price Book-Value Ratio)이란 주가와 기업의 주당 순자산가치를 비율로 나타내는 지표이다. 즉 주가를 1주당 순자산으로 나눈 것을 말한다. 순자산가치는 총자산에서 총부채와 실질가치가 없는 이연자산 등 부실자산을 뺀 금액으로서, 회사의 자산과 부채를 상쇄한 뒤에 남는 주주의 몫이다.

이것은 회사의 청산 가치를 보는 셈인데, PBR이 낮을수록 주가는 상대적으로 저평가 되었다고 볼 수 있다.

일반적으로 PBR=1을 기준으로 PBR이 1보다 작은 경우는 주당 순자산가치 대비 주가가 저평가된 경우이고, 반대로 PBR이 1보다 큰 경우는 고평가된 주가로 볼 수 있으며, PBR이 1보다 현저히 낮은 경우는 M&A 대상이 되기도 한다.

이 비율은 다른 말로 시장가치 대 장부가치비율(Book-to-Market Ratio)이라고도 하는데, 그 이유는 주가는 시장에서 가치가 결정되고 주당순자산은 대차대조표에 나와 있는 자산을 발행주식수로 나누어 계산한 것이므로, 분모는 장부가치를, 분자는 시장가치를 사용하기 때문에 그렇다.

이 비율은 1주당 순자산이 주가(기업가치)를 몇 배 창출했느냐를 나타내기 때문에, 이 비율이 높다는 것은 역시 높은 성장가능성이 있다는 것을 의미한다.

반면에, 나머지 다른 조건들이 동일한 경우, 시장가치 대 장부가치비율이 낮은 기업은 주식시장에서 저평가되어 있다고도 볼 수 있다.

※ 산식

$$PBR = \frac{주 \ 가}{1주당 \ 순자산가치}(배)$$

5) FV/EBITDA

기업의 시가총액(주가×발행주식수)과 순부채를 지급이자, 세금, 감가상각비(유형고정자산과 무형고정자산상각 모두 포함), 지출전 이익으로 나눈 것을 말한다.

FV/EBITDA비율은 PER, PCR과는 달리, 기업이 자기자본과 타인자본을 이용하여 영업활동을 통해 창출할 수 있는 이익 개념으로서, 국가별·회사별 차이가 있는 회계상의 왜곡요인을 없애준다는 점에서 기업가치를 평가할 때 많이 이용하는 적정주가 평가모델이다.

여기서 말하는 FV는 Firm Value를 뜻하고, EBITDA는 Earnings Before

Interest, Taxes, Depreciation and Amortization을 의미한다.

예컨대 어느 기업의 FV/EBITDA비율이 6배라고 한다면, 이는 1년간 벌어들인 EBITDA의 6배에 해당하는 가치를 가진 회사임을 의미하는 것이며, 이는 또한 그 회사를 시장가격(FV)으로 매수했을 때, 그 회사가 벌어들인 이익(EBITDA)을 6년간 합하면 투자원금을 회수할 수 있다는 것을 뜻하기도 한다.

제3절 ━● 주식투자의 절차

3.1 주가지표 보는 법

개별종목의 주가는 시장전체의 움직임에 영향을 받게 된다고 전술했는데, 이 전체의 흐름을 이해하고 구체적인 투자 타이밍을 잡는 것이 중요하다. 이 판단의 재료가 되는 것이 신문의 증권란에 게재되고 있는 주식지표로서, 이하 경제신문의 증권란을 예로 들어 대표적인 주식지표를 설명한다.

1) 단순주가평균

주가를 단순히 산술 평균한 값으로서, 전 종목 혹은 대표적인 종목의 종가를 합계해서 그 종목수로 나눈 것이다. 실제 주가를 살펴봄에 있어 가장 이해하기 쉬운 지표라 할 수 있다.

그러나 각 종목 공히 균등한 웨이트(weight)를 가지고 평균하기 때문에, 주가가 높은 종목(비싼 주)에 큰 영향을 받아 시장 전체의 움직임과 동떨어지는 경우도 있다.

그리고 증자에 수반되는 권리락의 수정도 없으므로, 권리락 전과 후의 주가 연동성이 결여되어, 장기적인 권리락의 추세를 예측하는 척도는 되지 못한다.

※ 단순주가평균

투자자가 전 상장종목을 1주씩 보유하고 있을 때의 평균주가를 나타냄

• 단순주가평균 $= \dfrac{\text{채용종목의 주가합계}}{\text{채용종목수}}$

※ 가중주가평균

Market Portfolio의 평균주가수준을 나타냄

• 가중주가평균 $= \dfrac{\text{상장전종목의 시가총액합계}}{\text{상장전종목의 상장주식수 합계}}$

2) 수정주가평균

매일의 주가를 단순주가평균과 마찬가지로 산술평균을 하되, 채용 종목중 어느 종목이 권리락, 무상증자, 유상증자, 주식분할 등이 있거나, 채용종목의 추가, 삭제, 교체가 있는 경우에는, 항상제수의 수정에 의해서 조정해 줌으로써, 주가평균에 단층을 제거하여 주가평균의 연속성을 유지할 수 있는 주가평균을 말한다.

예컨대 권리락의 수정방법에는 권리락 전일의 주가를 기준으로 이론상 권리락 가격을 구하고, 그것을 기준으로 하여 수정주가를 산출하는 방법(다우식)과 권리락 당일의 주가를 기준으로 하는 방법(환원법)이 있다.

일반적으로 다우방식이 많이 채용되고 있으며, 우리나라에서도 다우식 수정방법을 채택하고 있다.

여기서 수정주가평균을 산출하는 공식은 다음과 같다.

※ 수정주가평균
- 수정주가평균 = 채용종목의 종가합계 / 항상제수

이 공식에서 항상제수라 함은 주가의 단층이 생기기 전의 주가평균과 주가의 단층이 생긴 후의 주가평균을 같게 하기 위한 것으로서 최초의 기준시점에서는 채용종목수와 같다.

우리나라에서는 증권거래소가 '다우존스'식 주가지수를 산출한 1982년까지 산출하다 중단된 후 1992년 5월 1일부터 재산출되고 있다.

3) 한국종합주가지수(KOSPI)

증권거래소에 상장된 전종목의 주가변동을 종합한 우리나라의 대표적인 주가지수이다. 기준시점의 시가총액과 비교시점의 시가총액을 비교하는 시가총액식 주가지수로서, 증권거래소가 산출하는데 1980년 1월 4일을 기준시점으로 하여 이날의 종합주가지수를 100으로 정하고 이에 대비한 매일의 주가지수가 발표되고 있다.

따라서 종합주가지수는 증권시장에 상장된 상장기업의 가치가 기준시점과 비교시점을 비교하여 볼 때 얼마나 변동되었는가를 나타내는 지표라 할 수 있다.

KOSPI

- 채용종목 : 증권거래소에 상장된 전종목
- 산출방식 :

$$KOSPI = \frac{\text{비교시점의 시가총액}}{\text{기준시점 시가총액}} \times 100$$

- 기준시점 : 1980년 1월 4일로 하고, 그날의 시가총액을 100으로 한 것임

한편 신규상장, 유상증자, 전환사채의 주식전환 등 일반적인 주가 변동요인에 의하여 시가총액의 증감이 생기는 경우에는 주가지수의 연속성을 유지하기 위해 기준시가총액을 수정하게 된다.

기준시가총액 수정

- 기준시가총액이 100조원이고, 현재 시가총액이 400조원이라고 한다면, 주가지수는(400조/100조)×100 = 400이 된다.
- 증자 등으로 시가총액이 5,000억원 증가하고 기타 주가에 변화가 없다고 하면, 시가총액은 400조5,000억원이 된다. 이때 주가지수는 400이 되어야 연속성이 유지된다.
- 따라서 다음의 계산식으로 새로운 기준시가총액을 구한다.

$$\frac{400조원}{100조원} = \frac{400조원 + 5,000억원}{x}$$

※ x 즉 신(新) 기준시가총액은 100조1,250억원이 되어, 실제 시가총액이 402조원이라고 하면 지수는 (402조원/100조1,250억원)×100 = 401.5가 된다.

4) 선물거래대상 KOSPI 200

주가지수 선물거래제도가 1996년 5월부터 최초로 도입되어 운용되고 있으며, 그 대상 지수가 KOSPI 200이다.

KOSPI 200

- 채용종목 : 주식시장의 대표성과 유동성, 업종대표성 등을 고려한 200종목을 선정하였으며, 시가총액의 70% 수준을 유지
- 산출방식 :

$$KOSPI \ 200 = \frac{\text{비교시점의 선물지수 구성종목의 시가총액의 합계}}{\text{기준시점의 선물지수 구성종목의 시가총액의 합계}} \times 100$$

- 기준시점 : 1990년 1월 3일이며, 기준지수는 100.00이다.

5) Dow Jones Industrial Average(DJIA)

DJIA는 뉴욕증권거래소에 상장된 우량공업주 30종목의 단순주가평균을 수정하여 주가평균의 연속성을 유지할 수 있도록 하여 주식시장의 주가추이를 장기적으로 파악할 수 있도록 하는 수정주가평균이다.

DJIA

- 채용종목 : 다우존스 주가평균의 채용종목은 NYSE에 상장된 공업주중 우량주 30종목으로 구성되어 있으며, 이 종목들의 시가총액은 뉴욕증권거래소 전체 시가총액의 약 1/4를 차지한다.
- 산출방법 :

$$DJIA = \frac{\text{채용종목의 주가합계}}{\text{채용종목수(항상제수)}} \times 100$$

- 기준일 : 1928년 10월 1일이며, 이날의 DJIA는 240.01이었음

6) 니케이지수

동경증권거래소는 1949년 12월 1일부터 당시 유동성이 높은 종목을 대상으로 전후 동증 개장일인 1949년 5월 16일을 기준일로 한 동종주가평균을 산출 발표하였으며, 그 이후 1975년 5월 1일부터 일본경제신문사에서 일경주가평균으로 바꾸어 산출·발표하고 있다.

니케이지수

• 채용종목 : 일경주가평균의 채용종목은 동증 제1부시장에 상장되어 있는 종목 중 유동성이 높은 225개 종목으로 구성되어 있는데, 채용종목은 전 산업에 걸쳐 분포되어 있다.

• 기준시점 : 1949년 5월 16일이며, 이 날의 일경주가평균은 176.21엔

• 산출방법 :

$$일경주가평균 = \frac{225종목\ 주가합계}{항상제수}$$

• 이용현황 : 일경주가평균은 일본증권시장의 주가동향을 나타내는 지표 중 가장 오래된 것으로 일반에게 널리 익숙해져 있다. 또한 일경주가평균은 싱가포르 국제금융거래소(SIMEX) 및 시카고 상품거래소(CME)에서 지수선물거래의 상품으로 거래되고 있다.

7) 주가지수의 활용

① 주가지수는 현재의 시장파악에 있어 필수적 기초자료이며 이러한 시황파악이 주가지수 산출의 본래의 목적임

② 주가지수는 주식투자 성과를 평가하는 기준으로 사용됨

③ 주가지수는 어떤 특정시점에 있어서 그 나라의 경제상황을 나타낼 뿐 아니라, 미래의 경제상황에 대한 예측까지 포함하여 나타내므로 경기선행지표로 이용됨

④ 과거 및 현재의 주가지수는 미래의 주가를 예측하고자 하는 연구자에

게 기초정보로 활용됨

⑤ 주가지수는 개별종목 및 포트폴리오의 시장위험을 측정하는 기준치로
이용됨

⑥ 주가지수는 주요국의 금융선물시장에서 통화 및 금리선물거래와 더불
어 주가지수를 대상상품으로 하는 주가지수선물 및 옵션거래에 이용됨

8) 거래량

거래량은 증권거래소에서 매매된 주식 수(數)를 일컫는데, 거래량이 많다
는 것은 그만큼 투자자의 매매의욕이 왕성하다는 것을 나타내는 것이다. 통
상 거래량이 주가에 선행하는 것으로 알려져 있다.

예컨대 상승시세에서는 매수세가 증가하기 때문에 거래량은 증가경향을
띠지만, 하락기조에서는 사태 관망이 늘어나게 되므로 감소경향을 보인다.

그러나 주가가 최고 시세권에 이르렀을 때는 주가 상승에도 불구하고 거
래량은 감소경향을 보이게 되고, 최저 시세권에서는 주가하락에도 불구하고
증가경향을 띠게 된다.

9) 거래대금

거래대금이란 각 종목의 거래가격에 거래량을 곱하여 합계한 값으로 시
장에너지를 판단할 때에 사용된다.

10) 시가총액

시가총액은 각 종목마다 상장주식수에 시가(時價)를 곱하여 이를 합계한
값이다.

11) 매수매도 잔량

매수매도 잔량이란 개별 종목마다 거래가 체결되지 않고 남아있는 팔려
고 하는 주식수와 사려는 주식수를 일컫는 말인데, 계속적으로 주시하면 주

가변동을 예측하는 재료가 된다. 매수매도 잔량을 살펴봄으로써, 투자자의 평균적인 견해가 사자인가 팔자인가를 알 수 있어, 종목에 대한 인기의 정도를 파악할 수 있다.

12) 등락종목수

주가지수가 상승하고 있어도, 개별종목을 보면 주가가 상승하고 있는 종목도 있고 하락하고 있는 종목도 있다. 이 상승종목 수와 하락종목 수를 등락종목수라 한다. 상승종목 수를 하락종목 수로 나눈 것을 등락비율(ADR)이라고 하는데, 매도·매수세의 강도를 파악하는 지표로 볼 수 있다.

3.2 주식매매 절차

주식을 매매할 때는 증권회사를 통하는 것이 원칙으로서, 거래를 하려는 증권회사에서 계좌를 개설하는 것이 주식투자의 첫걸음이 된다. 특히 요즘엔 은행에서도 증권사 계좌개설이 가능하다.

1) 매매거래단위

주식은 한국거래소에 상장되어 있는 '상장종목'과 비상장종목 가운데 한국증권업협회 관리하에 매매되는 '코스닥 등록종목'으로 나뉘어 진다.

매매수량단위는 2014.5.2일부터 코스피 전 종목에 대해 1주씩 매매 가능한 단주거래가 허용되었다.

주권의 주식예탁증서(DR) 및 수익증권 역시 1증권·1좌 단위로 매매할 수 있게 되었다. 이로써 투자자의 거래편의가 늘어날 뿐 아니라, 침체된 증시의 거래 활성화에도 기여할 것으로 기대된다.

2) 매매주문의 종류

매매주문에는 종목·수량·가격을 지정하는 '지정가(指定價) 주문'과, 매매 종목·수량만을 지정하고 가격은 지정하지 않는 '시장가 주문', 그리고 장중에는 지정가 주문의 형태를 띠다가, 체결이 안된 경우 후장 마감 동시호가에 자동적으로 시장가 주문 방식으로 전환되는 '조건부 지정가 주문' 등이 있다.

지정가 주문은 매매가 체결되지 않을 수 있는 리스크가 있지만, 희망가격으로 매매할 수 있다. 이에 반해 시장가 주문은 매매는 거의 확실하게 체결되지만, 의도하는 가격보다도 불리한 가격으로 매매되는 리스크가 수반된다.

3) 가격폭 제한

한국거래소는 1일의 주가변동폭에 제한을 두고 있다. 이것은 유가증권의 공정한 가격형성과 급격한 시세변동에 따른 투자자의 피해방지 등 거래질서를 확립하기 위한 것을 그 목적으로 한 것이다.

현재 거래소 및 코스닥은 ±15%의 가격폭 제한을 두고 있으며, 가격 제한폭의 상하한까지 주가가 변동된 경우를 '상한가' 및 '하한가'라 부른다. 한편 금융당국은 증시 활성화를 위해 거래소·코스닥시장의 가격 제한폭을 2015년 상반기 중 30%까지 확대할 계획이다.

4) 매매거래의 종류

결제일을 기준으로 한 매매거래의 종류는 보통거래와 당일 결제거래의 2가지 종류가 있다. 주식의 일반적인 거래에는 보통거래 방식이 적용되는데, 약정 후 3영업일째(약정일 포함)에 결제한다.

5) 위탁수수료

증권회사가 위탁받은 매매거래가 성립되었을 때 투자자로부터 받는 수수료이며, 징수율은 증권회사가 자율적으로 결정한다.

3.3 기타 관련거래

1) 해외 주식투자

해외 주식투자는 폭넓은 의미에서 리스크 분산이 용이할 뿐만 아니라, 한국 주식투자에서는 찾을 수 없는 묘미도 느낄 수 있다. 세계의 주식시장 가운데에는 한국에 비하여 비교적 주가가 싸거나, 한국과는 정반대의 움직임을 보이고 있는 시장도 있다.

한국의 주식시장이 침체되어 있을 때에도 시장에 따라서는 높은 투자효율을 올릴 수 있는 경우도 있다. 해외 주식투자를 할 때는 국내주식에 비해 정보가 부족하다는 점과 환리스크를 감수해야 한다는 점을 특별히 유의해야 할 것이다.

최근에는 해외주식, 해외선물, 옵션, 해외 ETF 등 직접투자까지 가능해졌고, 점차 투자자도 늘어나고 있는 추세이다.

2) 주가지수 선물·옵션거래

(1) 선물

선물거래란 특정상품을 현시점에서 정한 가격으로, 장래 어느 기일에 결제할 약속으로 거래하는 것을 말한다. 그 특징으로는,

① 한국거래소에서 거래되는데 불특정 다수의 참가를 전제로 거래대상, 거래단위, 결제기일 등의 거래조건이 정형화되어 있다.

② 거래당사자는 언제라도 자유롭게 반대매매를 함으로써 청산할 수 있다.

③ 결제는 자금결제로 이루어지는 것이 보통으로, 소액의 자금(증거금)으로 큰 거래를 할 수 있다.

④ 약속이행의 담보로서 미결제인 매매잔고에 대해서는 매일 일일정산이 행해지는 증거금의 예탁(預託)이 의무화되어 있다.

⑤ 선물가격의 변동에 따라 일정 이상의 손실이 발생한 경우에는 추가증거금의 차입이 의무화되어 있다.

⑥ 국내선물상품은 KOSPI200선물, 금리선물, 통화선물, 실물선물, 스타지

수선물 등이 있다.

(2) 옵션

옵션이란 특정상품을 특정수량, 특정가격(행사가격)으로 장래의 기일 또는 기간에(행사기일 또는 행사기간) 사들일 권리(콜옵션), 팔 권리(풋옵션)를 일컫는다. 옵션의 특징으로는,

① 옵션의 매수자는 옵션을 행사할 권리를 가지는 것이지 의무를 갖는 것은 아니다. 이에 반해 옵션의 매도자는 옵션의 매수자가 권리행사를 하면 이에 부응할 의무가 있다. 콜옵션의 매도자는 매수자의 권리행사에 대해 해당상품을 팔고, 풋옵션의 매도자는 매수자의 권리행사에 대해 해당상품을 사들인다.

② 옵션거래에서는 매매시에 프리미엄이라 불리는 금전의 수수(授受)가 이루어짐과 동시에 매도자는 증거금의 예탁(預託)이 의무화되어 있다.

③ 거래 당사자는 언제라도 자유롭게 반대매매에 따라 청산할 수 있다.

한편, 대표적인 상품으로는 코스피200옵션, KOSPI200 야간선물옵션 등이 있는데, CME연계 코스피200선물 야간시장은 현재 정규시장에서 거래되고 있는 코스피200선물이 CME(시카고 선물거래소)와의 연계를 통하여 야간시간동안(18시~익일 05시)에 거래되는 시장을 의미한다.

그리고, EUREX 연계 코스피200옵션 야간시장은 EUREX(유럽거래소)와의 연계를 통하여 코스피200옵션 개별종목을 기초자산으로 하는 1일 만기 선물(코스피200옵션선물)을 상장시켜 매매하고, 장마감 후 당일 미결제포지션에 대해서는 코스피200옵션 실물로 인수도시켜 사실상 코스피200옵션의 매매시간이 야간까지 확장된 것과 같은 효과가 발생하는 시장을 말한다.

3) 코스닥 거래

국내 장외등록주식을 사고 파는 시장을 의미하며, 미국의 벤처기업을 대상으로 하는 나스닥(Nasdaq)을 본 따서 이름지은 것이다. 코스닥시장은 2005년 1월부터 한국거래소로 통합되어 운영되고 있으며, 유가증권시장과 함께

독립된 경쟁시장이다.

미국의 경우 나스닥을 통해 마이크로소프트 등 유망벤처기업이 많아 코스 닥하면 벤처기업을 연상하게 되지만 코스닥에는 일반기업도 많다. 코스닥 투 자도 상장종목투자와 같이 증권회사를 통해 똑같은 방법으로 매매하면 된다.

4) 해외 선물거래

해외거래소(CME, EUREX 등)에 상장된 지수, 금리, 에너지, 금속, 농산물 옵션거래 등 점차 그 투자상품이 늘어나고 있다.

특히 해외선물옵션은 전세계 주요 파생거래소에 상장되어 거래되는 금융 선물옵션과 상품선물옵션을 총칭하는 말로서, 주가지수, 통화, 금리, 귀금속, 비철금속, 에너지, 농산물, 축산물 등 다양한 상품이 거래되고 있다.

투자대상은 해외 주요거래소에 상장된 선물·옵션, 자본시장법에 의해 유 사해외선물로 정의된 장외선도거래(LME, LBMA, FFA) 등이며, 또한 거래상 품은 통화선물, 지수선물, 섹터지수선물, 금리선물, 에너지선물, 농·축산물 선물, 금속선물, 해외옵션상품 등이 있다.

한편 FX마진거래는 저렴한 투자비용(10%의 증거금)을 가지고, 두 나라의 통화를 동시에 사고 팔아 환율 가치의 등락에 따른 차익을 노리는 외환거래 를 말한다.

FX 마진거래(Foreign Exchange Margin)

- FX란 Foreign Exchange의 준말로서, 서로 다른 두 나라 화폐간의 교환비율을 말한다.
- 현물거래중심인 기관(은행)간의 거래에 비하여 최소한의 증거금을 납입하고, 통화 선물거래처럼 일정 한도의 배수로 약정된 거래를 하는 것으로서, 만기일 및 실물 인수도 없이 청산시 차액만을 정산하는 현물환 거래를 말한다.
- 가능상품은 EUR/USD 등 25개이며, 환율변동 단위를 나타낼 때 공동으로 사용 하는 용어로 핍(PIP)이라는 용어를 쓴다.

5) ETF펀드

상장지수펀드(ETF)는 특정 주가지수와 연동되는 수익률을 얻을 수 있도록 설계된 '지수연동형 펀드(Index Fund)'로서, 거래소에서 주식처럼 거래된다. 한마디로 주가지수를 사고 파는 증권 상품이라고 보면 된다.

인덱스펀드를 기초로 증권(ETF증권)을 만들어 이 증권을 사고 팔도록 하면 주식 실물거래가 없기 때문에 시장에 주는 충격을 최소화할 수 있다. 또 투자자는 투신 등에 환매를 요청하지 않고 주식과 같이 주가지수 변동에 따른 ETF증권의 가격변동 따라 자금을 회수할 수 있다.

ETF 펀드는 프로그램 매매에 의한 주가폭락이 지난 87년 블랙먼데이의 한 원인으로 지적됨에 따라 93년 1월 미국에서 처음 선보였고, 현재 독일, 영국, 한국, 스위스, 스웨덴, 호주, 뉴질랜드, 홍콩, 싱가포르 등 선진 증시에 도입돼 있다.

6) 주식워런트 증권(Equity Linked Warrant ; ELW)

주식워런트 증권은 특정대상물을 사전에 정한 미래의 시기에 미리 정한 가격으로 살 수 있거나, 팔 수 있는 권리를 갖는 증권을 의미한다.

다시 말해 특정 종목의 주가 상승이 예상될 경우, 해당 종목의 주식을 모두 사지 않더라도 일부 자금만 투자해 주식으로 바꿀 수 있는 권리만 산 뒤, 차익을 올릴 수 있는 증권이다.

제**4**절 ●━━● **증권분석 방법**[*]

증권분석은 개별증권의 투자와 관련한 일체의 유용한 자료 및 정보를 수집·분석하는 일련의 과정을 말한다.

이 경우 자료와 정보는 증권의 투자성과에 영향을 미치는 전반적인 경제환경과 산업전망 뿐만 아니라, 발행기업의 제반여건과 관련된 것을 포함하며, 이들은 위험과 수익의 관계에서 분석된다.

증권의 수익과 위험을 전망하는 증권분석에는 여러 가지 방법이 있으나, 보통 기본적 분석(fundamental analysis)과 기술적 분석(technical analysis)이 가장 널리 사용되고 있다.

4.1 기본적 분석

기본적 분석은 장기간에 걸친 기업의 실제가치의 변화에 대한 분석으로써, 경제상황 전반이나 기업이 속해 있는 산업상황과 기업의 제반특성을 분석하며, 특히 재무제표분석을 중시한다.

기업의 내재가치에 영향을 미치는 이들 요인들을 분석·평가하여 이것을 시장가격(현재의 주가)과 비교하여 매수 또는 매도의 판단지표로 이용하는 방법이다.

이와 같이 기본적 분석의 전제하에 위험을 최소화하고 기대수익을 극대화하기 위하여, 효율적인 분산투자를 강조하는 투자전략으로서 포트폴리오 관리방식이 제시된다.

1) 경제분석

증권분석에서의 경제분석은 기업의 수익력을 원칙적으로 좌우하는 미래 국민경제활동의 수준을 예측하는 것으로서, 기업의 수익성, 성장성, 불확실

---

[*] 한국금융연수원, FP(금융상품)3, 2002, pp.68~99 참조.

성을 예측하는데 출발점이 될 뿐 아니라, 증권시장의 전반적인 움직임을 예측할 수 있는 기초자료를 제공해 준다.

〈 기본적 분석의 체계 〉

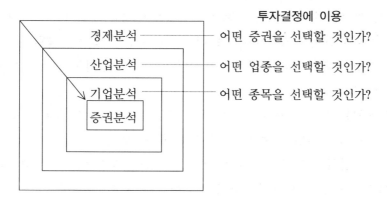

투자결정에 이용

경제분석 ──────── 어떤 증권을 선택할 것인가?

산업분석 ──────── 어떤 업종을 선택할 것인가?

기업분석 ──────── 어떤 종목을 선택할 것인가?

증권분석

증권가격에 영향을 미치는 모든 국민경제적 요인들을 밝히고, 이런 요인들과 증권시장의 관계 및 기업의 이익과의 관계를 규명하는 것은 쉬운 일이 아니다.

그러나 여러 경제변수 중에서도 주가형성에 큰 영향을 미치는 주요 경제변수 등을 추출하여, 이들 요인과 주가와의 관계를 규명하려는 시도는 끊임없이 행해지고 있다.

이러한 경제변수들을 분석하는데 사용하는 자료는 정부나 공공연구기관이 제공하는 2차 자료에 의존하는 경우가 많다.

특히 재정경제부나 한국은행에서는 각종 경제지표를 작성하여 정기적으로 발표하고 있는데, 이들 경제지표의 의미를 해석하고, 상호 연관성을 파악하는 일은 미래의 경제상황을 예측하는 근간이 된다. 모든 경제의 움직임은 각종 경제지표에 의해서 구체적으로 나타나기 때문이다.

2) 산업분석[*]

경제분석에서는 기업 외적 요인들을 살펴봄으로써 주식시장의 동향을 살

───────────────

* 박용희, 주식투자의 이해, (주)예지네트, 2004, pp.39~43 참조.

피고 주식을 매입할 시기인지 아닌지를 알아보고자 하는 반면, 산업분석에
서는 주식을 매입하게 된다면 어떠한 산업이 투자 대상으로 유망한 업종인
지를 살펴보고자 함에 그 목적이 있다.

현재 우리나라 증권시장에 상장 또는 등록되어 있는 회사는 1,951개(2011.
6. 6기준)에 이르는데, 이 중 어느 회사의 주식을 매입할 것인가를 알아보기
위해서 상장회사 모두를 분석하기 보다는 가장 유망한 업종을 택한 뒤 그
업종에서 가장 유력하다고 여겨지는 회사의 주식을 구입하는 것이 현명한
방법일 것이다.

따라서 산업분석은 투자종목을 선정하기 앞서 보다 용이한 투자를 위해
서 투자대상기업의 범위를 제한하는 것이라 할 수 있다.

산업분석은 산업의 특성과 전망에 대한 분석으로, 개별산업 또는 관련산
업에 중요한 영향을 미치는 요인들을 광범위하게 연구·분석하는 것을 말
하며, 산업분석에 있어서 검토해야 될 사항은 다음과 같다.

① 과거의 실적분석

② 경기변동에 대한 적응력

③ 산업의 대체관계분석

④ 정부의 정책, 금융·세제면에서 정부의 지원과 제한 등에 관한 정보수
　집과 분석

⑤ 인력수급 및 노사관계분석

⑥ 기업간의 경쟁관계분석

⑦ 성장산업과 사양산업의 구분

(1) 산업분석의 의의

① 산업분석은 산업의 특성과 전망에 대한 분석으로 개별산업 또는 관련
　산업에 중요한 영향을 미치는 요인들을 광범위하게 연구·분석하는
　것을 말한다. 즉 경제여건 변화에 따른 산업의 변화가 개별 기업에 미
　치는 영향을 파악하는 것이다.

② 산업분석은 유망한 산업을 선택하여 기본적 분석의 최종 목표인 투자
　유망종목의 선정에 대한 전제조건을 부여하고, 산업 내 개별기업간의

비교를 가능하게 하는 기준치를 제공하는 의의가 있다.

③ 산업분석은 여러 산업을 비교·분석하여 어떤 업종의 경쟁력이 높고 유망한 것인지에 대한 기준을 제공해 주는 산업간 분석(Interindustry Analysis)과, 특정 산업내의 분석을 통하여 어떤 업체가 더욱 유망한지에 대한 기준을 제공해 주는 산업내 분석(Intraindustry Analysis)을 모두 포함하는 것이 바람직하다.

산업연관분석과 산업연관표

■ 산업연관분석

산업연관표를 기초로 하여 국민경제의 움직임을 산업간의 생산기술적 연결구조로 포착, 그 연관관계를 구명하는 실증적인 분석방법으로서, 레온티에프(W. W. Leontief)가 창안하였으며, 투입산출분석(input output analysis), 다부문분석(multi-sectoral analysis)이라고도 한다.

예를 들면, 산업연관분석은 중간생산물 거래에서 볼 수 있는 산업간의 연결관계, 부가가치와 생산요소와의 관계, 제반 산업과 최종수요와의 상호관계 등 산업연관모델을 작성함으로써, 국민경제의 현황분석, 예측분석, 경제계획입안 등에 광범위하게 응용되고 있다.

■ 산업연관표

일정기간 동안 국민경제 내에서 발생하는 상품과 서비스의 생산 및 처분과 관련된 모든 거래내역, 곧 그물과 같이 복잡하게 얽혀있는 산업부문 간의 상호연관관계를 행렬형식을 빌어 체계적으로 기록한 종합적인 통계표이다. 산업연관표는 1930년대 초 레온티에프(W. W. Leontief) 교수에 의하여 경제구조분석은 물론, 각종 경제정책의 파급효과측정이나 경제계획수립 등의 기초자료로 다양하게 이용되고 있다.

(2) 산업분석의 대상

산업분석은 평가대상 기업이 속하는 사업의 특성·시장규모·수요요인·공급요인·성장가능성 등을 분석하고, 산업에 영향을 주는 사회적·경제적·정치적·법률적 변수를 파악한 후 동 변수로 인한 산업의 안정성·성장성 등을 평가하는 것을 말한다.

산업분석은 당해 산업에 대한 국민경제적 지위, 성장성, 경기변동의 정도, 수요 및 공급 영향 요인, 기초적 재무특성, 진입의 난이도, 규제 및 지원, 경제환경 변수의 영향정도 등을 분석하는 것을 그 내용으로 한다.

① 국민 경제적 지위 : 총생산액과 고용측면에서 당해 산업이 세계경제 및 국내경제에서 점하는 위치의 변동추이 및 전망, 수급균형 관계 등을 분석한다.

② 성장성 : 당해 산업의 과거 성장추이, 향후전망을 GNP 성장률 등과 비교분석하고, 과거 수요변동의 원인변수와 영향의 정도, 향후 변화추세를 파악하여 성장 가능성을 분석한다.

③ 경기변동의 정도 : 당해 산업의 일반경기변동에 대한 영향정도, 선후행 여부, 선후행 기간 등 일반경기 변동에 대한 민감도를 검토한다.

④ 수요영향 요인과 시장성 분석 : 당해 산업의 수요에 영향을 주는 제반 요인을 파악하고 이들의 향후 변동방향을 예측함으로써 당해 산업의 수요측면에서의 안정성을 검토한다. 산업별로 소비재 · 생산재 · 중간재 여부, 표적시장, 생산방식, 협력정도 등 요인에 따라 마케팅 및 생산관리의 특성이 어떻게 달라지는가를 분석하여, 시장점유율, 원가분석 및 잠재된 경영위협 요소를 분석한다.

⑤ 공급영향 요인 분석 : 당해 산업의 원재료, 노동력, 설비, 에너지 등 제반 소요자원과 기술수준을 파악하고, 동 자원의 변동요인을 분석한다.

⑥ 기초적 재무특성 : 당해 산업의 자본집약도, 판매유통관습, 재무구조, 원가구조 등을 타 산업과 비교, 분석하여 당해 산업의 재무적 특성을 분석한다.

⑦ 진입의 난이도 : 당해 산업의 진입(철수) 장벽 유무, 법적 · 경제적 · 사회적 장벽의 내용에 의하여 당해 산업에의 진입난이도를 분석한다.

⑧ 규제 및 지원사항 : 당해 산업의 수익 및 원가에 영향을 줄 수 있는 제반 법적 규제 및 향후의 규제가능성을 검토하고, 당해 산업이 부담하는 위험도를 분석한다. 또한 정부의 산업지원정책을 분석하고, 동 지원시책의 향후 변화가능성 등을 분석한다.

⑨ 경제환경 변수의 영향정도 : 물가수준, 금리, 환율변동, 임금동향, 수출국

의 관세장벽, 사회정치적 변화가 당해 산업에 대한 영향정도를 분석한다.

(3) 산업분석과 주가와의 관계

주식시장에서 수익률 극대화를 도모하기 위해서는 향후 예상되는 시장평균 수익률을 상회할 수 있는 효율적인 종목선택이 진행되어야 한다. 따라서 효율적 종목선택을 위해서는 향후 실적호전이 예상되는 산업의 선별이 필수적이다(Top Down 방식).

① 주가는 업종별로 움직이는 경향이 많다. 특히 국내 주식시장에서 개별기업의 경영성과는 당해 산업의 경영성과와 밀접한 관련을 가지고 있다.
② 모든 산업의 성과가 반드시 경기변동과 일치하지 않는다.
③ 개별기업의 장기수익 전망에 있어서는 산업의 추세분석이 도움을 준다.

(4) 경제분석과 산업분석과의 관계

경기가 상승세를 나타날 때는 일반적으로 내구소비재, 재고투자 및 설비투자가 증가하게 된다.

소비자 측에서도 소득이 증가하여 주택, 자동차와 같은 내구소비재에 대한 구매가 증대되는데, 이는 기업으로 하여금 매출증대를 예상하게 함으로써, 재고증가와 함께 설비투자를 확대하도록 한다. 경기가 후퇴할 것으로 예상되면 반대의 경우가 나타난다.

경기변동에 따른 유망산업을 선정하기 위해서는 경제성장 또는 국민소득에 영향을 주는 제반변수를 분석 예측할 수 있다.

예를 들자면, ① 건축허가 면적의 변동상황을 파악하여 건설업 경기를 예측한다. ② 기계수주 현황을 분석하여 설비투자와 기계공업의 전망을 추정할 수 있다.

한 나라의 경제가 발전함에 따라 산업구조에도 변화가 생긴다. 경제발전 초기에는 1차 산업 비중이 높고, 공업화가 진전됨에 따라 2차 산업 비중이 커진다. 경제가 고도화 된다면 3차 산업의 점유율이 가장 높게 나타난다.

또한 같은 제조업에 속한다 할지라도 경제발전의 단계에 따라 그 성장률은 차이를 보이게 된다.

3) 기업분석*

증권투자의 최종적인 의사결정은 특정종목의 매수·매도에 관한 판단이다. 이를 위해서는 특정종목의 내재가치를 기초로 하여 적정한 주가수준을 판단하여야 하는데 특정종목의 내재가치를 분석하는 작업이 기업분석이다.

기업분석은 회사의 연혁, 사업내용, 경영진, 업계에서의 지위 등 계량화할 수 없는 사항을 분석하는 질적분석과, 구체적으로 수치화할 수 있는 재무제표분석에 의한 경영분석 즉 양적분석이 있다.

(1) 질적분석

① 회사의 연혁 : 기업의 성장과정, 자본금 변동상황, 경영진 변동상황 등
② 사업내용과 전망
③ 경영자
④ 업계에서의 지위 : 시장점유율, 품질, 기업이미지 등
⑤ 기타 주주구성, 노사관계, 금융기관과의 관계 등

(2) 양적분석

(가) 수익성분석

수익성관계비율은 기업의 수익성을 통해 경영성과를 측정하기 위한 분석임

총자본이익률	$\dfrac{순이익}{총자본} \times 100$	사용 총자본에 대한 이익추정
자기자본이익률	$\dfrac{순이익}{자기자본} \times 100$	주주의 투하자본에 대한 이익율
납입자본이익률	$\dfrac{순이익}{납입자본} \times 100$	배당능력판단에 중요
매출액순이익률	$\dfrac{순이익}{매출액} \times 100$	영업활동의 총체적 효율을 측정

---

* 한국금융연수원, FP(금융상품)3, 2002, pp.70~72 참조.

(나) 안정성 분석

기업의 단기적인 채무지급 능력에 대한 측정과 장기적으로도 경기나 시장변화 여건 등에 대응할 능력을 지니고 있는가를 측정하기 위한 분석이다.

유 동 비 율	$\dfrac{유동자산}{유동부채} \times 100$	단기채무에 대한 지급능력 평가
부 채 비 율	$\dfrac{부채}{자기자본} \times 100$	자본구성의 건전성을 판단하는 대표적인 지표
주 당 순자산가치	$\dfrac{자본총계-무형고정자산-이연자산+이연부채-사외유출금}{총발행주식수}$	회사 청산시 1주당 장부가치
주 당 현금흐름	$\dfrac{당기순이익+현금지출이 \ 없는 \ 비용}{총발행주식수}$	기업의 부채상환, 설비확장을 위한 자금조달 측정
유 보 율	$\dfrac{잉여금}{납입자본금} \times 100$	재무구조의 안정성과 무상증자 가능성 측정

(다) 성장성 분석

매출액, 자본금, 순이익 등의 증가율을 통해 균형적 성장여부를 측정하는 분석이다.

매출액증가율	$\left(\dfrac{당기매출액}{전기매출액} -1\right) \times 100$	기업성장의 대표지표, 물가상승률 보다는 높아야 함
순이익증가율	$\left(\dfrac{당기순이익}{전기순이익} -1\right) \times 100$	기업활동의 최종성과의 성장률
총자본증가율	$\left(\dfrac{당기말총자본}{전기말총자본} -1\right) \times 100$	전체적인 경영규모의 성장률

4.2 기술적 분석*

기본적 분석은 기업의 내재가치를 산출하여 현재의 주가와 비교하여 매수 또는 매도의 판단에 이용되는 데, 이는 매수 또는 매도의 대상주식을 선

---

* 한국금융연수원, FP(금융상품)3, 2002, pp.72~77 참조.

택하는 방법이라고 할 수 있다.

이에 반해 기술적분석은 주가와 거래량의 과거동향을 분석하여 주가를 예측하는 방법인데, 기본적 가치보다는 투자심리, 시장분위기 등이 반영되어 있는 일정의 패턴이나 추세를 찾아내어 주가변동을 예측하는 방법으로 매매시점 포착에 중점을 둔 증권분석방법이다.

1) 추세선 분석

주가는 현재방향으로 계속 진행하려는 경향이 있다고 보고, 추세선의 설정을 통해 추세가 전환되는 시기를 예측한다.
① 형성된 추세선을 30%이상 이탈하면 전환 의미
② 추세선 돌파시점에서 거래량이 증가하면 전환 의미

〈 추세선(trend lines)의 실례 〉

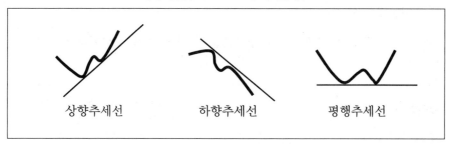

| 상향추세선 | 하향추세선 | 평행추세선 |

2) 지지와 저항의 원리

기술적 분석에서 말하는 지지의 개념은, 주가가 상향추세선을 따라 파동운동을 반복하는 과정에서 나타나는 주가하락을 정지시키는데 필요한 실제적 또는 잠재적 매수량이 대기하고 있는 상태를 말한다.

그리고 저항의 개념은 주가가 하락추세선을 따라 파동운동을 거듭하는 과정에서 나타나는 것으로서, 주가반등을 억제시키는데 필요한 실제적 또는 잠재적 공급량이 대기하고 있는 상태를 말한다.

〈 지지와 저항의 형성 〉

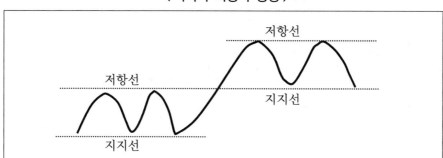

3) 이동평균선

주가의 이동평균이란 일정기간(5일, 20일, 60일, 120일, 200일 등)의 주가를 평균화하여, 비정상적인 변동을 최대한 줄여 전체 주가흐름을 객관적으로 관찰함으로써, 주가의 진행방향과 현실 주가와의 괴리 정도를 파악하기 위한 지표이다.

이동평균선은 하루하루의 주가 흐름은 불규칙하므로 주가를 며칠동안 묶어서 평균을 하여 일정기간의 평균적인 주가흐름을 알고자 하는 것이다.

일정 기간의 주가 평균치의 진행 방향을 확인하고 현재의 주가 진행 방향과 어떤 관계가 있는지를 분석함으로써, 미래의 주가 움직임을 예측하는 지표이다.

5일 이동평균선은 오늘을 기준으로 최근 5일간의 평균값이다. 이런 식으로 계산한 일련의 값들을 선으로 연결한 것이 5일 이동평균선이다. 20일, 60일 등의 이동평균선 또한 이런 식으로 구한다.

이동평균선은 단기, 중기, 장기 이동평균선으로 분류되며, 각각의 특성에 따라 주가의 지지선이나 저항선의 역할을 한다.

흔히 단기지표로 5일, 20일 이평선을, 3개월 가량의 중기지표로는 60일 이평선을, 6개월 이상의 장기지표로는 120일 또는 200일 이평선을 사용한다.

그러나 이 같은 기간들은 절대적인 기준은 아니며 사용자의 편의에 따라 조정할 수 있다. 최근 외국인들의 장세 주도력이 강화되면서 34일 선이 이용되기도 한다.

〈 그랜빌(Granvile)의 이동평균선 분석 〉

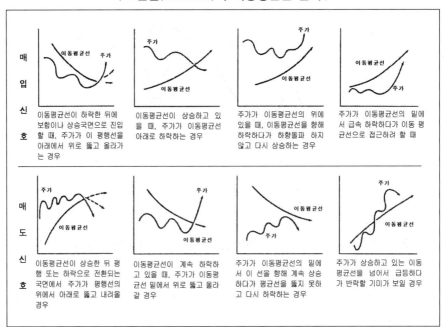

매입신호	이동평균선이 하락한 뒤에 보합이나 상승국면으로 진입할 때, 주가가 이 평행선을 아래에서 위로 뚫고 올라가는 경우	이동평균선이 상승하고 있을 때, 주가가 이동평균선 아래로 하락하는 경우	주가가 이동평균선의 위에 있을 때, 이동평균선을 향해 하락하다가 하향돌파 하지 않고 다시 상승하는 경우	주가가 이동평균선의 밑에서 급속 하락하다가 이동평균선으로 접근하려 할 때
매도신호	이동평균선이 상승한 뒤 평행 또는 하락으로 전환되는 국면에서 주가가 평행선의 위에서 아래로 뚫고 내려올 경우	이동평균선이 계속 하락하고 있을 때, 주가가 이동평균선 밑에서 위로 뚫고 올라갈 경우	주가가 이동평균선의 밑에서 이 선을 향해 계속 상승하다가 평균선을 뚫지 못하고 다시 하락하는 경우	주가가 상승하고 있는 이동평균선을 넘어서 급등하다가 반락할 기미가 보일 경우

- 골든 크로스(Golden Cross)
  단기평균선이 장기평균선을 아래에서 위로 돌파하는 상황을 말하며, 강세시장으로의 전환의미

  단기이동평균선

  장기이동평균선

- 데드 크로스(Dead Cross)
  단기평균선이 장기평균선을 위에서 아래로 돌파하는 상황, 약세시장으로의 전환의미

  장기이동평균선

  단기이동평균선

4) 이격도

이동평균선과 현실주가와의 괴리정도 $\left(\dfrac{주가}{이동평균주가} \times 100 \right)$

국면	이격도 상태	투자 전략	국면	이격도 상태	투자 전략
상승	25일선 이격도 98%수준 75일선 이격도 98%수준	매입	하락	25일선 이격도 92%수준 75일선 이격도 88%수준	매입
	25일선 이격도 106%이상 75일선 이격도 110%이상	매도		25일선 이격도 102%이상 75일선 이격도 104%이상	매도

5) 엘리오트(Eliott)의 파동이론

엘리오트는 장기간의 주가흐름은 관찰한 결과, 주가변동에는 일정한 규칙이 있음을 발견하고 그 이론을 일반화하였는데, 그는 주가의 변동은 상승 5파와 하락 3파로 움직이며, 끊임없이 순환하는 과정에 있다고 본 것이다.

〈 파동의 구성 〉

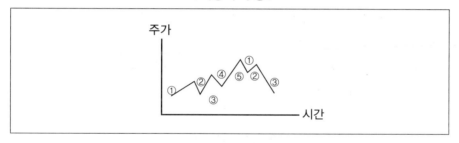

6) 주가와 거래량 상관곡선(역 시계방향 곡선)

주식투자에 있어 단서가 될 수 있는 것은 현재 시장에 형성되고 있는 주가와 거래량이다.

이 두 가지를 가지고 향후 전망을 분석한다고 했을 때, 주가와 거래량은 아주 중요한 단서가 된다. 그러나 주가 하나만 가지고, 또한거래량 하나만 가지고 서로 분리시켜 분석하기는 어렵다.

거래량과 가격의 흐름을 같이 해석해야 더욱 더 진가를 발휘하게 된다. 거래량이 많다는 것은 그만큼 시장 참여자들의 관심이 높다는 증거이고, 적다는 것은 투자심리가 낮다는 것을 의미한다.

단순히 생각해도 거래량이 많으면 활기를 띤다고 생각하면 되지만, 진정한 거래량 분석에서는 지속적인 유동성 폭발이 좋지만은 않다. 경우에 따라서는 적은 거래량이 오히려 더 좋을 때가 있고, 어떤 경우에는 거래량 폭발이 독이 되는 경우도 있다.

여기서 거래량과 주가의 상관관계를 정리하면 다음과 같다.

① 주가가 바닥권까지 떨어진 상태, 거래량 증가는 상승추세전환

② 주가가 횡보에서 상승세로 전환, 거래량 함께 증가 매수신호

③ 거래량 늘지는 않지만, 주가는 계속 상승시 추가상승 가능성

④ 거래량이 감소, 주가는 탄력에 의한 계속 상승시 매수 보류

⑤ 주가가 더 이상 상승하지 못하고 거래량도 계속 감소한다면 주가의 하락을 경계

⑥ 주가 하락하기 시작, 거래량도 감소하면 본격적인 하락신호

⑦ 주가가 계속 하락하면 매수측이 관망하기 때문에 거래량이 감소하기 시작, 주가의 하락세가 계속되면 거래량이 정체

⑧ 주가의 대폭적인 하락으로 관망하던 매수세가 참여하게 되어 거래량이 늘어나는 경우, 주가가 계속 하락하더라도 매도를 중지, 추세전환의 가능성에서 접근

〈 역시계방향 곡선 〉

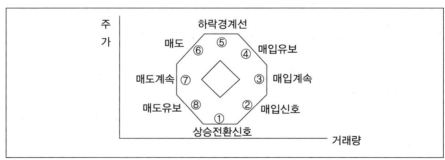

이와 같이 거래량과 주가의 상관관계를 표시 한 도표가 역시계 곡선이다. 역시계 곡선은 세로축(y)에 주가를, 가로축(x)에 거래량을 표시해 일정기간

동안의 주가와 거래량 평균을 시간 변화에 따라 기록해서 연결한 것이다.

이는 주가의 중기 진행방향의 예측에 유용한 지표로서, 주가와 거래량의 30일 이동평균을 두 변수로 하여 도표화한 것이며, 앞의 그림과 같이 방향에 따라 분석한다.

7) O.B.V(On Balance Volume)

시장이 현재 매집 단계인지, 분산 단계인지를 판단하는데 유용한 지표로서, 주가상승일의 거래량을 더하고, 하락일의 거래량을 뺀 누계를 매일 도표화한 것이다.

- U마크 : 직전 고점을 돌파 → 단기매수 신호
- D마크 : 직전 저점을 하회 → 단기매도 신호

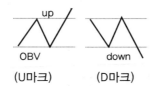

(U마크)   (D마크)

8) A.D.L(Advance Decline Line) : 등락주선

시장의 내부세력이 강화되고 있는지, 아니면 약화되고 있는지를 설명하는 주가선행 지표로서, 상승 종목수에서 하락 종목수를 뺀 누계를 도표화한 것이다.

- 매입신호 : ADL 상승시 주가지수가 하락할 경우
- 매도신호 : ADL 하락시 주가지수가 상승할 경우

9) 투자심리선

10일 중 주가상승일 수가 며칠이었는가에 대한 비율로 나타내며, 투자심리의 과열 및 침체상태를 파악한다.

경 계 지 대	안 전 지 대	중 립 지 대
75%이상	25%이하	50%

제5절 ● 매매시점 판단방법*

5.1 대세에 대한 판단

주식투자에 있어서 최종적으로는 관심을 두고 있는 개별 주가수준의 파악이 중요하지만, 현재 시세흐름의 위치를 판단하는 데는 대세관이 전제되어야 한다. 대세에 영향을 미치는 주요 변수들은 다음과 같다.

① 국내외 경기동향 및 정치·사회적 요인
② 주요경제정책 및 증권정책
③ 증시주변 자금사정
④ 주식시장의 수급상황
⑤ 기관투자가 동향 및 일반투자가의 투자성향
⑥ 제반 기술적 지표의 신호

5.2 DOW 이론의 투자자 행동

구 분	강세 3국면			약세 3국면		
	제 1국면 매집국면	제 2국면 Mark up국면	제 3국면 과열국면	제 1국면 분산국면	제 2국면 공황국면	제 3국면 침체국면
일 반 투자자	공포 (−)	공포 (−)	확신 (+)	확신 (+)	확신 (+)	공포 (−)
전 문 투자자	확신 (+)	확신 (+)	공포 (−)	공포 (−)	공포 (−)	확신 (+)

---

* 한국금융연수원, FP(금융상품)3, 2002, pp.86~88 참조.

5.3 매매시점과 투자방법

(1) 개별 종목별 주가수준의 파악

주가를 움직이는 기업내적 요인, 즉 증자나 배당, 경영내용, 업계동향, 노사관계 등에 대한 분석과, 주가의 기술적 분석을 통하여 현재의 주가수준을 파악한다.

(2) 시세변화 초기에 매매

주식들이 오랜 보합에서 거래량을 수반하여 오르기 시작하면 매수하고, 반대로 주가가 하락하기 시작하면 매도한다.

주가가 올라갈 때는 더 올라가기 전에 빨리 사두어야겠다는 초조감 때문에, 또 다른 매수세와 주가상승을 유도하게 되고, 내릴 때는 투자자들이 더 떨어질 것 같은 불안감 때문에 하락세를 유도하게 된다.

(3) 거래량 변동을 주목

주가의 변화시점에서는 거래량이 주가에 선행하는 것으로 인식되고 있는데, 일반적으로 강세장에서는 거래량이 많고, 약세장에서는 거래량이 적다고 생각하고, 거래량이 증가세를 보이면 주가는 상승하고, 감소세를 보이면 주가는 하락한다고 본다.

(4) 50% 원칙

50% 원칙은 매수세와 매도세가 균형을 이루는 경우는 시소게임의 평형상태와 같다는 데 근거를 둔 이론이다.

균형상태 파괴후 주가가 변화를 보이기 시작하여 직전 상승폭의 50% 이상 반락하게 되면, 완전한 하락세로 들어서 이전의 저점수준 이하로 떨어지게 되고, 반대로 하락하여 주가가 그 하락폭의 50% 이상 반등하게 되면, 주가는 완전한 상승세로 접어들어 이전의 고점수준 이상으로 상승하게 된다고 본다.

(5) 10% 투자법

주식투자의 원리는 시세의 흐름에 편승하는 것이다. 즉 천정에서 팔지 말고 바닥에서 사지 말라는 격언처럼, 과욕을 버리고 적당한 선에서 만족하는 것이 중요하다.

10% 원리는 소유주식의 월평균 가격이 이전의 최고가격보다 10% 이상 오르면 매도하여 이익을 실현하고, 반대로 10% 이상 내리면 매입하여 평균단가를 낮추어 가는 방식이다.

이를 조금 응용하면, 주가변화가 심한 혼조 장세에서는 5% 투자법을, 강세시장에서는 20% 투자법도 유용하다.

(6) 포뮬러 플랜(formula plan)

주가의 예측을 배제하고 기계적 매매시점을 포착하여 종목간 투자비율을 변경시키는 자동투자법이다.

① 정액법 : 주식에 투자하는 금액을 언제나 일정하게 유지하는 방법
   (예 : A종목 100만원, B종목 100만원)
② 정율법 : 종목간 투자비율을 일정하게 정해놓고 주가가 상승하면 팔고, 하락하면 매입함으로써 구성비율을 조정하는 방법
   (예 : A종목 30%, B종목 20%)
③ 달러평균법 : 장기에 걸쳐 정기적으로 일정종목을 일정금액으로 매입하는 방법으로 주가가 낮을 때는 주식수를 늘려가고, 오르면 줄여가는 방법
   (예 : A종목 10 / 112,000원 × 15주 = 180,000원
        11 / 111,250원 × 16주 = 180,000원
        12 / 110,000원 × 18주 = 180,000원)

5.4 증시격언 30선

① 주식의 인기는 미인투표와 같다.
② 떠나간 여자와 지나간 버스는 기다리지 않는다.
③ 밀짚모자는 겨울에 사고, 털장갑은 여름에 사라.

④ 내림 끝의 악재는 사자의 신호

⑤ 연날릴 때는 줄을 모두 풀지 않는다.

⑥ 수급은 모든 재료에 우선한다.

⑦ 움직이지 않는 적은 공격하지 말라.

⑧ 각설이 중에도 명창이 있다.

⑨ 신고가에 속아도 좋다.

⑩ 주가는 거래량의 그림자

⑪ 구르는 돌에는 이끼가 끼지 않는다.

⑫ 사나운 개 콧등 아물 날이 없다.

⑬ 눈 앞이 어두울 때 멀리 내다보라.

⑭ 부를 얻고자 하면, 고독에 익숙하라.

⑮ 주식투자는 자신과의 싸움이다.

⑯ 주식과 결혼하지 말라.

⑰ 오래 웅크린 새가 보다 높이 난다.

⑱ 아침이 오지 않는 밤은 없다.

⑲ 화장실과 처가는 멀수록 좋다.

⑳ 최고가와 최저가를 기억하라.

㉑ 인기란 달아오르기 쉽고 식기도 쉽다.

㉒ 오르기는 따로따로, 내리기는 일제히

㉓ 산이 높으면 골도 깊다.

㉔ 하늘 끝까지 올라간 용은 내려올 수밖에 없다.

㉕ 달도 차면 기운다.

㉖ 행복은 대중의 품에 안기지 않는다.

㉗ 예고된 악재가 알려졌을 때 팔 시기는 아니다.

㉘ 한산할 때 팔지 말라.

㉙ 황소도 곰도 돈은 벌지만 돼지는 못 번다.

㉚ 주식매매는 적은 이익도 실현이 중요

채권분석과 투자설계

채권분석과 투자설계

8

제**1**절 **채권의 특성과 종류***

1.1 채권의 특성

채권이란 국가, 공공단체, 회사 등이 널리 일반대중으로부터 일시에 대량의 자금을 조달하고, 그 반대급부로 조달원금의 상환과 이자지급 등의 조건을 명확히 표시하여 발행하는 일종의 차용증서이다.

채권의 발행을 일상적인 금전의 대차관계에 비유하면, 발행자는 채무자가 되고, 채권을 보유하는 투자자는 채권자, 채권은 차용증서에 해당한다.

그러나 채권의 발행은 일상의 대차와는 달리, 다수의 투자자가 똑같은 조건으로 투자한다는 점, 발행자는 일시에 대량의 자금을 조달할 수 있다는 점, 유가증권이기 때문에 증서를 매각함으로써 언제든지 채권자로서의 입장을 다른 사람에게 이전할 수 있다는 점 등의 특징이 있다.

채권은 발행자의 입장에서 보면 자금조달의 수단이 되지만, 채권을 매입하는 투자자의 입장에서 보면 주로 이익을 목적으로 하는 투자대상이 되므로 채권의 특성도 당연히 양면에서 보아야 한다.

---

* 한국금융연수원, FP(금융상품)3, 2002, pp.93~101 및 한국능률협회 (2001), pp.61~86 참조.

1) 자금조달수단으로서의 채권

국가, 지방자치단체, 정부투자기관 등은 도로·항만·통신·상수도 등의 공공시설의 건설을 위해 장기 거액의 자금을 조달할 필요가 있는데, 이러한 재정자금 조달수단으로서(국채·지방채 등을 기업금융의 한 수단으로서), 또는 산업자금 조달수단으로서 채권을 발행하고 있다.

이처럼 채권은 그 발행주체에 따라 자금조달수단으로서의 의의를 달리한다. 그러나 어떤 발행주체에 의해 발행되었건 채권의 발행에 의해 조달된 자금은 통상 장기안정자금이라는 공통점이 있다.

일시에 대량의 장기자금을 조달하는 방법으로서는 금융기관으로부터 차입하는 방법도 있다. 그러나 채권을 발행하는 쪽이 자금규모나 자금의 사용 용도가 비교적 자유롭기 때문에 더 적절한 경우가 많다. 왜냐하면 채권은 채권자가 다수이고 권리의 양도가 자유롭기 때문이다.

한편 일반 주식회사가 장기안정자금을 조달하는 방법으로는 채권발행 이외에도 신주발행에 의한 증자가 있다. 주식과 채권은 간접금융이 아닌 직접적인 자금조달수단이라는 점에서는 서로 같지만, 근본적인 성격은 서로 전혀 다르다.

첫째, 자본조달방법에 있어서 주식은 자기자본의 조달인데 비해, 채권은 타인자본의 조달이다. 따라서 주식에 의한 자본조달은 대차대조표의 자본항목에 표시되어지나, 채권의 경우에는 부채항목에 표시되게 된다.

둘째, 증권소유자의 위치에서 볼 때, 주식은 주주로서의 권리를 나타내는 반면, 채권은 채권자로서의 권리를 나타낸다.

셋째, 소유로부터 발생하는 권리의 측면에서 볼 때, 주식을 소유하고 있는 주주는 회사의 경영성과에 따라 변동되는 배당금을 받게 되지만, 채권의 소유자는 원칙적으로 회사사정에 관계없이 확정된 원금과 이자를 받게 된다.

넷째, 주식은 발행회사와 존속을 같이 하는 영구증권인데 비하여, 채권은 영구채권을 제외하면 원리금의 상환기간을 발행자가 시장상황에 따라 조정할 수 있는 기한부 증권이다.

〈 채권과 주식의 차이점 〉

구 분	채 권	주 식
자금조달방법	타인자본 조달	자기자본 조달
증권소유자의 위치	채권자로서의 지위	주주로서의 지위
소유로부터의 권리	확정부이자수령권, 만기도래시 원금을 상환받을 권리	결산시 사업이익금에 따른 채권을 받을 권리
존속기간	일부 예외적인 영구증권을 제외하고는 기한부 증권	발행회사와 존속을 같이 하는 영구증권

2) 투자대상으로서의 채권

채권투자 뿐만 아니라 은행예금, 투자신탁, 주식 또는 부동산 등 어떤 투자대상을 선택하는 경우에도 가장 중요한 요소는 얼마나 이익을 올릴 수 있는가(收益性), 또 원금과 이자를 확실하게 받을 수 있는가(安全性), 그리고 돈이 필요할 때 제값을 받고 바로 팔 수 있는가(換金性) 라는 점을 충분히 검토하는 것이다.

이러한 세 가지 요소의 어느 점에 있어서도 채권은 우수한 성질을 가지고 있다. 우선 채권은 발행으로부터 상환에 이르기까지 전기간 중 이미 발행할 때 약속된 일정의 이율에 따라 이자가 지급된다.

그 이율은 금융시장의 환경이 어떻게 변하든지, 또 발행자의 실적이 어떻게 되든지 간에(설령 발행회사가 이익을 내지 못한다 하더라도) 전혀 변경되지 않는다.

이 점이 토지, 건물 또는 주식 등 장래에 어느 정도의 수익을 얻을 수 있는가가 확정되지 않은 투자대상과 기본적으로 다른 특징이다. 따라서 채권은 계획적인 자금운용의 수단으로서 뛰어난 적성을 갖추고 있다.

채권은 한 번에 매우 큰 금액으로 발행되므로, 기간 중 이자의 지급과 만기에 원금의 상환이 확실한 것이 중요한 요소이다. 따라서 채권을 발행할 수 있는 기관과 회사는 법률로서 정해져 있으며, 일반적으로 정부·공공기관·특수법인과 상법상의 주식회사만이 채권을 발행할 수 있다.

또한 발행자격이 있더라도 정부는 국회의 동의를 받아야 하고, 회사는 공모할 경우 금융감독원에 '유가증권신고서'를 미리 제출해야 하는 요식행위를 거쳐야 한다.

채권은 상환일이 되면 확실히 원금이 돌아오지만, 만일 도중에 현금이 필요할 때에는 그 채권을 팔아 언제든지 현금을 회수할 수 있다. 채권의 환금은 곧 그 채권의 매각을 뜻하므로, 발행자에게는 아무런 불이익을 미치지 않고 그 채권의 이자도 전혀 변경되지 않는다. 그래서 투자자로서도 안심하고 투자할 수 있다.

은행예금도 채권과 마찬가지로 원금의 안전성과 일정이율에 의한 이자의 지급이 약속되어 있다. 그러나 투자자들이 수익력, 즉 어느 것이 이율이 높은가라는 관점에서 은행예금과 비교하면, 대체로 채권투자가 유리하다고 말할 수 있다.

왜냐하면, 첫째로 채권이 발행자에게는 장기안정자금의 조달이기 때문에 비교적 높은 이자를 약속한다는 점, 둘째로 투자자가 채권발행자에 대해 직접 투자하므로, 중간의 매매기관을 통해 간접적으로 투자하는 은행예금에 비해 중간이율을 생략할 수 있다는 점 등의 이유 때문이다.

그러나 채권시장은 IMF 금융위기 이후 회사채 지급보증 금융기관들에 대한 신뢰도가 급격히 하락함에 따라, 1998년 8월을 기점으로 무보증채 위주의 시장으로 급속히 재편되었으며, 2009년 말에는 99.9%로 증가하여, 회사채의 거의 대부분이 무보증사채로 발행되고 있다.

1999년부터 IMF 금융위기 중에 발생한 부실자산의 처리와 금융기관들의 BIS비율 및 유동성 확보의 일환으로 자산유동화증권(ABS)이 발행되기 시작하였다.

1.2 채권의 분류*

채권은 그 발행조건이나 형식 등이 매우 다양해서 간단하게 분류하기는 어렵지만, 일반적으로 발행주체, 이자지급방법, 보증유무, 상환기간, 원금상환방법, 모집방법, 이익참가형태, 통화표시방법 등에 따라 다음과 같이 다양

---

* 한국능률협회(2001), pp.67~69. 및 한국금융연수원, FP(금융상품)3, pp. 96~99 참조.

하게 분류되고 있다.

1) 발행주체에 의한 분류

① 국채 : 중앙정부가 발행
② 지방채 : 지방자치단체가 발행
③ 특수채 : 정부관계기관이 특별법에 의거하여 발행
④ 금융채 : 특별법에 의거하여 금융기관이 발행
⑤ 사채 : 일반 주식회사가 발행
⑤ 외국채 : 외국의 발행주체가 국내에서 발행하는 채권으로 미국의 양키본드, 일본의 사무라이본드, 영국의 불독본드, 우리나라의 아리랑본드

2) 이자지급 방법에 의한 분류

① 이표채 : 채권의 권면에 이표가 붙어 있어 이자 지급일에 일정이자를 지급받는 채권
② 할인채 : 액면금액에서 상환기일까지의 이자를 공제한 금액으로 매출하는 채권
③ 복리채 : 이자가 단위기간 수만큼 복리로 재투자되어 만기시에 원금과 이자가 지급되는 채권

3) 이자금액의 변동유무에 의한 분류

① 고정금리부채권 : 발행에서 만기까지 일정 이자가 지급되는 채권
② 변동금리부채권
 • 변동금리채권(FRN) : 일정기간마다 이율이 조정되어, 그때그때 시세로 이율이 변하는 채권
 • 역변동금리채권
 • 2007년 3월부터 물가연동국고채 발행
 • 2008년 8월부터 변동금리부 국고채 도입

4) 보증유무에 의한 분류

① 보증채 : 정부 또는 금융기관이 원리금 지급을 보증하는 채권
② 담보부채 : 채권에 물상담보권이 붙어있는 채권
③ 무보증채 : 발행자의 신용도에 의해 발행되어 유통되는 채권
  ※ 우리나라의 경우는 1997년까지만 하더라도 보증채가 대부분이었으
    나, 1998년 하반기부터는 무보증채가 주류를 이루고 있음

5) 모집방법에 의한 분류

① 공모채 : 불특정 다수의 자산가를 대상으로 해서 폭넓게 모집하는 채권
② 사모채 : 발행주체의 특정 관계자만을 대상으로 해서 모집하는 채권
  (응모자 수는 통상 50명 미만, 연고채라고도 함)

6) 상환기간에 의한 분류

① 단기채 : 상환기간이 1년 이내 채권
② 중기채 : 잔존 1년 이상 5년 미만의 채권
③ 장기채 : 잔존 5년 이상의 채권
  ※ 이 분류는 명확한 구분에 따른 것은 아니며, 투자자에 따라서는 구
    분을 달리하는 경우도 있고, 국가에 따라서도 다름(미국의 경우는
    10년 또는 20년 이상을 장기채, 일본은 7년 이상을 장기채라고 함)

7) 원금지급 형태에 의한 분류

① 만기일시상환채권 : 만기에 원금전액을 일시에 상환하는 채권
② 액면분할상환채권 : 일정 거치기간 경과 후 원금을 일정하게 분할하여
  상환하는 채권

8) 신종사채

① 전환사채 : 일정기간에 일정가격으로 발행주체의 주식으로 전환할 권리가 부여된 채권

② 신주인수권부사채 : 신주를 인수할 권한이 부여된 채권

③ 교환사채 : 사채발행회사가 보유하고 있는 상장유가증권과 교환할 수 있는 권리가 부여된 채권

④ 이익참가부 사채 : 발행기업의 이익이 많이 발생했을 때 일정한 이자 외에 이익분배에도 참가할 수 있는 권리가 부여된 채권

⑤ 옵션부사채 : 채권발생시 발행 채권의 일부 또는 전부를 만기일 이전에 일정조건으로 상환할 수 있는 조건이 첨부된 사채

⑥ 자산유동화증권(ABS ; Asset-Backed Security) : 유동화의 대상이 되는 각종 채권 및 부동산·유가증권 등의 자산에서 발생하는 집합화된 현금흐름을 기초로 원리금을 상환하는 증서(1999년부터 발행)

9) 통화에 의한 분류

① 원화채 : 납입, 이자지급, 상환 모두를 원화로 하는 채권

② 외화채 : 납입, 이자지급, 상환 모두를 외화로 하는 채권

③ 이중통화채권 : 납입, 이자지급은 원화로, 상환은 외화로 하거나, 납입 및 상환은 원화로 하고, 이자지급만이 외화로 하는 채권

〈 채권의 분류 〉

분 류 명		의 의	종 류	특 징
발행주체	국 채 (國 債)	국가가 발행하는 채권	상장국채 : 국민주택채권, 양곡기금증권, 철도채권, 재정증권, 외국환평형기금채권 비상장국채 : 국고채권, 국민투자채권	정부가 원리금의 지급을 보증하기 때문에 가장 신용도가 높은 최고급 증권

	지 방 채 (地方債)	지방자치단체에서 발행하는 채권	서울특별시·부산광역시 발행 지하철공사채권, 각 지방자치단체 발행 상수 도 및 도로공사공채	
	특 수 채 (特殊債)	특별법에 의해 설립된 법인이 발행하는 채권	한국전력공사채권, 전기통신 공사채권, 지하철공사채 권, 기술개발금융채권, 전신전화채권, 토지개발 채권	
	금 융 채 (金融債)	특수채 중 발행 주체가 은행인 채권	산업금융채권, 외국환금 융채권, 장기신용채권, 중소기업금융채권, 통화 안정증권	
	회 사 채	주식회사가 발행 하는 채권		
이 자 지 급 방 법	이 표 채 (利票債)	채권의 권면에 이표 가 붙어있어 이자지 급일에 일정이자를 매출하는 채권	일반적인 채권이 이에 해당됨	표면이율과 만 기수익률의 불 일치
	할 인 채 (割引債)	액면금액에서 상환기일 까지의 이자를 공제한 금액으로 매출하 는 채권	산업금융채권의 일부, 외국환금융채권, 통화안 정증권, 외국환평형기금 채권, 재정증권	
	복 리 채 (複利債)	이자가 단위기간 수만큼 복리로 재투자되어 만기 시에는 원금과 이자가 지급되는 채권	양곡기금증권, 국민주택 채권	

보증유무	보증채	정부보증채	보증의 주체가 정부인 경우의 채권	국채 등	우리나라는 현재 대부분이 보증채이지만, 향후 외국처럼 무보증채 발행이 증가할 것으로 예상됨
		일반보증채	시중은행이나 신용보증기금 등이 지급을 보증하는 채권	일반적인 회사채	
	무보증채		발행회사의 신용도에 의해 발행·유통되는 채권		
	단기채 (短期債)		상환기간이 1년 이하인 채권	양곡기금증권, 재정증권, 외국환평형기금채권, 통화안정증권	미국의 경우에 장기채라 하면 10년 또는 20년 이상의 것을 말하며, 영국에는 영구채도 있음
	중기채		상환기간이 1년 이상 5년 미만인 채권	국민투자채권(1종), 국민주택기금채권, 전력공사채권, 회사채	
	장기채		상환기간이 5년 이상인 채권	국민주택채권(2종), 서울시 지하철 공채	
원금지급방법	만기일시상환		만기에 투자원금 전액을 상환하는 채권	회사채, 양곡채권, 주택채권, 상수도공채, 전화채권, 토지채권, 국민투자채권, 국민주택채권, 재정증권, 통화안정증권, 금융채	
	액면분할상환채권		일정 거치기간 경과후 원금을 일정하게 분할하여 상환하는 채권	징발보상증권, 지하철 공채, 도로채권	

원 금 상 환 방 법	연속상환	최초의 만기까지 어떤 간격을 두고 몇 번이고 만기를 설정하는 경우		평균상환기간이 짧아 만일 단기이사율이 장기 이자율보다 낮은 경우 비교적 저리의 자금조달이 가능
	임의상환	만기 전에 발행자 임의로 상환 가능한 채권		불리한 조건으로 발행된 채권을 회피하거나 수종의 채권이 발행된 경우 이를 통합하여 단순화시킬 목적
	감채기금 부채권	사채상환을 위해 감채 기금적립금을 발행회사 또는 수탁회사에 적립하여 이 자금으로 만기에 상환하거나 사채시장에서 사채를 구입		우리나라의 경우 회사채의 만기가 짧으므로 감채기금사채는 거의 존재하지 않는다.
통 화 표 시	자국통화 표시채권	채권의 이자·원금지급통화의 종류에 의한 분류	우리나라 상장채권 전부	
	외국통화 표시채권		삼성전자, 유공, 새한미디어 등의 해외전환사채, 외화표시 산업금융채권	

분류명			의 의	종 류	특 징
모 집 방 법	공 모	직접 모집	발행회사가 직접 채권투 자를 모집하고, 그에 따 른 모든 사무절차를 이 행하는 방법	특별법에 의해 설 립된 금융기관이 금융채를 발행	
		간 접 모 집	위 탁 모 집	수탁기관이 위탁기관의 대리인 또는 자신 명의 로 채권모집행위를 함		채권응모총액이 모 집총액에 미달하는 경우, 발행위험을 발행회사가 부담
			잔 액 인 수	발행을 위탁함과 동시에 매출잔액이 있으면, 수탁 기관에서 이를 인수하기 로 하고, 채권을 모집하 는 방법		발행기관은 수탁기 관이나 인수기관과 인수계약을 맺음으 로써, 발행기관의 실 질적인 채권모집은 끝난 것과 같아짐
			총 액 인 수	채권발행총액을 수탁기 관 또는 인수단이 일괄 해서 인수하는 방법		인수단이 인수한 총액채권은 적절한 시기에 매출하여 자금회수 및 매매 차액을 봄
	사모 (私募)		발행회사가 몇몇 사람과 채권인도·인수계약을 맺는 방법		
이 익 참 가 형 태	수익사채		기업의 이익이 부족한 경우 이자지급을 하지 않더라도 채무불이행이 되지 않는 채권		누적적 우선주와 유사
	이익참가 사채		이익이 충분할 때 일정한 이자지급 이상으로 다시 이자를 추가 지급		참가적 우선주와 유사
	전환사채		사채권자의 일방적 청구 에 의해 주식으로 전환 할 수 있는 권리가 부여 된 사채		
	신주인수 권부사채		신주인수권이 부여된 사채		
	교환사채		사채발행회사가 보유하 고 있는 상장유가증권과 교환할 수 있는 권리가 부여된 채권		

1.3 채권의 조건*

은행으로부터 돈을 빌린다거나 혹은 채권을 발행하여 다수의 투자자로부터 돈을 빌리려 할 때, 반드시 미리 결정해 두어야 할 것들이 많이 있다. 그 중에서 가장 기본적인 것은 빌리는 돈의 금액, 돈을 빌리는 기간, 지급이자율, 이자지급방법, 최종상환기일 및 상환방법 등이다. 이러한 것들을 발행조건이라고 하는데, 채권의 경우 특히 중요한 조건은 발행조건, 이율 및 상환까지의 기간이다.

채권의 발행조건에 따라 채권의 투자가치가 크게 달라지기 때문에, 발행조건을 어떻게 결정하느냐 하는 것은 매우 중요한 문제이다. 원칙적으로 발행조건은 발행자와 인수자가 그 채권을 발행하는 때의 금리의 수준에 대응하여 탄력적으로 결정하여야 한다.

먼저 발행자의 입장을 보면, 발행주체의 상환능력과 신용을 고려하여 가급적 장기저리의 조건을 가진 채권을 발행해야 할 것이고, 응모자의 입장에서는 높은 이율을 안정적으로 보장받을 수 있는 채권을 사려고 할 것이다.

여기서 두 입장은 이해가 서로 상반되게 작용하므로, 발행조건이 응모자 입장에서 불리할 때는 전액 매출이 불가능하고, 발행조건이 유리할 때는 발행주체의 부담이 가중되게 된다.

따라서 시장실세를 고려하여 균형있고 적절하게 발행조건이 결정되어야 발행자에게도 압박을 주지 않고 채권의 소화에도 어려움이 없게 된다.

1) 액면금액

채권 1매마다의 권면 위에 표시되어 있는 10만원, 100만원이라는 금액을 액면이라고 하는데, 채권의 양을 계산하거나 채권의 조건을 결정하는 기본이 된다. 따라서 액면의 합계가 그 종목의 발행액이 되며, 역으로 말하면 각 종목의 발행액을 적은 단위로 분할한 것이 1매의 채권이다.

이때 분할의 방법에 의해 10만원권, 100만원권 등의 권종이 결정되는데,

---

* 한국금융연수원, FP(금융상품)3, 2002, pp.99∼101 참조.

권종이 수종류일 때는 반드시 최저액면의 정배수로 하여야 한다. 우리나라의 경우는 천만원권이 많으며, 1매에 1억원의 액면금액을 가진 것도 있다.

2) 발행가격

액면금액과는 달리 발행 당시에 실제로 매출되는 가격을 발행가격이라고 한다. 발행가격은 채권을 발행할 당시의 시장금리와의 관계에 의하여 결정된다. 즉 채권의 발행이율이 시장수익률보다 높으면 액면보다 높은 가격으로 팔리고, 반대로 낮으면 액면보다 낮은 가격으로 발행가격이 결정된다.

한편 발행가격을 액면과 같은 금액으로 하는 것을 액면발행이라고 하고, 액면 이상·이하로 하는 것을 호가발행, 또는 각각 할증발행, 할인발행이라고 하며, 할인 또는 할증으로 발행되고 최종상환은 액면금액으로 될 경우, 각각의 차액을 상환차익 또는 상환차손이라고 한다.

3) 발행이율

액면금액에 대하여 1년에 지급하는 이자의 비율을 이율이라고 한다. 예컨대 액면 10만원당 1년에 1만2천원의 이자를 지급한 경우, 이자율은 연 12%이다. 채권 1매마다의 권면에는 1회마다의 이자지급을 위한 이표가 부착되어 있어, 이표와 교환하여 이자를 받게 된다. 따라서 이율을 쿠폰레이트 또는 단순히 쿠폰이라고 부르기도 한다.

4) 수익률

채권의 발행조건에 해당하지는 않지만 발행이율과 혼동하기 쉬운, 그러면서도 채권을 이해하는데 매우 중요한 수익률이라는 개념이 있다. 발행이율이 액면에 대한 이자의 비율이라면, 투자원본에 대한 이자의 비율을 수익률이라고 한다.

수익률이라면 통상 만기수익률을 의미하는데, 투자자가 최종상환기간까지 채권을 보유할 경우, 이자와 상환차손익을 포함하는 1년당 전수익의 투자 원본에 대한 비율을 말한다. 따라서 만기수익률은 채권의 수익성을 나타내는 가장 기본적인 지표이다.

만기수익률

$$만기수익률 = \frac{연이자 + \dfrac{상환차익(손)}{기간(연수)}}{투 \quad 자 \quad 원 \quad 본} \times 100$$

발행이율이 고정되어 있을 때, 채권의 가격이 오르면 수익률은 떨어진다. 유통시장에서 수익률이 낮아졌다는 것은 곧 채권가격이 올랐다는 것이므로 이는 시황의 호전을 의미한다. 반대로 수익률의 상승은 시황의 악화를 뜻하는 것이다.

5) 원금상환방법

채권의 상환에는 만기상환과 기중상환의 2가지 방법이 있다. 만기상환이란 만기일에 원금을 상환하는 것으로 상환가액은 일반적으로 액면가액이다. 채권의 발행일로부터 원금상환일까지의 기간을 원금상환기간이라고 하며, 이에 대하여 이미 발행되어 유통시장에서 유통되고 있는 채권의 매입일로부터 원금상환일까지의 기간은 잔존기간이라고 한다.

만기상환기간이 도래되기 전에 채권의 일부를 상환하는 것을 기중상환이라고 하는데, 이는 발행자의 상환의 시기와 액면을 결정하는 정시상환과 발행자의 사정으로 행하는 임의 또는 수시 상환으로 나누어진다. 정시상환은 일정한 거치기간이 경과한 후에 행하여진다.

1.4 채권의 종류와 특징*

1) 재정증권

'재정증권법'과 '예산회계법'에 의거하여 정부회계의 일시적 자금부족 해소와 통화관리를 목적으로 재정경제부에서 주관하여 발행하며, 주로 은행·증권사·보험사·단자사·투신사 등이 경쟁입찰방식으로 인수하여 일반대중에게 매출한다. 원금은 일시상환이고 이자는 선지급으로 할인 발행하며, 증권시장에 상장되어 있다.

2) 국민주택채권

국민주택 건설을 촉진하기 위한 재원조달을 목적으로 '주택건설촉진법'에 의거 정부가 발행하며, 제 1종과 제 2종의 2가지가 있다. 제 1종은 부동산등기·건축허가·주택건설업자등록 등과 관련하여 첨가 소화되고 있으며, 만기는 5년으로서 중기 국채이다. 이율은 연리 3%, 액면으로 발행되어 원리금이 만기에 일시 상환되는 채권이다.

〈 국채 발행절차 〉

① 국채발행계획안 작성 및 조정	- 각 부처는 예산요구서에 국채발행 계획을 포함하여 재경부장관앞 제출 - 재경부는 해당부처와 협의하여 국채발행계획안 작성
② 국채발행 동의안 국무회의 심의	- 재경부는 국채발행 동의안을 국무회의에 상정하여 심의
③ 국회 제출	- 국무회의 통과후 대통령의 재가를 얻어 동의안을 국회 제출
④ 국회 심의·의결	- 국회는 상임위 심의를 거쳐 국회 본회의에서 심의의결 후 정부에 통고
⑤ 국채발행사무 취급규정 제정	- 재경부는 재경부령으로 관련 규정을 제정(필요시)
⑥ 국채발행	- 국채 발행일정 등 계획을 수립한 후 국채발행 대행기관을 통해 발행
⑦ 매각대금 세입조치	- 판매 또는 인수 매각대금은 한국은행 정부예금계정에 입금

---

* 한국능률협회(2001), pp.69~75 참조.

〈 국채의 발행 조건 〉

	근거법	표면금리	만 기	발행주기	발행방법	발행사무대행
국고채권	국채법	실세금리	1~10년	수시	국채인수단 경쟁입찰	한국은행
양곡기금채권	양곡 증권법	실세금리	5년이내	수시	국채인수단 경쟁입찰	농협
외평기금채권	국채법	실세금리	10년이내	수시	국채인수단 경쟁입찰	한국은행
제1종 국민주택채권	주택건설 촉진법	3%	5년	매월말일	첨가 소화	국민은행
제2종 국민주택채권	주택건설 촉진법	3%	20년이내	수시	첨가 소화	국민은행

제 2종은 부동산 투기를 억제할 목적으로 83년부터 도입되었다. 투기과열지구의 민영주택을 분양할 때 첨가시켜 입찰방식으로 매출하고 있으며, 연리3%, 만기 20년의 원리금 만기 일시불 복리채이다. 이것은 표면 이자율이 가장 낮고, 만기가 가장 긴 국채이며, 증권시장에 상장되어 있다.

3) 토지개발채권

'한국토지개발공사법 제22조'에 의거 기업의 업무용 및 개인의 토지를 한국토지개발공사가 매입하고, 그 매입대금 대신 지급하는 채권으로서 교부발행 방식으로 발행한다.

4) 양곡기금채권

양곡관리기금의 재원조달을 목적으로 '양곡증권법'에 의거 발행하며, 국채의 인수단(증권단, 은행단, 기타금융단)에서 인수하여 일반인에게 매출한다. 원금은 6월~5년 만기 일시 상환하고, 이자는 상환시에 단리 또는 복리로 지급하며, 국채인수단의 참여금리에 의해 발행이율을 결정한다.

5) 외국환 평형기금채권

정부가 환율안정을 목적으로 조성하는 '외국환 평형기금'의 재원을 조달하기 위해 발행하는 채권이다. 줄임말은 외평채이다.

정부는 외환시장에서 투기자금의 유출입 등으로 환율이 급변동할 경우, 기업활동의 차질을 막고, 원화의 대외가치를 안정시키기 위해 '외국환 평형기금'을 조성한다. 외국환 평형기금을 조성하기 위해 정부는 지급을 보증하는 채권을 발행하는데, 이 채권이 외평채이다.

외평채 발행이 늘면 국가채무가 증가하기 때문에, 발행한도는 기획재정부 장관의 건의를 거쳐 국회에서 결정한다.

외평채는 원화와 외화표시, 두 종류로 발행할 수 있다. 원·달러 환율이 급락(원화의 평가절상)하면, 정부는 원화표시 외평채 발행을 통해 원화를 확보해 외환시장에 공급함으로써, 원화 가치를 안정시킬 수 있다.

반대로 외화표시 외평채는 원·달러 환율이 급등(원화의 평가절하)하는 것을 막기 위한 목적으로 주로 발행된다.

우리나라는 외환위기 직후인 1998년 처음으로 40억달러 규모의 외화표시 외평채를 발행, 환율안정에 필요한 외화자금을 조달했다.

외평채는 환율안정의 목적말고도 해외시장에서 한국물 채권의 기준금리 역할도 한다. 외평채는 금리동향에 따라 국가신용도를 측정할 수 있는 중요한 지표로 활용되는 것이다. 외평채 발행과 운용업무는 한국은행이 맡고 있다.

6) 국고채권

국고채권은 정부가 발행주체가 되는 채권을 종합관리하기 위하여 1994년 신설된 국채관리기금이 발행하는 채권을 의미한다.

이것은 시장실세금리로 발행되며, 98년 9월 국관채(국고관리기금채권)에서 국고채로 명칭이 바뀌었다.

국고채권은 회사채권 대신 지표채권으로 자리를 잡았다. 만기는 1년, 3년, 5년 짜리가 있으며, 주로 은행, 투신종금사들이 이 채권을 구입한다.

7) 도시철도채권

국가 또는 지방자치단체로부터 면허·허가·인가를 받거나, 자동차등록 등의 등록신청, 건설도급계약, 구매계약 등의 계약을 체결하는 자는 도시철도법에 따라 도시철도법에서 정한 일정비율만큼의 도시철도채권을 매입해야 한다.

도시철도채권의 표면이율은 연 2.5%이며, 상환조건은 서울의 경우 1999년 8월 2일 이전 발행분이 5년 거치 5년 분할상환, 1999년 8월 2일 이후 발행분이 7년 거치 원리금 일시상환이고, 광역시의 경우는 5년 거치 원리금 일시상환이다.

도시철도채권 역시 국민주택채권과 마찬가지로 전액 매수하여 보유하거나, 매입과 동시에 즉시 매도(매입과 동시에 매도하는 것을 일반적으로 할인이라고 함)하는 방법이 있다.

전자(前者)는 목돈이 소요되고, 만기전에 중도매각하거나 7년 후 연복리 2.5%의 원리금(세금공제 후 액면가의 115% 정도)을 상환 받을 수 있는데 반해, 후자(後者)는 목돈이 필요치 않고, 당일 할인율에 따른 할인비용만 지불한다.

일반적으로 은행에서 고객이 직접 할인할 경우에는 매매수수료 및 시세반영차로 인하여 채권유통시세의 0.3~1% 가량의 추가 비용이 소요된다.

8) 상수도공채

일반적으로 상수도공채는 발행이율이 연 6% 액면 발행이고, 원금은 5년 만기 일시상환이며, 이자는 상환시 1년 단위 복리로 지급한다. 1989년 4월부터 지역개발공채로 바뀌었으며, 현재 14개 지역개발 공채가 있다.

9) 한국전력공사채권

'한전법'에 의거 한국전력공사가 전력공급 확대를 위한 시설자금재원조달을 목적으로 발행하고 있으며, 발행조건은 회사채의 조건과 동일하다.

10) 기술개발금융채권

'한국기술개발주식회사법'에 의거 한국기술개발(주)가 기술개발 융자를 위한 재원을 마련하기 위해 1983년부터 발행하고 있으며, 발행조건은 회사채와 동일하다.

11) 통화안정증권

'한국은행법' 및 '통화안정증권법'에 의거하여 한국은행이 통화량조절을 위한 통화관리를 목적으로 발행하며, 발행방식은 할인식으로서 실세금리로 발행하고 있다.

통안증권의 발행한도 설정권한은 금융통화운영위원회가 가지고 있는데, 현재는 총통화(M2)의 50%로 설정되어 있다.

통안증권은 모집, 경쟁입찰(인수·위탁·직접매출) 등의 공모발행 방식과, 특정금융기관을 대상으로 한 상대매출방식에 의해 발행되어 왔으나, 최근에는 대부분 공모방식으로 발행되고 있다.

만기별 종류는 14일, 28일, 63일, 91일, 140일, 182일, 364일, 371일, 392일, 546일, 2년물(728일) 등이 있으나, 상대 매출시에는 91일, 182일, 364일물에 한하여 발행된다.

12) 산업금융채권

'한국산업은행법'에 의거 주요산업 개발자금을 조달할 목적으로 한국산업은행이 발행한다.

채권은 할인채, 복리채, 이표채로 발행되는데, 할인채는 발행시 이자를 먼저 지급하고, 복리채는 상환일에 3개월 단위로 복리계산된 이자를 만기에 일시 지급하며, 이표채는 매 3개월 단위로 이자를 지급한다. 산금채는 전월 27일부터 발행월 25일까지 선매출한다.

13) 국민은행채권(장기신용채권)

'한국장기신용은행법'에 의거 기업의 시설자금 및 운전자금 지원을 목적으로 장기신용은행에서 발행하던 것으로 장기신용은행이 국민은행과 합병되면서 국민은행채권으로 명칭이 바뀌었다.

이는 할인채, 복리채, 이표채로 발행되며, 산금채와 같이 선매출되며, 발행일은 27일이다.

14) 중소기업금융채권

'중소기업은행법'에 의거 중소기업 금융지원을 위한 재원조달을 목적으로 중소기업은행이 발행하고 있으며, 발행일은 28일이다.

15) 주택채권

'국민은행법'에 의거 1년~5년 만기로 할인채, 복리채, 이표채로 분류되어 국민은행이 발행한다.

16) 회사채(Corporate Bond)

회사채란 상법상 주식회사가 일반대중으로부터 자금을 집단적, 대중적으로 조달하고 회사가 채무자임을 표시해 발행하는 유가증권이다.

이는 보증 및 담보의 유무에 따라 보증 담보부, 일반사채로 구분하며, 사채권자에게 특수한 권리가 부여된 내용이나 원리금 상환방법에 따라 여러 가지로 분류된다.

통화안정증권과 함께 우리나라 채권시장의 주종을 이루고 있으며, 일반사채는 대부분 3개월 이표채이다.

〈 회사채 발행 절차 〉

		공모사채	사모사채	비　고
① 인수기관 선정 및 사전 협의		○	○	
② 이사회 결의		○	○	
③ 결의내용 증권거래소 통보(상장법인의 경우에만 해당)		○	○	
④ 인수기관과의 계약	D-9	총액인수	총액인수	·거래은행과 원리금 지급대행계약 체결
⑤ 발행 신고	D-(3~7)	○	×	·유가증권발행신고서를 금감원앞 제출
⑥ 발행 인가	D	보증사채: 3일소요 담보부사채: 3일소요 무보증사채: 7일소요	×	
⑦ 청약	D+1	○	×	
⑧ 납입	D+1	D+5*	○	총액인수계약과 동시에 납입
⑨ 발행실적 보고	D+1	D+6*	○	납입 익일	·금감원앞 발행실적 보고 ·필요시 증권거래소 상장

주 : *는 500억 이상 공모발행의 경우로 실질적인 총액인수를 위하여 1998년 8월 24일 이후 1년간 한시적으로 청약과 납입시기 분리

제**2**절 ━○─ **채권가격과 투자전략***

2.1 채권수익률의 개념

1959년 '라이프'라는 잡지에 다음과 같은 기사가 실린 적이 있다. "미국 뉴욕시에 있는 맨하탄을 단돈 24달러에 백인에게 팔아 넘긴 인디언은 매우 현명한 장사꾼이다.

왜냐하면 만약 그가 그 24달러를 연 6%의 이자율로 반년마다 복리계산을 하는 예금을 했더라면 1626년 24달러가 올해(1995)에 현재가치로 95억 달러가 되며, 이만한 금액이면 현재와 같이 놀랍게 개발되어 있는 맨하탄을 다시 살 수 있기 때문이다."

이 기사는 투자에 대한 평가를 하는 경우 화폐의 시간가치를 반드시 고려하여야 한다는 것과, 또한 복리의 위력이 얼마나 엄청난 것인가를 단적으로 설명해 주는 것이다. 채권수익률을 이해하기 위해서는 복리라는 개념과 화폐의 시간가치라는 개념을 반드시 명확하게 이해해야만 한다.

1) 단리와 복리

어떤 사람이 연 10%의 이자를 받는다는 조건으로 10,000원을 2년간 빌려주었을 경우, 채권자는 2년 후에 원금 10,000원과 이자 2,000원(1년에 1,000원씩 2회)을 합해서 총 12,000원을 받게 된다. 이자가 만기에 전부 지급되는 경우에는 이와 같은 단리계산이 맞다.

그러나 현실적으로 대개 최초의 이자 1,000원은 1년 후에 지급되고, 2회째의 이자 1,000원은 2년 후에 지급될 것이다. 이처럼 만기전에 이자가 지급되는 경우, 채권자는 만기전에 받은 이자를 재투자하거나 다른 곳에 소비할 수 있기 때문에, 이자가 언제 지급되는가에 따라 매우 큰 차이가 난다.

---

* 한국금융연수원, FP(금융상품)3, 2002, pp.102~116 및 한국능률협회(2001), pp.61~67, 75~82 참조.

이러한 이유 때문에 복리계산이 필요하게 된다. 복리계산이란 만기이전에 1회 이상은 이자를 받는 것으로 하고, 이것을 재투자한다는 것을 전제로 하여, 재투자한 이자가 또 이자를 낳게 되는데 그것까지 총수입에 가산해야 한다는 것이다.

예를 들어 연복리 10%로 10,000원을 2년간 빌려주고 이자는 제1차 년도 말과 제2차 년도 말에 받기로 하고, 최초에 받은 이자는 실제로는 채권자가 어떠한 비율로 재투자할지는 알 수 없지만, 계산을 간단히 하기 위하여 같은 이율인 10%로 재투자한다고 가정한다.

1년 후에 채권자는 원금 10,000원에 대한 연리 10%의 이자로서 첫해 분에 해당하는 1,000원을 받게 되고, 이때 받은 1,000원을 이율 10%로 재투자하면 2년 후에는 총 12,100원 받게 된다(원금 10,000원 +1년째 이자 1,000원 + 2년째 이자 1,000원 + 1년째 이자를 재투자한 이자 100원 = 12,100원).

이처럼 중간에 발생하는 이자를 단순 합계한 것이 단리이고, 중간에 발생한 이자를 재투자하여 '이자가 낳은 이자'까지를 합계한 것이 복리이다.

앞의 예에서 단리의 경우, 2년 후의 총수입은 12,000원인데, 이것을 연복리로 계산하면 12,100원이 되어, 복리로 계산할 때 더 많은 금액이 된다는 것을 알 수 있다.

단리와 복리의 1년간의 차이는 소액이지만, 기간이 10년, 20년 등으로 장기인 경우에 '이자가 낳은 이자'의 총액이 표면금리 총액을 넘을 정도로 급속히 증가된다.

채권투자는 최초에 투자된 금액이 채권을 매입할 당시의 수익률로 만기까지 자동적으로 복리로 재투자된다는 전제하에서 이루어지는데, 대부분의 채권은 3개월 또는 6개월마다 이자가 지급된다.

일정한 재투자이율 하에서는 6개월마다의 이자지급이 1년마다의 이자지급보다 가치가 있다는 것은 두 말할 필요가 없다. 왜냐하면 6개월 먼저 재투자해서 보다 많은 '이자가 낳은 이자'를 얻을 수 있기 때문이다.

앞에서 들었던 예와 똑같은 조건으로 돈을 빌려주었는데 이자는 6개월마다 받기로 했다고 하면, 이 경우 2년 동안 이자는 네 번을 지급받게 되며, 1회분의 이자는 5%(연 10%의 1/2)이기 때문에, 2년 후에 받게 될 총액은

$10,000(1+0.05)^4 = 2,155$원이 된다.

2) 화폐의 시간가치

투자결정이란 현재의 경제적 희생과 미래의 경제적 이득을 대비하는 과정이라고 할 수 있다.

그런데 화폐는 시간의 경과에 따라 변화하는 화폐의 시간가치를 갖기 때문에, 서로 다른 시점에서 발생하는 경제적 희생과 이득은 화폐량의 크기만으로 단순 비교될 수 없고, 시차의 조정을 통하여 동질의 비교 가능한 시점의 가치로 환산되어져야 할 필요가 있다.

흔히 시차의 조정은 이자율을 통하여 이루어진다. 즉 현재의 금액에 대한 미래가치를 구하기 위해서는 다음의 복리식이 사용된다.

미래가치 산식

미래가치 = 현재가치 × $(1 + r)^n$

* r : 이자율, n : 기간

예를 들어 연이율 10%의 6개월 복리로 2년간 재투자하는 것으로 하면, 현재의 10,000원은 2년 후에는 $10,000(1+0.05)^4 = 12,155$원이 된다. 이것은 10,000원의 투자액이 21.55% 증가하였다는 것을 의미하는데, 12,155원을 '현재의 10,000원에 대한 2년 후의 미래가치'라고 한다.

이에 반하여 미래에 받는 금액을 현재로 환산하여 평가하는 것이 '현재가치'의 개념이다. 현재가치는 미래가치의 역수로 구할 수 있다. 앞의 예에서 2년 후에 받는 12,155원의 현재가치는 10,000원이 된다.

현재가치 산식

$$현재가치 = 미래가치 \times \frac{1}{(1 + r)}$$

---

3) 할인율과 수익률

미래가치를 현재가치로 환산함에 있어서, 결정적인 역할을 하는 것은 r이다. 특히 미래가치를 현재가치로 환산하는데 사용한 r은 재투자이율이라는 용어보다 흔히 할인율이라고 불리는데, 할인율과 채권의 현재가치는 반대방향으로 변화한다.

즉, 할인율이 높아지면 현재가치는 낮아지고, 할인율이 낮아지면 현재가치는 높아진다.

반면 현재가치를 미래가치로 환산할 때 사용하는 r은 수익률이라고 불린다. 결국 수익률과 할인율은 동일한 개념으로서 증권시장에서 말하는 시장수익률은 미래의 일정금액을 현재가치로 환산하는데 쓰이는 할인율이 되는 것이다.

따라서 채권수익률이란 투자원금에 대한 1년간의 수익률을 말한다. 채권수익률에는 직접 수익률, 최종 수익률, 보유기간 수익률 등이 있는데, 투자태도에 따라 각 상황에 맞는 수익률을 이용한다.

(1) 직접수익률

이자가 투자원금에 대하여 몇 %인가를 나타내는 비율이다. 그 후의 채권 가격 변동은 고려하지 않아 가격변동이 작을 때에만 어느 정도 참고가 된다. 일반적으로 기관투자가는 이자 수입이 수익에 미치는 영향을 중시하는 경향이 있어, 투자시에 직접 수익률을 많이 참고로 하고 있다.

직접수익률 산식

$$직접수익률 = \frac{연이자수입}{매수가격} \times 100$$

(2) 최종수익률

채권을 산 날로부터 만기일까지 보유한 경우의 수익률이다. 한편 발행일에 사서 만기일까지 보유한 경우의 최종수익률을 응모자 수익률(발행수익률)이라 한다.

- **이표채의 경우**

$$최종수익률 = \frac{연이자 + (액면가액 - 매수가격)/잔존년수}{매수가격} \times 100$$

- **할인채(잔존년수가 1년 미만인 경우)**

$$최종수익률 = \left(\frac{액면가액 - 매수가격}{매수가격} \Big/ \frac{잔존일수}{365} \right) \times 100$$

- **할인채(잔존년수가 1년 미만인 경우)**

$$최종수익률 = \left(\sqrt[잔존년수]{\frac{액면가액}{매수가격}} - 1 \right) \times 100$$

4) 보유기간 수익률

채권을 매입한 후 만기일까지 보유하지 않고 만기전에 매각하는 경우의 수익률을 말한다.

2.2 채권가격의 변동요인(결정요인)

채권은 유통시장에서 매일매일 가격이 변하고 있다. 채권가격은 여러 가지 요인에 의하여 변동되는데, 내부적으로는 해당 채권의 발행조건, 외부적으로는 당시의 금융, 경제상황 등에 의해 변동된다.

따라서 채권에 투자하는 투자자는 채권 자체에 대한 조건인 만기, 표면이자율, 상환조건, 과세문제 뿐만 아니라, 채권가격에 영향을 주는 경기동향, 당국의 재정금융정책, 채권의 수요와 공급, 금융시장의 계절적 변동 등 전반적인 경제여건에 대한 기본적인 이해가 필요하다.

1) 기업외적 요인

(1) 수급상황

어떤 상품의 가격이 그 상품의 수요와 공급이 균형을 이루는 수준에서 결정되듯이, 채권의 가격도 채권의 수급관계, 즉 매수세와 매도세의 강약에 의하여 상승하기도 하고 하락하기도 한다.

그런데 채권의 수요는 가격에 대하여 탄력적인 반면, 채권의 공급은 채권가격에 대하여 비탄력적이다. 다시 말해서 채권의 공급은 일정한 계획에 의하여 이루어지기 때문에, 채권가격이 급등한다고 해서 곧바로 공급이 늘어나지는 않는다.

반면에 채권의 수요는 채권의 가격에 탄력적이기 때문에, 채권의 수요가 감소하면 채권가격은 하락한다. 따라서 채권수익률 변화의 가장 큰 요인은 금융시장의 자금사정변동에 의하여 채권의 수요가 증대하느냐 감소하느냐에 달려있다.

결국 채권의 시세가 강하다는 것은, 채권의 공급이 감소한 것이 아니라 채권의 수요가 증가한 경우가 많으며, 채권의 시세가 약세라는 것은 채권공급의 증가보다는 채권의 수요가 감소한 경우가 일반적이다.

< 채권가격 결정 >

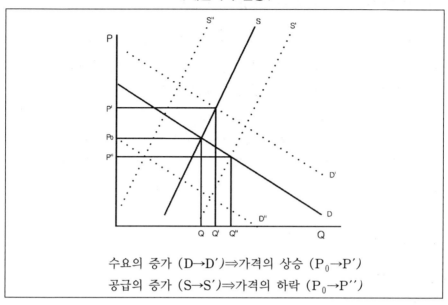

수요의 증가 (D→D′)⇒가격의 상승 (P$_0$→P′)
공급의 증가 (S→S′)⇒가격의 하락 (P$_0$→P″)

채권의 수요와 공급수준을 결정하는 것은 시중에서 실질적으로 적용되고 있는 실질금리이다. 실질금리는 사회 전체의 자금공급총액과 자금수요총액이 균형을 이루는 점에서 결정되므로, 시중의 자금사정을 나타내주는 거울과 같은 역할을 한다고 할 수 있다.

여하튼 채권의 수급관계는 단기적으로 시세를 좌우하는 요인이 된다. 신규발행 채권은 유통시장에 대한 공급압력으로 작용하는데, 특히 신규발행 채권에 대한 투자자의 구입의욕이 낮으면 채권시세의 하락요인(채권수익률 상승)이 된다.

물론 발행량과 발행조건이 적정하다면 신규물량은 순조롭게 소화되지만, 발행량이 과다하고 발행조건이 왜곡되어 있는 경우에는 채권수익률 상승요인(채권가격 하락요인)으로 작용한다.

한편 유통시장에는 주식과 마찬가지로 다수의 투자자 층이 있으므로 금융기관 및 외국인 등의 매매동향도 주시할 필요가 있다.

특히 채권딜러의 채권시세에 대한 영향력은 주식 자기매매부문의 주식시세에 대한 영향력보다도 더 크기 때문에 주목할 필요가 있다.

또한 한국은행의 채권시장 참여에도 관심을 가질 필요가 있다. 이것은 채권시장의 특수사정인데, 한국은행은 채권시장을 금융정책 발동의 장으로 이용하고 있다.

한국은행의 채권시장 참여를 '오퍼레이션'이라고 하는데, 만일 한국은행이 시장에서 채권을 모으는 '매수 오퍼레이션'을 늘리는 경우에는, 그만큼 시장의 수급관계를 호전시켜 채권시세의 상승요인이 된다.

(2) 경기동향

금융시장의 자금수급관계가 채권의 수급에 영향을 미치는데, 금융시장의 자금수급관계는 근본적으로 경제활동의 여하에 달려 있다.

경기가 좋아 경제활동이 활발한 때에는 기업체들이 사업확장의 의욕에 넘쳐 설비투자 등으로 기업의 자금수요가 늘어나기 때문에, 은행에서 돈을 빌리기도 하고 사채를 대량으로 발행하기도 함으로써, 금융시장 전체의 자금사정은 궁핍하게 된다.

일반적으로 경제성장률이 높을 때에는 사업자금 조달을 위해 채권의 공급이 많은 반면, 이것을 사려는 사람은 한계가 있기 때문에, 채권가격은 떨어지게 된다.

그러나 반대로 경기가 침체하면, 사업의욕이 감퇴하기 때문에 자금을 빌려서까지 사업을 확장하려고 하지 않을 것이므로, 금융시장의 자금은 점차 여유가 있게 된다.

그러나 이와 같은 저성장 시대에도 국채, 지방채 및 특수채 등은 경기진작을 위해 대량으로 발행되는 경향이 있기 때문에, 채권의 공급은 크게 감소하지 않는다.

반면에 금융시장의 자금은 남아돌아 채권에 대한 매수 수요가 강해지므로 채권가격은 오히려 상승하게 되는 경우가 많다.

한편 금리는 경기국면에 따라 변화하는데, 금리상품인 채권가격도 이에 따라 변동된다. 채권은 그때 그때의 금리수준(이자율)에 따라 가격이 결정된다. 금리수준이 상승하면 채권가격은 하락하고, 금리수준이 하락하면 채권가격은 상승한다.

일반적으로 불황기에는 '기업수익의 저하 → 자금수요의 둔화 → 대출금의 증가세 둔화' 등에 따라 기업과 금융기관은 잉여자금의 효율적 운용을 위해 채권에 투자를 한다. 그 결과 '이자율의 저하 ⇒ 채권가격의 상승'이 일어난다.

< 한국의 경기 사이클과 장기금리 추이 >

반면 호황기에는 '활발한 기업활동 → 자금수요의 증대 → 금리수준 상승' 등에 따라, 금융기관의 대출수요에 대한 자금조달 때문에 채권매각 움직임이 늘어나면서 '이자율 상승 ⇒ 채권가격의 하락'을 불러온다.

또한 재할인율 등 정책금리의 변경과 단기금리의 동향 등 타 종류의 금리동향도 정도의 차이는 있지만, 대략 같은 방향으로 반응한다.

(3) 시중자금사정과 금융정책

시중의 자금사정과 채권수익률은 밀접한 상관관계가 있다. 시중자금의 흡수 및 살포는 금융시장에 민감하게 반영되어 콜시장, 어음할인시장 등에 영향을 줌으로써 단기채권 수익률을 좌우한다.

이를테면 시중 자금사정이 풍부할 경우에는, 시중 실세금리가 하락하기 때문에 기존의 채권수익률로 채권을 매입하는 것이 유리하게 되고, 따라서 채권의 수요증대로 채권가격은 인상된다(채권수익률은 하락한다).

반대로 법인세, 부가세, 배당금 등 일시적 자금수요로 시중의 자금사정이 경색되면, 시중 실세금리가 오르기 때문에 채권을 매입하는 것보다 높은 금리의 금융상품에 투자하게 되므로, 채권가격은 하락한다(채권수익률은 상승한다).

이와 같이 단기채권의 수익률은 당시의 시중자금 사정에 의하여 영향을 받는데 반해, 장기채권의 수익률은 일시적인 자금사정보다는 정부의 재정금융정책에 의하여 영향을 받는다.

금융정책 중에서도 특히 정기예금 금리가 제일 중요하다. 일반금리가 내려가면, 이미 정해진 확정이자를 받을 수 있는 채권에 대한 수요가 늘어 채권가격은 상승하게 된다(채권수익률은 하락한다). 따라서 정기예금 금리와 채권수익률은 정(正)의 상관관계를 갖는다.

(4) 물가동향

물가의 상승과 채권수익률은 정(正)의 상관관계에 있다. 물가상승으로 시장의 명목금리는 상승하나 실질금리는 하락한다. 명목금리의 상승은 기존의 채권수익률보다는 다른 실물투기를 발생시키면서 채권의 수요는 감소한다(채권가격 하락, 채권수익률 상승).

반대로 물가 하락시 실질금리는 상승하고, 기존의 채권수익률로서 채권에 투자하는 것이 유리하므로, 채권에 대한 수요가 증대하여 채권가격은 상승하고 채권의 수익률은 하락한다.

통상 경기가 과열되고 물가상승이 가파르면 재할인율의 인상 등 금융긴축정책이 실시되어 채권수익률은 오르게 된다. 물가가 하락하면 역으로 금융완화정책 등에 따라 채권수익률도 하락한다.

〈 소비자 물가 상승률과 장기금리 추이 〉

(5) 해외금리

경제의 글로벌화가 진전되게 되면 한국의 채권시장도 해외금리 동향에 큰 영향을 받게 된다. 이를테면 미국 금리가 상승하여 한국과의 금리차가 확대되면 국내채권에서 미국채권으로의 자금이동이 발생, 결국에는 한국의 채권수익률도 상승하게 될 것이다.

반면에 한국과 미국의 금리 차이가 축소되면 국내채권으로 해외자금이 유입되어 채권수익률은 점차 하락하게 될 것이다

(6) 환시세

환시세는 대내외 자금동향을 바꾸거나 국내 금융정책에 영향을 끼치는 등 채권시세와 밀접한 관계를 가지고 있다.

예컨대 원화(貨) 가치가 절상되어 환율이 떨어지게 되면, 수출기업을 중심으로 기업실적이 악화되고, 동시에 환차익을 노린 국제투기자금들이 몰려드는 등 해외로부터의 국내 채권투자가 증가함으로써, 채권수익률은 하락하게 된다.

〈 외환시세와 장기금리 추이 〉

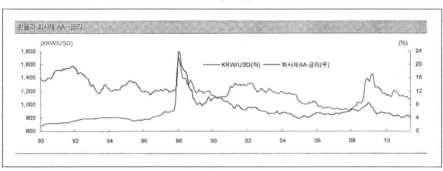

(7) 기타 요인

이 밖에도 채권수익률은 금융시장의 계절적인 변동요인(예컨대 연말이나 추석때의 자금수요 등)이나 주식시장의 장세여부 및 부동산경기 등과도 밀접한 관계가 있다.

2) 기업내적 요인

채권수익률은 위에서 설명한 기업외적 요인에 의해서도 결정되지만, 채권의 만기와 같은 발행조건이나 발행주체가 지니는 지급불능위험과 같은 기업내적 요인에 의해서도 영향을 받는다.

(1) 채권의 만기

채권의 만기, 즉 장기채권인지 단기채권인지에 따라 채권수익률은 달라질 수 있다. 장기채일수록 채권가격 변동위험이 크고 유동성 위험이 있기 때문이다.

미래 이자율이 상승할 것으로 예상되면, 장기수익률에 이 예상이 반영될 것이므로, 만기의 차이에 따라 채권수익률에 차이가 있을 수 있다. 채권분석에서는 채권의 만기와 채권수익률과의 관계를 기간구조라고 하며, 이를 수익률곡선으로 표시한다.

(2) 채무불이행위험

채권은 원금과 표면이자 수입이 약속된 확정이자부 증권이지만, 위험이 전혀 없다고 할 수 없다. 발행자가 재정난, 업적부진 등에 의하여 이자지급을 못한다든지, 채권의 상환을 예정대로 이행하지 못할 경우도 있다.

이와 같이 사전에 약속된 원금상환과 이자지급을 이행하지 못하는 위험을 채무불이행위험이라고 하는데, 이 위험도는 채권가격을 결정하는데 중요한 요인으로 작용하고 있다.

(3) 기타 요인

유동성이 높은 채권은 거래가 활발하기 때문에 당해 채권을 보유하고 있는 투자자가 원할 때는 언제나 현금화할 수 있다. 회사채의 경우 대기업에서 발행하는 사채가 중소기업에서 발행하는 사채에 비해 유동성이 높은 편이다.

따라서 정상적인 투자자라면 다른 조건이 같다고 할 때, 유동성이 낮은 채권보다는 유동성이 높은 채권을 제공하여야만 하기 때문에, 채권가격은 채권의 유동성 정도에 따라서도 달라지게 된다.

한편 상속·증여 등 의외의 동기가 채권가격을 크게 올려놓기도 한다. 1985년 초부터 국민주택 2종채권(이른바 아파트채권) 가격의 폭등이 대표적인 예이다.

20년 만기 장기상환조건 때문에 1만원짜리 채권이 시장에서 1천원에 불과했으나, 상속 증여세의 과세시효인 5년을 넘길 수 있다는 점에 주목, 거액 투자자들이 몰려, 아파트채권 가격은 1년만에 3배나 급등하면서 물량부족사태까지 야기시켰다. 7년 만기 산업금융채권이 순식간에 다 팔린 이유도 마찬가지로 세금과 관련된 특수수요 때문이다.

2.3 채권투자전략

채권투자는 자금성격에 따라 유동성, 수익성, 리스크 허용도 등을 감안하여 투자가 이루어지는데, 운용전략에 따라 적극적 투자전략과 보수적 투자전략으로 구분된다.

1) 적극적 투자전략과 보수적 투자전략

적극적 투자전략은 이자율 변동위험을 유리하게 이용하여 채권투자수익을 극대화시키고자 하는 전략이다. 즉 금리하락이 예상되면 만기구성을 장기화하고, 금리상승이 예상된 때는 만기구성을 단기화한다는 원칙에 기초를 두고 운용하는 전략이다.

보수적 투자전략은 적극적인 투자전략과 달리 금리예상이나 수익율곡선의 예측에 기초를 두고 운용하는 것이 아니고, 채권을 매수하여 만기상환을 받는 등 일정한 기계적인 방법에 따라 운용되는 방법이다.

2) 채권가격정리

일반적으로 채권의 가격은 시장수익률, 표면이자률, 그리고 만기에 따라 결정된다. 이와 같은 요인을 기초로 말킬(B.G Malkiel)은 채권수익률과 채권가격 사이에는 다음과 같은 일정한 관계가 성립한다는 채권가격정리(Bond price theorem)를 제시했다.

① 채권가격은 채권의 만기수익률과 반비례한다.
② 채권수익률 변동이 일정할 때 만기가 길수록 채권가격 변동폭이 크다.
③ 채권수익률 변동에 따른 가격변화율은 만기가 길수록 증가하나, 그 증가율은 체감한다.
④ 만기가 일정할 경우 채권수익률의 하락은 동일한 율의 시장수익률 상승보다 채권가격을 크게 변화시킨다.
⑤ 표면이자율이 높을수록 시장수익률 변동에 의한 채권가격 변화율이 작아진다.

이러한 채권가격정리에 의하면 채권가격은 이자율 변동에 반비례하는데, 만기 또는 잔존기간이 길수록, 표면이자율이 낮을수록, 그리고 채권수익률이 높을수록 채권가격의 변동률은 커짐을 알 수 있다. 따라서 이들 요인은 채권을 투자하는 투자자에게 매우 중요한 지표적 역할을 한다.

3) 채권투자의 포인트

채권은 앞에서 살펴본 바와 같이 기간, 이율, 형태 등 다양한 면을 골고루 갖추고 있는 금융상품이기 때문에, 자금운용에 있어 폭넓은 니즈에 적합한 상품이라 할 수 있다.

(1) 자금의 운용기간과 매칭된 상품의 선택

금리상품인 채권은 상환전의 환금(매각)은 그 당시의 금리수준에 좌우되기 때문에 원금이하로 떨어지는 사태가 야기될 가능성도 있다. 그 반면 만기시에는 액면으로 상환된다. 이러한 점에서 채권투자 포인트의 첫째는 자금운용 기간에 맞는 기한의 채권을 구입하는 것이다.

채권은 1년에서 20년까지 다양한 기간이 망라되어 있기 때문에 이점에서는 기타 상품에는 없는 유리함을 지니고 있으며, 특히 고정금리채를 구입하면 계획적인 저축도 용이하다.

(2) 금리수준에 맞는 자금운용

일반적으로 고금리시에는 장기고정금리채, 저금리시에는 중·단기채를 선택하는 등 금리수준에 맞는 잔존년수의 선택을 기동력있게 바꿈으로써 효율적인 자금운용을 기대할 수 있다.

하지만 저금리 시대에도 장단기 금리차가 크게 확대된 상태가 오래 지속되는 국면에서는, 장기채 쪽이 유리한 경우도 있다.

(3) 신용도에 유의하여 운용

1997년에 무보증회사채 발행에 대한 신용등급 규제가 철폐되어 물리적으로 신용도가 낮은 기업도 사채를 발행할 수 있게 되었기 때문에, 채권투자는 현행 이상으로 발행주체의 신용도에 주의해야 할 필요성이 제기되고 있다.

〈 회사채 신용등급 체계 〉

등 급*	정 의
AAA	원리금지급 확실성이 최고 수준
AA	원리금지급 확실성이 매우 높지만, AAA등급에 비해 다소 낮음
A	원리금지급 확실성이 높지만, 장래의 환경변화에 따라 다소 영향을 받을 가능성이 있음
BBB	원리금지급 확실성이 있지만, 장래의 환경변화에 따라 저하될 가능성이 내포되어 있음
BB	원리금지급 능력에 당면문제는 없으나, 장래의 안전성 면에는 투기적인 요소가 내포되어 있음
B	원리금지급 능력이 부족하여 투기적임
CCC	원리금의 채무 불이행이 발생할 위험 요소가 내포되어 있음
CC	원리금의 채무불이행이 발생할 가능성이 높음
C	원리금의 채무불이행이 발생할 가능성이 극히 높음
D	현재 채무불이행 상태

주 : 1) *표시는 등급내 상대적 우열정도에 따라 +, - 기호를 첨부하기도 함
　　 2) 등급중 AAA~BBB까지는 투자등급이며, BB~D까지는 투기등급임

신용능력을 예측하는 지표로서 '신용등급'이 있는데, 이것은 평가기관이 발행주체의 재무내용과 업적동향을 분석, 발행채의 원리금 지급능력을 주로 알파벳을 이용해서 지표화한 것이다.

신용등급은 일반적으로 AAA(트리플 A) 등급을 최상의 등급으로 하고, 다음으로 AA(더블A) 등급, A(싱글A) 등급으로 내려간다. 이하 BBB(트리플B) 등급, BB(더블B) 등급, B(싱글B) 등급 등으로 되어 있다.

세계적인 관행에서는 BBB등급의 채권까지를 투자적격채(債)라 부르고 있는데, 기관투자가 등이 일상적으로 구입하고 있는 채권이다.

한편 BB등급 이하의 채권은 '정크채(債)'라 불리고 있다. 정크채(債)는 채권이라기 보다 대단히 높은 이율이 붙은 주식적인 요소가 강한 상품성을 지니고 있는데, 금리동향보다는 발행주체의 실적에 크게 영향을 받게 된다. 또 원리금 지급이 연체·정지(디폴트)될 가능성도 높다.

우리나라의 경우 최근에 적채(適債) 기준이 철폐되어, BB등급 이하의 채권이 앞으로 계속해서 늘어날 가능성이 높은데, 이제는 채권투자의 기본을 근본부터 바꾸지 않으면 안될 것이다.

4) 국공채 투자

채권투자에 있어 국공채는 안전성에 수익성과 환금성까지 갖추고 있어서 재테크의 주력상품으로 떠오르고 있다. 예금보호대상에서 제외되는 회사채와는 달리, 국공채는 무엇보다도 안전성이 확보된다는 점에서 최고의 재테크상품으로 등장하고 있는 것이다.

이는 국제결제은행(Bank for International Settlement ; BIS)이 금융기관의 자기자본비율을 산정할 때, 위험가중치 산정에서 국공채투자를 제외시키는 것만 보아도 잘 알 수 있다.

국채가 부각되면서 신용도가 높고 수익률이 좋은 공채들도 관심을 모으고 있다. 국공채의 매력이 부각되면서 각 금융기관들은 국공채 관련 상품을 잇달아 내놓으며 투자자들을 유혹하고 있다.

이처럼 국공채의 인기가 높아진 데는 충분한 물량공급이 한몫을 하고 있는데, 최근들어 정부는 늘어난 국채를 채권가격결정의 지표(bench mark)로 삼을 방침인 것으로 알려지고 있다.

5) 채권투자시 유의점

일반 투자자의 경우, 현물보다 1% 정도 수익률이 높은 통장식 채권을 매입하는 것이 유리하다.

통장식 채권은 100만원 이상이면 매입이 가능한데, 산업은행의 경우, 일반투자자를 위해 세금우대 통장식채권의 세후수익률을 일반 정기예금의 세후수익률보다 일정 폭 높게 유지되도록 운영되고 있어, 2천만원 이하의 안정지향적 투자자라면 활용해 볼 만한 가치가 있다. 갑자기 자금이 필요하거나 금리가 상승하더라도 현금화에는 문제가 없다.

특히 산업은행의 경우, 1999년 3월 27일부터 '산금채 매입상환제'를 실시함으로써 환금성을 더 높였다. 이 제도는 채권시장의 활성화와 산금채 시장의 저변확대를 위해 1억원 이하 규모로 산금채를 매입한 투자자들이 만기일 전 언제라도 산업은행에 되팔아 현금화할 수 있게 한 것이다.

지금까지는 증권사에서 할인받고 수수료를 물었을 뿐 아니라 1억원 이하의 소액에 대해서는 관리비용 등을 이유로 증권사에서 매입을 기피해 현금화가 쉽지 않았다. 동일한 조건의 산금채를 증권회사에서 매각할 때보다 산업은행에 되팔면 상당 폭의 이득을 얻을 수 있게 된 셈이다.

직접투자시에는 본인의 조건에 맞는 채권을 선택할 수 있고 수수료가 없다는 장점이 있으나, 채권매매를 위한 금리예측 등의 어려움이 있어 대부분 간접투자를 선호하고 있다.

예컨대 공사채형 수익증권은 주식투자 없이 채권과 단기금융상품에만 투자하는 대표적인 간접투자상품이다. 은행권에서 1999년 4월 12일부터 발매하는 '단위형 신탁'은 100% 채권투자형은 아니지만, 안정형 펀드의 경우 주식편입비중이 10% 이하이기 때문에, 채권의 간접투자상품으로 구분할 수도 있겠다.

채권투자와 관련하여 반드시 알아두어야 할 점은, 1998년 11월 15일 이후 신규 펀드에 적용되는 채권시가평가제의 시행이다.

기존 공사채형 펀드는 기준가격을 계산할 때, 채권을 처음 사들일 당시의 가격을 그대로 적용했지만, 채권시가평가가 적용되는 신규펀드는 펀드에 들어있는 채권을 그날 그날의 시장가격으로 계산해 기준가격을 산출하기 때문에, 기존 펀드에 비해 수익률의 변화 폭이 크다. 은행의 단위형 신탁 역시 배당률 고시가 아닌 채권시가평가에 의한 기준가격 고시 상품이다.

금리 하락기에는 채권투자가 좋은 재테크 전략의 한 수단이 될 수 있으나, 일반 투자자가 채권매매를 통한 이득을 얻기에는 제한 요소가 있기 때문에, 직접투자를 원한다면 세금우대가 가능하고 환금성이 훨씬 높아진 통장식 채권에의 투자가 적합하다 할 것이다.

6) 채권투자의 원칙

채권투자가 생소하여 아예 재테크 수단에서 제외하는 사람이 많다. 수익률과 채권값의 개념조차 이해하지 못하는데 무슨 채권투자냐는 식이다. 하지만 이율이 높고 안전한 채권상품들이 증권사나 투신사에 적지 않다.

비과세저축상품과 공모주청약혜택이 주어지는 채권상품이나 CD(양도성예금증서), CP(기업어음) 등 채권투자에 관심을 가지면 고수익 상품을 적지 않게 발견할 수 있는데, 특히 다음과 같은 원칙이 요구된다 하겠다.

(1) 투자위험과 수익은 비례한다

위험이 높은 무보증 회사채보다 국공채의 수익이 낮은 것은 당연하다. 지금이야 회사채가 대부분 무보증채권으로 재편됐지만, 위험이 상대적으로 낮은 국공채수익이 낮을 수밖에 없다.

(2) 금리가 내릴 때는 장기채가 유리

금리와 채권가격은 반비례하기 때문에, 시중금리가 올라갈 때는 채권가격이 싸지므로 기간이 짧은 채권에 투자하는 것이 유리하다. 그만큼 더 싼 값(채권가격)으로 투자할 수 있는 기회가 많기 때문이다.

반대로 금리가 내릴 때는 채권가격이 날이 갈수록 비싸지므로 기간이 긴 장기채를 미리 사두는 것이 유리하다. 추가로 채권가격이 더 오르기 전에 과거의 싼 가격으로 채권을 사두는 셈이 되기 때문이다.

(3) 매매이익도 노려볼 만하다

채권투자라면 정해진 이자만 받는다고 생각하는 사람이 많다. 그러나 채권은 시중금리 변동에 따라 매매이익을 추가로 얻을 수 있다.

채권을 샀을 때 보다 시장수익률이 내려가면(채권가격 상승) 중도 환매할 경우, 기간이자 외에도 매매이익을 추가로 확보할 수 있는 것이다. 반대의 경우엔 매매손실이 날 수도 있다는 점을 명심해야 한다.

(4) 표면금리가 낮은 채권이 절세효과가 크다

이자소득세는 표면금리에 따라 부과된다. 1,000만원을 1년동안 투자할 경우, 세후 10% 수익을 올릴 수 있는 채권 중 표면금리 10% 짜리와 20% 짜리가 있다면, 표면금리 10% 짜리는 15만원 이자소득세를 내지만, 표면금리 20% 짜리는 30만원의 이자소득세를 낸다. 세금을 조금이라도 줄이려면, 표면금리가 낮은 채권에 투자하는 것이 유리하다.

(5) 증권사에 직접 팔아보라

자동차 구입때 받은 도시철도채권이나 주택 분양때 받은 국민주택 1종 채권 등을 들고 가까운 증권사에 가서 팔아보면 채권투자가 어렵다는 오해를 풀 수 있다.

(6) 초기에 많은 금액을 투자하지 마라

채권구조가 복잡하거나 이해가 되지 않으면 섣불리 많은 금액을 투자하지 마라. 중도 환매할 경우 기간이자도 못 받을 수 있기 때문이다. 영업점 직원으로부터 상세히 설명을 듣고 투자하는 습관을 길러야 한다.

(7) 1%가 중요하다

금리 1% 차이를 우습게 볼 때가 있다. 그러나 1억원을 투자하면 연 100만 원의 수익률 차이를 가져온다. "티끌 모아 태산"은 채권투자의 상식이다.

(8) 세후(稅後) 수익률에 의미가 있다

통상 금융기관들은 세전(稅前) 수익률로 수익률을 알리는 경우가 많다. 하지만 실제 고객에게 중요한 것은 세금을 차감하고 난 세후 수익률이다. 채권매입 때는 항상 세후 수익률로 비교하는 습관이 필요하다.

제**3**절 ●━━● **채권발행시장***

3.1 채권발행시장의 의의

채권발행시장이란 거액의 자금을 필요로 하는 기업, 정부 등이 증권회사 등 발행기관을 통하여 채권증서를 발행하여 제공하고, 자금을 공급받는 제1 차적 시장(Primary Market)을 말한다.

채권의 발행은 실물경제의 변화와 밀접한 관계를 갖고 자금흐름에 큰 영향을 미치기 때문에, 정부에서는 채권발행의 많고 적음에 대해 정책적인 조언을 하고 있다.

3.2 채권발행시장의 구조

1) 발행자

채권발행에 의해 자금을 조달하는 주체로서, 정부, 지방자치단체, 특별법에 의해 설립된 법인, 기업 등이 있다.

2) 투자자

채권발행시장에서 모집·매출되는 채권의 청약에 응하여 발행한 채권을 취득한 자로서 자금을 빌려주는 자이다. 투자자는 대규모의 자금과 전문적인 지식과 정보를 가지고 있는 기관투자가와 개인투자가가 있다.

우리나라에서는 기관투자가에 의해서 채권투자가 대부분 이루어지고 있으나, 최근 금융종합과세 실시 등으로 개인도 채권투자에 많은 관심을 기울이고 있다.

---

* 한국금융연수원, FP(금융상품)3, 2002, pp.127~128 참조.

3) 발행기관

채권발행에 있어 발행자와 투자자 사이에 채권발행에 따른 실무절차의 수행과 채권발행에 따른 위험부담 및 판매기능을 담당하는 전문기관을 말한다.

(1) 간사회사

간사회사는 인수단의 구성원으로 채권발행업무를 총괄하여 채권발행의 타당성, 소화가능 여부, 발행시기, 발행조건 등을 발행자와 협의하여 결정한다.

채권발행규모가 클 경우에는 간사단을 구성하여 공동으로 간사업무를 수행하는데 핵심적인 역할을 담당하는 회사를 주간사회사라 하며, 기타 간사회사를 공동간사회사라 한다.

(2) 인수기관

간사회사와 협의하여 발행채권을 인수하는 기관으로 인수채권을 일반투자자 및 청약기관에 매도(도매)하는 역할을 수행한다.

(3) 청약기관

발행된 채권을 채권수요자인 일반투자자에게 직접 매매하는 판매회사를 말한다.

〈 발행시장 구조 〉

제**4**절 ●━●	채권유통시장*

4.1 채권유통시장의 의의

채권유통시장은 이미 발행된 채권이 투자자들 사이에서 매매되는 제2차 적 시장(Secondary Market)을 말한다.

채권시장에서 발행시장은 개개인의 유휴자금을 재정정책자금이나 산업자 금으로 전환시키는 기능을 가지는 반면, 유통시장은 투자자 상호간의 매매 거래를 통하여 채권의 공정한 시장가격을 형성함으로써, 채권에 유동성과 환금성을 부여하는 기능을 한다.

4.2 채권의 매매거래제도

1) 장내거래

거래소시장에서 이루어지는 거래로 보통거래(매매일로부터 3일째 수도결 제)와 당일결제거래(매매당일 수도결제)가 있다.

(1) 대상채권

상장채권(반드시 장내거래를 해야 하는 종목은 국민주택1종, 서울도시철 도, 지역개발채권 중 당월물 및 전월물로 액면 5,000만원 이하)

(2) 매매입회시간

구 분	요 일	거 래 시 간	비 고
당일결제거래	월 ~ 금	09 : 00 ~ 15 : 00	
보 통 거 래	월 ~ 금	09 : 00 ~ 15 : 00	

---

* 한국금융연수원, FP(금융상품)3, 2002, pp.129~131 참조.

(3) 매매수량단위

거래소시장에서 매매되는 수량의 기본단위는, 액면 10만원(소액국공채의 경우 1,000원까지)으로 하여 이의 정수 배로 함(단, 전환사채 및 신주인수권부 사채는 권종 금액).

(4) 호가단위

구 분	호 가	비 고
채권(전환사채 및 신주인수권부 사채는 제외)	소수점 둘째자리의 수익률	소수점이하 셋째자리는 절사
전환사채 및 신주인수권부사채	1원	

① 고객의 호가는 가격 또는 수익률로 가능
② 증권사의 시장호가는 수익률로 하며, 거래소는 액면 10,000원당 가격으로 환산하여 매매체결(원미만 절사)

(5) 수탁수수료

채권 매매일로부터 상환기간까지의 잔존기간에 따라 자율결정

일반시장 (잔존기간 기준)	365일 미만	0.1%
	365일 이상~730일 미만	0.2%
	730일 이상	0.3%
소액시장	0.6%	

주 : 일반시장 : 주식관련사채, 장내채권, 소매채권 등
　　소액시장 : 5천만원 이하 국민주택 1종 채권 등 첨가소화채권

2) 장외거래

거래소시장 외에서의 자기매매 또는 중개매매에 의한 매매를 말한다.
① 대상채권 : 상장채권, 비상장채권

② 호가단위 : 액면 1만원 단위기준 1원 단위까지

③ 위탁수수료 : 채권딜러제도 시행과 함께 폐지

④ 수량단위 : 제한 없음

⑤ 매매방법 : 제한 없음

⑥ 결제방법 : 약정과 동시에 결제

※ 채권딜러제도

증권회사가 항상 매도매수 호가를 제시하고, 투자자의 매매 상대방
이 되어 제시한 호가로 거래를 체결시키는 제도

〈 장내거래와 장외거래비교 〉

대상채권	장내거래	장외거래
대 상 채 권	상장채권	상장, 비상장채권
거 래 장 소	증권거래소시장	증권회사의 영업점
거래수량단위	액면 10만원 이상의 정배수	제한 없음
호 가 단 위	수익률기준	수익률 및 가격
수탁수수료	증권사 자율	없음
매매수수료	대체결제와 증권감독원에 지급	없음
장점	정보의 공유	거래비용이 싸고 정보유출 없음
단점	거래비용이 많고 정보노출	실세와 관계없는 불공정매매 가능

제5절 ● **신종채권***

5.1 변동금리부 채권

1) 변동금리부 채권의 개념

변동금리부 채권은 지급이자율이 대표성을 갖는 시장금리에 연동되어 매 이자지급 기간마다 재조정되는 중장기 채권으로서, 만기 상환일까지 금리가 고정되는 고정금리부 채권에 대응되는 개념이며, 채권 발행시에 지급이자율의 결정방법을 약정하고, 매 이자지급기간 개시 전에 차기 지급이자율(이자지급금액)이 결정되는 채권이다.

2) 변동금리부 채권의 장단점

발행회사 측면에서는 고금리시기에 발행해도 향후 시장금리가 낮아질 경우에는 이익이지만, 금리의 단고장저(短高長低) 현상이 지속될 경우, 자금비용이 상승한다. 또 투자자에게 Put option이 부여된 경우, 자금조달의 안정성이 감소될 수 있다.

투자자 측면에서는 향후 금리 상승시 이자소득이 증가하고, 금리변동에 따른 가격변동폭이 적고, 보통 최저이율이 설정되어 있어 시장금리가 대폭 하락해도 일정액의 이자를 보장받을 수 있다. 그러나 금리하락시 이자소득이 감소할 수 있다.

5.2 전환사채(Convertible Bonds ; CB)

1) 전환사채의 개념

전환사채란 회사채의 일종으로 발행시에 미리 정해지는 전환조건에 따라,

---

* 한국금융연수원, FP(금융상품)3, 2002, pp.132～139 참조.

전환기간내에 발행회사의 주식으로 전환을 청구할 수 있는 권리가 부여된 채권을 말한다.

전환권행사 이전에는 이자를 받을 수 있는 사채로서 존재하고, 전환권행사 이후에는 사채가 소멸되고, 발행회사의 영업실적에 따라 배당을 받을 수 있는 주식으로 존재한다.

따라서 전환사채는 법률적으로는 채권이나, 경제적인 의미로는 잠재적 주식의 성격을 동시에 지니게 되어, 사채의 안정성과 주식의 시세차익을 동시에 얻을 수 있는 복합적인 투자대상이 된다.

만약 발행 채권이 모두 주식으로 전환된다면, 전환사채권자만의 참여하에 전환가격을 신주발행가격으로 하는 시가유상증자를 행하는 결과가 된다.

2) 전환사채의 특징

전환사채는 사채와 주식의 성격을 함께 지닌 복합형 증권이다. 따라서 전환사채의 시장가격은 채권으로서의 이자율, 만기까지의 잔존기간 등을 반영하고 있고, 다른 한편으로는 전환대상 주식의 가격추이 및 그 주가에 영향을 주는 모든 변수들을 반영하여 결정된다고 볼 수 있다.

특히 전환사채의 시장가격은 완전경쟁시장이 존재하지 않으므로, 내재가치에 비해 과대 혹은 과소 평가될 수 있는데, 시장가격을 평가하기 위한 이론가격은 다음과 같은 평가수단으로 많이 평가한다.

① 사채로서의 성격에 따른 이론 가격 : 단순수익률, 만기수익률
② 주식으로서의 성격에 따른 이론 가격 : 패리티
③ 사채와 주식의 복합적 성격에 의한 이론 가격 : Black & Scholes의 헷징모형

전환사채는 주식으로 전환하지 않고 만기까지 보유하면, 원금에 일정 프리미엄을 더한 가격으로 상환을 받을 수 있으며, 전환대상 주식의 주가상승시에는 주식으로 전환하여 매매차익을 얻을 수도 있다.

여기서 전환사채의 특징을 구체적으로 요약하면 다음과 같다.

① 사채로서 발행되지만 상환시까지 발행시에 정해진 전환가액으로 주식

으로 전환할 수 있다.

② 상환기간은 보통 3년이다.

③ 상환시까지 보유할 것인가, 주식으로 전환할 것인가는 투자자의 자유
이다.

④ 주식으로의 전환기간은 발행후 3개월 지나서부터 만기 1개월 전까지
이다(단 사모전환사채의 경우는 발행후 1년이 지나야 전환청구 가능).

⑤ 전환가액은 발행시의 주가보다도 약간 낮게 책정되고 있다.

⑥ 주식으로 전환할 수 있는 권리가 부여되어 있기 때문에, 이율은 그 권
리의 가치만큼 낮게 책정된다.

⑦ 사채 그대로 매매도 가능하다.

전환사채는 발행기업의 주가가 떨어지더라도 채권으로서의 가치가 있기
때문에 안전성이 높고, 만일 주가가 오를 경우는 주가상승에 따른 이익도
바라볼 수 있기 때문에, 특히 주가 상승기에 인기가 높다.

3) 전환사채의 장단점

전환사채는 발행회사 측면에서 일반사채보다 낮은 금리로 발행되므로 자
금조달비용이 경감되고, 사채와 주식의 양면성을 지니므로 상품성이 크고,
주식으로의 전환시 고정부채가 자기자본이 되므로 재무구조 개선효과를 지
닌다는 장점이 있다.

그러나, 한편으로는 주식전환에 의하여 경영권 지배에 영향을 받을 수 있
고, 잦은 자본금 변동 등으로 사무처리가 번잡해지는 등의 단점도 있다.

그리고, 투자자 측면에서는 채권으로서 투자가치의 안정성과 잠재적 주
식으로서 시세차익에 의한 고수익을 기대할 수 있는 장점이 있는 반면,
일반채권보다 낮은 이자율, 주가의 하락 등으로 전환권을 행사하지 못할
위험도 있다.

4) 전환사채의 투자지표

(1) 패리티(parity)

주식으로 전환할 때의 전환가격에 대한 주가의 비율을 말하는 것으로서, 투자자가 전환사채를 현재의 가격으로 매입했을 때, 주식으로 전환해서 어느 정도의 매매차익(賣買差益)을 얻을 수 있는가를 판단하는 기준으로 사용된다.

예컨대 패리티 가격보다 싸게 매입하면, 매입 즉시 전환해서 그 주식을 팔아도 매매차익을 얻을 수 있지만, 패리티 가격보다 비싸게 매입하면, 매각손(賣却損)이 발생하게 된다.

전환사채의 패리티 산식

$$전환사채의\ 패리티 = \frac{주가}{전환가액} \times 100$$

(2) 괴리율

괴리율이란 전환사채의 가격이 패리티에서 어느 정도 괴리되어 있는가를 나타내는 것으로서, 전환사채의 값이 싸고 비싸다는 판단에 사용된다.

괴리율이 플러스라는 것은 전환사채 가격이 패리티를 상회하고 있다는 것을 의미하는데, 주식으로 전환해서 매각했을 때에 매매차손이 된다. 그리고 마이너스(역괴리)의 경우는 전환사채 가격이 패리티를 밑돌고 있다는 것을 나타내는데, 주식으로 전환하여 매각했을 때 매매차익이 발생한다.

5) 전환사채의 투자절차

전환사채를 발행하려는 기업은 금융감독원과 증권거래소에 미리 공시하도록 되어 있다. 보통의 경우 발행기업은 공시를 낸 뒤 1주일에서 1개월후 공모에 나선다. 투자자들은 거래증권사 단말기나 경제신문 증권면을 통하여 전환사채 발행정보를 입수할 수 있다.

전환사채 청약을 받는 곳은 주로 증권사와 종금사다. 증권사의 경우 거의 모든 회사가 이 업무를 취급하며, 일부 종금사의 경우에도 비교적 활발하다. 일단 투자종목을 고르고 나서, 청약일에 해당 금융회사를 방문하여 전환사채 계좌를 개설한 다음, 청약서류를 작성하면 된다.

청약한지 1주일 정도가 지나면 얼마나 매입했는지 통장을 통하여 알 수 있다. 전환사채를 산 후 3개월 지나면, 주식으로 바꿀 수 있다. 해당기업의 주가가 전환가격을 웃돌면, 주식으로 바꿔 팔아 차익을 남길 수 있다.

그리고 주식으로 바꾼 후라도 주가가 더 오를 것이라고 생각되면, 보유하고 있어도 무방하다. 주가가 전환가격에 못 미치면, 채권으로 그대로 가지고 있어도 된다.

6) 전환사채 투자시 고려사항

전환사채에 직접 투자할 경우, 전환가격과 주가전망이 가장 중요하다. 전환가격은 공시때 예정가격이 나와 있으나, 이것도 변할 수 있기 때문에 청약일 전에 가격을 다시 확인해야 한다. 이같은 전환가격 추이는 기업의 내재가치와 주식시장의 대세에 크게 좌우된다.

기업의 주가가 주식 내재가치보다 낮고 주식시장이 상승기에 진입했다고 판단되면 투자해 볼만하다. 따라서 해당종목과 주식시장에 대한 면밀한 분석과 탐구가 필요하다. 수익률도 주요한 판단근거 중 하나다. 주가가 내릴 경우 채권으로 갖고 있을 수밖에 없기 때문이다.

전환사채 수익률은 표면금리와 만기보장 수익률 등 두 종류가 있는데, 주로 만기보장 수익률을 따져볼 필요가 있다. 표면금리는 매년 결산기에 지급되는 이자의 기준이며, 만기보장 수익률은 만기까지 갖고 있을 경우 발행기업이 보장하는 금리다.

조건이 비슷한 전환사채라면, 수익률이 높은 쪽이 유리하다는 것은 불문가지다. 그러나 무엇보다 중요한 것은 기업의 신용도이다. 만약에 부도날 경우 투자원금을 날릴 가능성이 높기 때문이다.

5.3 신주인수권부 사채(Bond with Warrant ; BW / 워런트 債)

1) 신주인수권부 사채의 개념

신주인수권부 사채(Bond with Warrant ; BW)란 사채권자에게 발행후 소정의 기간이 경과한 후 일정한 가격(행사가격)으로 발행회사의 일정수의 신주를 인수할 수 있는 권리(신주인수권)가 부여된 사채를 의미한다.

발행회사는 자금조달 코스트가 낮은 자금을 이용할 수 있으며, 사채발행과 신주발행을 통하여 사채액면 총액의 2배까지 자금조달이 가능하다. 신주인수권부 사채가 발행된 후 사채권자가 신주 인수권을 행사하여 신주가 발행되면 자본이 증가한다.

2) 신주인수권부 사채의 특징

신주인수권부 사채는 발행시에 정해진 일정한 조건에 근거해 그 회사의 주식을 인수할 권리가 붙은 사채인 바, 이 주식을 인수할 권리(신주인수권), 혹은 그 권리를 나타낸 증권을 워런트라고 한다. 워런트채(債)의 특징은 다음과 같다.

① 보유자는 행사(行使) 가액으로 부여비율의 한도까지 행사기간 중에는 언제라도 그 회사의 주식을 인수할 수 있다.
② 권리행사기간이란 사채만기 때까지의 기간으로서, 회사가 정한 기간을 말한다.
③ 부여비율이란 사채액면에 대하여 부여되는 신주발행 총액의 비율로서, 이를테면 사채액면 10,000원에 대하여 10,000원의 신주 인수권이 부여된 경우, 부여비율(부여율)은 100%가 된다.

3) 신주인수권부 사채의 종류

워런트채(債)에는 분리형과 비분리형이 있는데, 우리나라는 1999년 1월부터 분리형이 허용되었다. 워런트 부분이 분리되어 있지 않은 것을 캠 워런트, 분리되어 사채부분만이 된 것을 익스 워런트(폰커스채(債)라 부르기도 함)라 한다.

(1) 분리형과 비분리형

① 분리형(Bond with Detachable Warrant) : 사채권리와 신주 인수권을 각각 별도의 증권, 즉 사채권과 신주인수권 증권(Warrant)으로 표상하고, 각각 독립하여 양도할 수 있는 형을 말한다.

② 비분리형(Bond with Non Detachable Warrant) : 1매의 채권에 사채권과 신주 인수권을 함께 표상하고, 이 두가지 권리를 각각 따로 양도할 수 없는 형을 말한다.

(2) 현금납입형과 대용납입형

① 현금납입형 : 신주인수권 행사에 의하여 발행되는 신주 발행가액 전액을 현금으로 납입하고, 사채는 그대로 존속시키는 형을 말한다.

② 대용납입형 : 정관의 규정 또는 이사회의 결의에 의하여 신주의 인수권을 행사하려는 자의 청구가 있을 때, 신주인수권부 사채의 상환에 갈음하여 그 발행가액으로 신주의 발행가액 전액을 납입에 충당하는 형을 말한다.

4) 신주인수권부 사채의 장단점

발행회사 측면에서의 장점은, 사채발행에 의한 자금조달의 촉진 및 낮은 표면이자율을 가지므로, 자금조달 비용의 절감, 인수권 행사시 추가자금의 조달가능, 재무구조의 개선효과, 자금조달의 기동성부여 등을 들 수 있다.

그러나 신주인수권이 행사된 후에도 사채권이 존속하고, 대주주의 지분율 하락 우려가 있으며, 행사시기의 불확실성에 따른 자본구조 불확실 등의 단점도 있다.

투자자 측면에서의 장점은, 투자의 안정성과 수익성을 동시에 만족시키고, 주가상승에 따른 이익을 획득할 수 있으며, 투자의 융통성 보장 등이 있고, 단점으로는 주가 약세시에는 불이익을 받을 수 있으며, 인수권 행사 후에는 낮은 이율의 사채만 존속하게 된다는 점이다.

5) 워런트의 투자지표

예컨대 행사가액이 1주당 4,000원인 워런트가 있다고 치면, 주가가 5,000원일 때에 행사하면 1,000원의 이익이, 주가가 6,000원일 때 행사하면 2,000원의 이익이 생긴다. 결국 이 워런트의 기본적인 가치는 주가가 5,000이라면 1,000원, 주가가 6,000원이라면 2,000원이 된다.

이 케이스에서 주가가 5,000원부터의 가격 상승률은 주가는 20%이지만, 워런트는 100%가 되어 있다. 이것을 기어링(gearing)효과 혹은 레벨업 효과라 부른다.

워런트의 가격 변동률은 주식에 비하면 훨씬 높고, 주가 수준에 따라서는 가치가 제로가 되어 버릴 가능성도 있다는 점이 특징이다.

투자자는 BW를 보유하다가 주가가 신주(新株)를 살 수 있는 행사가격보다 높아지면, 주식을 바로 팔아 차익을 남길 수 있다.

반대로 주가가 떨어지면 채권을 그대로 보유할 수 있다. 그렇지만 이 경우는 보장된 금리를 받을 수는 있으나, 금리가 상대적으로 낮아 메리트는 적은 편이다.

5.4 교환사채(Exchangeable Bond ; EB)

1) 교환사채의 개념

교환사채(Exchangeable Bond ; EB)란 상장법인이 발행하는 회사채의 일종으로서, 사채권 소지인에게 일정기간(교환청구기간) 내에 사전에 합의된 조건으로 당해 법인이 소유하고 있는 상장유가증권으로 교환을 청구할 수 있는 권리인 교환권이 부여된 사채를 말한다.

교환권 청구시 추가적인 자금유입이 없다는 점에서 신주인수권부 사채와 다르며, 자본금의 증가가 수반되지 않는다는 점에서 전환사채와 다르다.

교환사채는 주식의 추가발행 없이 발행사가 보유하고 있는 상장회사 유가증권의 구주 매출을 통한 시가 매각방식의 자금조달 수단으로 용이하며, 특히 계열사간 상호주 보유제한 규정 이행시 활용이 용이하다.

2) 교환사채의 특징

(1) 보유주식의 고가매각

주식의 추가발행이 없는 구주매출의 한 형태로서, 발행사가 보유하고 있는 상장회사 유가증권을 시가보다 높은 가격으로 매각하기 위한 수단으로 활용 가능하다.

(2) 저리의 자금조달

교환사채는 전환사채와 마찬가지로 주식으로 상환되는 특징이 있는 바, 그 가치는 채권가치와 향후 주가상승에 따른 매매차익으로 구성된다. 따라서 사채권의 발행이율은 보통의 사채보다는 낮게 책정되어질 수 있는 것이다.

다만, 교환사채의 특징상 발행회사가 소유하고 있는 타 상장법인 유가증권을 교환해 준다는 점에서, 교환대상 유가증권의 당해 법인이 사채발행법인에 비해 신뢰도가 떨어질 경우, 교환사채의 발행이율은 전환사채보다 높아질 수도 있다.

(3) 계열사간 상호주식 보유제한 규정 이행

계열사간 상호주식 보유에 대한 제한(독점규제 및 공정거래에 관한 법률)을 이행하기 위해서는 소유주식을 직접 매각하여야 하는데, 이럴 경우 대량의 매물로 인한 당해 주식의 주가를 왜곡시킬 위험이 수반된다.

따라서, 이러한 제한 규정을 이행하면서 주가를 왜곡시키지 아니하는 방법으로 교환사채의 발행이 가능하다.

3) 교환사채의 장단점

발행회사 측면의 장점으로는, 교환사채 발행시 할증률만큼 보유주식의 주가상승으로 간주할 수 있고, 보유주식을 조기에 자금화할 수 있으며, 보유주식의 직접매각시 발생할 수도 있는 주가하락을 분산시킬 수 있다.

단점으로는 직접매각에 비해 업무가 복잡해지고, 교환청구에 대비하여 보유 유가증권을 현금화하여 운용할 수 없고, 예탁기관에 소정기간 동안 예치해야 하므로, 담보화 내지 고정자산화를 초래할 수 있다.

투자자 측면에서는, 확정이자를 받는 사채로서의 안정성과, 주가 상승시 교환권 행사를 통하여 주식투자에 의한 매매차익을 얻을 수 있는 반면, 교환권 행사는 주가상승이 전제되어야 하므로, 약세시장에서는 메리트가 없다.

5.5 이익참가부 사채(Participating Bond ; PB)

기업수익의 급증으로 주주가 일정률 이상의 배당을 받을 때 사채권자도 참가할 수 있는 권리가 부여된 사채로서, 이익분배부 사채 또는 참가 사채라고도 하며, 배당을 받지 못했을 경우 다음 연도로 권리가 넘어가는지의 여부에 따라, 누적적 이익참가부 사채와 비누적적 이익참가부 사채로 구분된다.

누적적 이익참가부 사채는 회사의 이익분배에 대한 참가권이 부여됨으로써, 투자상의 매력이 높아 회사채 발행에 의한 자금조달을 촉진시킬 수 있는 장점이 있으나, 이러한 이익분배에 대한 참가권은 그만큼 주식에 대한 배당을 감소시키는 결과를 초래하여, 주식발행에 의한 자본조달을 어렵게 할 수 있는 요인이 되기도 한다.

5.6 옵션부 사채

1) 옵션부 사채의 개념

채권들은 일반적으로 일정한 현금흐름과 확정된 만기를 지니고 있다. 그러나 이러한 일반적인 채권들과는 달리 원리금 상환시점에 대한 선택이나 관련 주식을 취득할 수 있는 권리가 첨부된 채권들이 다양한 형태로 존재하는데, 이러한 채권들을 옵션이 첨부된 채권(bonds with embedded options)이라고 한다.

채권에 첨부된 이들 옵션들은 각각의 옵션 행사로 나타나는 결과의 다양성에도 불구하고, 기본적으로 채권의 만기일 이전에 일정한 유가증권을 일정한 가격으로 매입(혹은 매도)할 수 있는 권리가 주어져 있다는 점에서 공통점을 지니고 있다.

즉 옵션부 사채란 사채발행시 제시된 일정조건이 성립되면, 만기전이라도 발행회사가 사채권자에게 매도청구를, 사채권자가 발행회사에게 매수(상환)청구를 할 수 있는 권리, 즉 콜옵션과 풋옵션이 부여되는 사채이다.

2) 옵션부 사채의 특징

일반채권에 있어서는 만기시까지 채권의 발행조건에 따르는 미래현금흐름이 일정하다. 그러나 시장수익률의 변화에 따라 미래현금흐름의 가치가 달라지기 때문에 최종실현 수익률이 영향을 받는다.

이에 비하여 옵션부 사채는 일반채권의 위험특성 외에 첨부된 옵션의 특성에 따라 미래현금흐름 자체가 달라지기 때문에, 보통채권보다는 더욱 복잡한 위험수익 특성을 갖게 된다.

3) 옵션부 사채의 종류

(1) 수의상환채권(Callable bond)

발행회사가 채권 발행시 정한 조건이 성취되면 만기전이라도 매입 소각할 수 있는 권리가 부여된 채권이다.

즉 채권의 만기일 이전에 당해 채권을 매입할 수 있는 권리를 채권발행자에게 부여한 채권으로서, 채권발행자가 원리금을 조기에 상환할 수 있는 권한을 부여한 채권이다.

수의상환채권은 수의상환권(call option)을 부여하고 있기 때문에, 투자자의 입장에서 일반채권의 투자시에는 존재하지 않는 불리한 점이 작용한다.

(2) 수의상환청구채권(Putable bond)

사채권자가 채권 발행시 정한 조건이 성취되면 만기전이라도 중도상환을 청구할 수 있는 권리가 부여된 채권이다.

즉 만기일 이전에 채권투자자가 채권의 발행자에게 당해 채권을 매도할 수 있는 권리를 지님으로써, 채권 원리금의 수의상환을 요구할 수 있는 권한을 지닌 채권이다.

투자자가 수의상환청구채권에 투자한다는 것은 일반채권과 이 채권을 주어진 기간동안 일정한 가격에 채권 발행자에게 되팔 수 있는 풋옵션(put option)을 동시에 취득하는 것이라고 할 수 있다.

4) 옵션의 조건

(1) 금리변동에 연계한 옵션

회사채의 발행금리가 시중금리를 기준으로 결정되는 점을 감안하여, 시중은행이 정한 1년만기 정기예금이 일정수준이상 변동시 옵션 행사권이 부여된다.

(2) 발행기업의 신용평가 등급변동에 연계한 옵션

회사채 발행이후 발행기업의 원리금 상환능력의 지표인 신용평가 등급이 일정수준이상 변동시 옵션 행사권이 부여된다.

5) 옵션부 사채의 장단점

발행회사 측면에서는 금리인하시 또는 신용평가등급 상승시 기발행사채의 매입소각 후 보다 유리한 조건에 의한 재발행으로 기회비용 절감이 가능한 장점이 있다.

그리고, 투자자 측면에서는 발행후 만기시까지의 채권시장의 여건변화에 따른 투자위험 부담을 경감시킬 수도 있다(금리상승시 중도상환청구 및 고금리 사채에 재투자 가능, 발행회사의 신용도 하락시 원리금 조기회수로 위험회피).

그러나, 단점으로는 현행 일반보증사채 대비 장기채로 발행되므로(4~5년 만기 예상), 옵션조건이 성취되지 않을 경우, 투자원본의 회수기간이 장기화될 가능성이 있다.

5.7 자산유동화증권(Asset Backed Security ; ABS)

자산유동화증권(Asset Backed Security ; ABS)이란, 금융기관이 보유하고 있는 자산을 표준화하고 특정조건별로 집합하여, 이를 바탕으로 증권을 발행하고, 기초자산의 현금흐름을 이용하여 증권을 상환하는 방식이다.

자산유동화증권은 발행기관의 신용도와 독립적으로 자산의 특성과 현금흐름 및 신용보강 절차에 따라 높은 신용도를 지니는 증권의 발행이 가능하기 때문에, 금융기관의 유동성을 제고시키고, 조달비용을 낮추는 방안으로서의 장점을 지니고 있다.

또한 투자자의 입장에서도 높은 수익률로 투자할 수 있다는 장점을 지니고 있다. 이에 따라 유동성에 문제를 지니고 있는 일부 금융기관뿐만 아니라 조달구조를 다양화하거나 조달비용을 적게 하려는 많은 금융기관들이 유동화증권의 발행에 높은 관심을 보이고 있다.

참고문헌

【한국문헌】

강길환, 금융기관론, 대왕사, 1998.

강병호, 금융제도론(제3개정판), 박영사, 1997.

강병호, 금융기관론, 박영사, 2004.

강병호·김석동, 금융시장론, 박영사, 2004.

강병호·조성종, 주요국의 금융제도론, 박영사, 1996.

강호성, 글로벌 금융시장, 법문사, 2003.

공재식 외, 종합금융의 이해, 문영사, 2003.

김시담, 통화금융론, 박영사, 1998.

김종선·김종오, 금융시장론, 학현사, 2003.

김종선·김종오, 금융제도론, 학현사, 2002.

김종선·김종오, 현대금융론, 학현사, 2002.

김철교·백용호, 금융증권시장론, 형설출판사, 2001.

박용희, 주식투자의 이해, (주)예지네트, 2004

성태훈·최도성, 파생금융상품과 금융위험관리, 경문사, 1999.

송지영, 금융기관론, 창민사, 2003.

오창수·김경희, 생명보험론, 박영사, 2001.

윤봉한·황선웅, 금융기관론, 문영사, 1999.

이건홍 외, 금융자산관리사(FP), 형설출판사, 2001.

이기수·최병규, 증권거래법, 세창출판사, 2000.

이준탁, 저금리시대 재테크 전략, 넥서스, 2001.

임재연, 증권거래법, 박영사, 2000.

조해균, 최신보험경영론, 박영사, 2000.

조희영·김계인, 금융제도론, 민영사, 2003.

한국금융연수원, FP(금융상품)1, 2003-2004.

한국금융연수원, FP(금융상품)2, 2001.

한국금융연수원, FP(금융상품)3, 2002.

한국금융투자교육원, 투자전산운용사, 2012.5.

한국금융투자교육원, 증권투자상담사, 2011.4.

한국능률협회, 금융상품 운용설계, 2001.

한국은행, 금융시스템리뷰, 2007.1.

한국은행, 신 바젤자기자본규제협약의 개요와 주요 이슈, 2003.3.

한국은행, 알기쉬운 경제지표 해설, 2001 및 2010.
한국은행, 알기쉬운 금융통계, 2000.
한국은행, 우리나라의 금융시장, 2009.12.
한국은행, 우리나라의 금융제도, 1999.
한국은행, 우리나라의 지급결제제도, 2002.4.
한국증권거래소, 한국증권시장의 국제화, 1996.
홍순구·정홍주. 보험경제론, 보험연수원, 1996.

【영미문헌】

Alhadeff, D. A., Competition and Control in Banking, Berkely and Los Angeles, 1968.

Chandler, L. V., The Economics of Money and Banking, 7th ed., Harper & Row, New York, 1977.

Choi, H. C., The Economic History of Korea-From the Earliest Times to 1945, Seoul, 1971.

Cohen, Benjamin J., "The European Monetary System" International Finance, No. 142, Princeton, N.J. 1981.

Cummis J. David, Barry D. Smith, R. Neil Vance, and Jack L. VanDerhei, Risk Classification in Life Insurance, Kluwer · Nijhoff Publishing, Boston, 1982.

Cummis J. David (editor), Investment Activities of Life Insurance Company, Richard D. Irwin, Home Wood (Illinois), 1977.

Friedman, M., The Optimum Quantity of Money and other Essays, Chicago, 1969.

Gibson, N. J., Financial Intermediaries and Monetary Policy, the Institute of Economic Affairs, London, 1970.

Luigi, Coccioli, Towards an European Monetary Fund, Turin 1980.

Niehans, J., The theory of Money, Johns Hopkins University press, Baltlimore, 1978.

Patinkin, D., Money Interest and Prices, Haper & Low, New York, 1965.

Sayers, R. S., Modern Banking, 7th ed., Oxford University press, London, 1967.

Vries, Tom de, On the Meaning and Future of the European Monetary system, Essays in: International Finance No. 138, Princeton, NJ. 1980.

Webb Bernard L., J.J. Launie, Willis Parks, and Norman A. Baglini, Insurance Company Operations (Volume 1), American Institute for Property and Liability Underwriters, Malvern(Pennsylvania), 1984.

찾아보기

▌ 저자 약력

■ 이경균 : 경제학 박사

대은금융경제연구소 연구실장
대구은행 범물지점장
대구은행 연수원장
영남대학교 경제금융학부 겸임교수
대구가톨릭대학교 및 경일대학교 강사
경기농림진흥재단 경영기획실장(현)

● **금융상품의 이해와 운용** – 개정3판

초　판 1쇄 발행 ── 2004년　9월　15일
개 정 판 1쇄 발행 ── 2005년　2월　15일
개정2판 1쇄 발행 ── 2011년　9월　5일
개정3판 1쇄 발행 ── 2014년 12월　15일
개정3판 2쇄 발행 ── 2019년　8월　20일
지은이 ── 이 경 균
펴낸이 ── 전 두 표
펴낸데 ── 도서출판 **두남**
　　　　서울시 강동구 성내로6길 34-16 두남빌딩
　　　　신 고 : 제25100-1988-9호
　　　　TEL : 02) 478-2065~7, 2311
　　　　FAX : 02) 478-2068
　　　　E-mail : dunam1@unitel.co.kr
　　　　http://www.dunam.co.kr

● 정가 24,000원

ISBN 978-89-6414-566-1　93320